总主编 方剑乔

浙江中医临床名家 虞孝贞

马睿杰 主编

科学出版社

北京

内 容 简 介

本书是"浙江中医临床名家"丛书之一，介绍了浙江名医虞孝贞。虞孝贞教授是浙江中医药大学针灸教研室创始人之一，历任校针灸教研室、研究室、门诊部针灸科副主任，经络腧穴教研室主任，曾任浙江省针灸学会常务理事、名誉理事，杭州市针灸学会顾问等。虞老之妇科用药源自家传，针灸则师从陆瘦燕、顾鸢天等名医大家。本书前三章以记叙的方式，从中医萌芽、名师指引、声名鹊起三个阶段述说虞老的中医成才之路。后三章以高超医术、学术成就、桃李天下展开，重点介绍虞老在针药并举调治女科、针灸治疗急症、顽疾及保健等方面的临床经验、学术思想及成就等。

大学之大在于名师，杏林之广在于名医，正是像虞老这样一代代默默甘为孺子牛，拳拳仁心系患者的名师名医，成就了今天的浙江中医药大学。岁月不居，时节如流，弦歌不辍，薪火相传！

本书可供中医临床、科研人员及在校学生阅读使用，也可供中医爱好者参考。

图书在版编目（CIP）数据

浙江中医临床名家. 虞孝贞 / 方剑乔总主编；马睿杰主编. —北京：科学出版社，2019.7

ISBN 978-7-03-061573-2

Ⅰ. ①浙… Ⅱ. ①方… ②马… Ⅲ. ①虞孝贞–生平事迹 ②针灸疗法–中医临床–经验–中国–现代 Ⅳ. ① K826.2 ② R246

中国版本图书馆 CIP 数据核字（2019）第 112666 号

责任编辑：陈深圣 刘 亚 / 责任校对：王晓茜
责任印制：徐晓晨 / 封面设计：黄华斌

科学出版社 出版
北京东黄城根北街 16 号
邮政编码：100717
http://www.sciencep.com

北京捷迅佳彩印刷有限公司 印刷
科学出版社发行 各地新华书店经销
*

2019 年 7 月第 一 版　开本：720×1000　B5
2019 年 7 月第一次印刷　印张：12 3/4　插页：2
字数：215 000

定价：68.00 元
（如有印装质量问题，我社负责调换）

浙江中医临床名家

丛书编委会

浙江中医临床名家·虞孝贞

编委会

总　序

中华医药，博大精深，源远流长。灵兰秘典，阴阳应象，穷万物造化之妙；《金匮》真言，药石施用，极疴疾辨治之方。诚夷夏百姓之瑰宝，中华文明之荣光。

浙派中医，守正出新，名家纷扬。丹溪景岳，《格致》《类经》，释阴阳虚实之论；桐山葛岭，《采药》《肘后》，载吴越岐黄之央。固钟灵毓秀之胜地，至道徽音之华章。

浙中医大，创业惟艰，持志以亢。忆保俶山下，庠序进修，克艰启幔；贴沙河干，省立学府，历难扬帆；钱塘江畔，名更大学，梦圆字响。望滨文南北，富春秋冬，三区鼎足，一校华光；惟天惟时，其命维新，一德以持，六艺互襄；部省共建，重校启航，黾勉奋发，踵武增华。

甲子校庆，名医辈出，几代芳华。值此浙江中医药大学建校六十周年之际，特辑撰"浙江中医临床名家"丛书，以五十二位浙江中医药大学及直属附属医院名医为体，以中医萌芽、名师指引、声名鹊起、高超医术、学术成就、桃李天下为纲，叙名家成长成才之历程，探名家学术经验之幽微，期有益于同仁之鉴法、德艺之精进。

时己亥初夏

方　序

　　针灸名家虞孝贞教授，承中医博大精深之底蕴，传岐黄祛病延年之精华。晚辈有幸耳濡目染虞老对医术之精益求精、对吾校之辛勤付出、对吾辈之循循善诱，受益匪浅。然吾后生甚感学浅，荣幸与惭愧之际，谨书数语为之序。

　　虞老出身于中医世家，幼承家训，勤奋好学，博采众长。诊病四诊合参，知常达变，辨证直切根本；治病谨守病机，师古不泥古，针药效专力宏。从医执教四十余载，在中医妇科、中医急症、疑难病等诸多领域均有高深的学术造诣。

　　秉于四大经典理论，熟于中医各家学说。临床上，虞老运针遣药，每获良效。对妇科疾病"从血论治"的独特见解，已成重要的治法。虞老精于教材篇章之授业，长于引经据典之解惑。教学上，对学生之教诲，孜孜不倦；对青年教师之培养，谆谆教导，吾辈每每翻看虞老当年批注之备课笔记，感激与敬仰之情油然而生。其《中医妇科手册》、《妇女闭经针灸治疗经验》、《各家针灸学说精讲》等论著，至今仍具指导意义。

　　在繁忙的教学与临床之余，虞老自学西医，贯通中西。在科技落后的20世纪七八十年代，开展针灸对子宫收缩、心律失常等研究，实属不易。更令吾辈敬佩的是虞老兢兢业业的工作态度、乐观开朗的生活态度和与人为善的处事态度。20世纪90年代初，虞老退休之后，疾病缠身之间，仍坚持出诊带徒、著书立说，无私奉献，可亲可敬。

为纪念虞老对浙江针灸发展的推动作用，对浙江中医药发展做出的巨大贡献，值本校六十年校庆之际，致力于传承与传播虞老学术精华，获虞老倾囊相授，方得此书。今借《浙江中医临床名家·虞孝贞》付梓之际，愿虞氏针灸学术思想发扬光大，医术远播，启迪后学，造福众人。

2019 年 2 月

目　　录

中医萌芽

第一节　文化圣土育人杰

人生的价值是什么，季羡林老先生曾说："如果人生真有好处与价值的话，其好处与价值就在于对人类发展的承上启下，承前启后的职责感"，而我们要为大家介绍的虞老正是用一生诠释了这句话的意义，虞老是为人称道的一代名医，是人们口口相传的"巾帼标兵"，在这里，我们将用文字为您呈现一位最真实的虞老，一代名医的成长最离不开幼时家庭环境的熏陶，下面我们就从虞老的家乡说起。

虞老祖籍浙江省宁波市鄞县（现鄞州区），虞氏家族世代定居于此，鄞县是一个历史悠久的地方。早在新石器时代的母系氏族公社时期，境内就有原始人类居住。1973年冬在蜃蛟乡三联村卢家桥发现的原始公社遗址，已有五千多年的历史，其文化年代相当于河姆渡文化第二层。大约在原始社会末期，最迟在夏朝初，"鄞"已成为确定的地名，鄞由"堇"和"邑"（阝）两字合成。顾祖禹的《读史方舆纪要》称："夏时有堇子国，以赤堇山为名……加邑为鄞"。赤堇山或称堇山，在今奉化境内的白杜。鄞县春秋时属越国，战国时属楚。秦灭楚后，于公元前222年鄞州置鄞、鄮、句章三县。汉袭秦制，仍置三县。东晋时刘裕成句章，筑句章新城于小溪镇（今鄞江镇）。隋初三县合一，总称句章县。唐时改为鄮县。五代初改为鄞县，从此鄞县名称沿袭至今。北宋时，鄞县先后析出6个乡，或置昌国县（今舟山定海区），或划定海县（今宁波市镇海、北仑区），此后县境辖地稳定少变。宁波市区过去一直为鄞县治，原称明州，明朝时为避讳，改名为宁波。解放后宁波析出置市，鄞县先后为宁波专区（地区）及宁波市辖，就这样，鄞县慢慢发展成为后来我们所熟知的鄞县。回首鄞县的历史，亦是经历了数百年的沧桑变化。

自古文化圣土育人杰，鄞县人文荟萃，唐代诗人贺知章、北宋政治家王安石、南宋词人吴文英、学者王应麟、台湾文献始祖沈光文、史学家万斯同、全祖望都在鄞县留下了历史遗迹。近代著名地质学家翁文灏、生物学家童第周、著名油画家沙耆、世界著名大提琴家马友友、书法家沙孟海、金石书画家朱复戡、篆刻家高式熊、昆虫学家周尧、表演艺术家王丹凤、金采风都是鄞县人的骄傲。虞老世代居住在这里，一方水土养一方人，正是这样的环境养育出了这样一个家族。

虞老家族世代为医，虞家族谱最早记载是曾祖虞凌云曾荣任大清之杭州医官，且其后代俱为浙江名医。虞老的祖父虞秉章，也是清末之宁波名医，祖父擅长内儿科，名噪江浙，技超群雄。虞父也继承了祖父的衣钵，师从老宋家妇科掌门——名医宋森芳公，对妇科尤为精通，学成之后便迁往上海，在上海安家落户。

图1-1　年轻时的虞孝贞

虞孝贞（图1-1）出生于上海浙江路香粉弄管鲍里六号。说起上海，大家都不陌生，1924年的上海自开埠以来，因位于最富庶的江南地区，同时加上英法美等势力的进入，城市迅速发展，成为中西文化的交流融合之地。虞老居住的香粉弄位于繁华的南京东路华联商厦斜对面的三阳南货店后面的一条巷子，而"管鲍里"则是用春秋时期管仲和鲍叔牙的故事命名。显然，当年的开发商想标榜自己的"义气"。从虞老家中来到繁华的南京东路只需两三分钟。虞老还记得幼时家里是一个三层楼的独院，楼下就是诊所，楼上两层是居室，闹中取静，门口是条小巷，小路弯弯曲曲到巷口。小时候，虞老最喜欢待在书房，虞父的书房里面有很多藏书，不仅有医学书籍，也有文学书籍，还有虞老外祖父流传下来的医案，幼时的虞老还不识字，就喜欢待在书房里面翻虞父的书籍，多是带着图画的书籍，再大一点可以看懂文字了，就开始看各种各样的书籍，再后来请了私塾先生，学了国学，习了中医，则能从书房中学习更多。

　　虞老对小时候的事情已经记不大清，只有一些很零碎的记忆，虞老记得儿时的那个年代，即便是在上海，物资仍然短缺，一些大饭店、大商场还没有真正发展起来，真正接近民生的其实是一些小店家。小时候的虞老经常跟母亲去菜场买些家用食品，回去的时候母亲总会买一份红糖糕点作为奖励，虞老后来回忆说那时候红糖糕点香甜软糯的感觉是之后吃的再好的糕点都比不了的；巷口的一家水果铺子口碑极好，那时候店里的水果有香蕉、苹果、橘子、香梨等。那时候不像现在，水果并非家庭必备物品，那时候能买什么是由家庭的经济基础决定的。平时吃的最多的就是苹果、香蕉什么的，只有到了过节的时候，才会吃一些稀罕水果，那时家里还有点结余，虞父门诊结束后就会在旁边的水果店买些应季水果给家里的小孩子，用铁锅炒西瓜子吃也是虞老幼时难得的零食。虞老至今还记得，幼时经常去吃的那一家朱氏面馆，阳春面做得是极好的，从幼时记事起到后来上了夜校，闲暇时总会想起吃一碗阳春面，到后来离开了上海，辗转宁波、杭州等地，虞老还是会怀念门口那一家面馆的味道。

　　那时候跟周围邻居的关系也是极好的，因为虞父是医生，性情温和，对身边的人都是和颜悦色，有时候碰到街坊邻居生病，总是免费为其诊治，所以街坊邻居对虞父都会很尊重，受恩惠的患者家里有什么好吃的东西也会送些到家里，当作谢礼；平时弄堂里洗衣晾衣都是穿在竹竿上，用丫叉头挂到客堂、天井的顶上，竹竿两头搁在天井、客堂建筑构件上，有的直接把竹竿撑到弄堂里。遇到下雨，只要主人不在，隔壁人家也会将衣服代为收起，叠放整齐，等到主人回来再送上门。平时即使不过节，只要哪个邻居家下馄饨、饺子了，一般情况下，隔壁人家总能分享一碗，而受惠的一家不会空碗过去，总要在碗里放些食物回礼，哪怕是几块糖果，碗对碗的实质是情对情。尤其是在过节时，虞老的衣服口袋里是不缺小零食的，这种邻里之间的守望相助、相濡以沫的朴素气氛恰恰是我们现代化居住社区里所没有的。以前总是听人们说起，人这一辈子记忆最深刻的时候就是儿时，当人老了，成年后的事情往往记忆模糊，但是小时候的事情却历历在目。每次虞老去上海探亲，总会回到旧时的地方看看，现在的上海故居已经换了模样，从高处一眼望过去，房子整整齐齐，干干净净。有些墙面上垂下来或是院子里伸出来的葱茂的绿植，与墙体的红色交相辉映，增添了一丝文艺的气息。但是旧时的味道总不会变，好像一推门，进去又可以看见孩童们嬉笑打闹，老人们坐在藤椅上喝茶聊天，或者围在一起下象棋，听到母亲饭点时喊吃饭的声音，生活融融乐乐，那种熟悉的味道至今也无法忘记。

第二节　家世渊源幼启蒙

虞老在1924年8月生于一个世代为医的岐黄世家。它的学术源流，粗略推算，已历经八百多个春秋。公元1126年，北方强寇金兵入侵中原，攻破汴京，掳走了徽、钦二帝，灭了北宋，史称为靖康之耻。当时的皇亲小康王赵构南渡江浙，带领北宋士农工商，在临安重建大宋政权，史称南宋。虞老的先祖就是这时随康王南下落户江南，定居宁波一带，发展和繁荣了当时的江南水乡。代代相传，在江浙宁波扎下根来。值得一提的是与虞家有着极深渊源的宋家，虞家与宋家都是世代业医的岐黄世家。宋家在宁波"小尚书桥"一带繁衍，形成了著名的"小尚书桥"老宋家妇科。留有文字记载的已有十数代之多，如今江浙一带妇科大多出自此宗。其嫡亲族人在上海有名的有宋光祯、宋光敏、宋光裕，皆为名医。有记载宋氏妇科发端最早的先祖是宋广平。宋广平，唐朝开元年间名医，通儒学、精医门、长望诊、专妇科，以医术惠泽乡里。也有史载，宋曾任太仆，系皇帝亲信，也是九卿之一，地位显赫。传至南宋建炎年间，后裔宋钦随宋室南迁，"卜居四明"。到了明朝，当时的太医院御医宋北川总结前贤医学经验，发掘整理，发扬光大，"宋氏妇科"从此奠定根基。《宁波文史资料》第8集记载，明朝嘉靖年间，宋氏妇科的传人宋北川，因医术高明，成为太医院御医；宋北川后裔宋香雨、宋子献、宋祖玑等皆以妇科闻名一时。明代万历四十年纂写《宋氏妇科秘书》的宋林皋，已是宋广平的第二十七代孙。清朝宋金熙开始移住宁波城内，数百年间，代代相传。宋氏妇科擅长经、带、胎、产诸疾，尤其对不孕不育、痛经、产后诸病有独家秘方，由于用方轻灵，疗效确切，诊费不高，深受患者好评，在宁波、舟山等地家喻户晓。宋氏妇科在宁波的第一个诊所叫"杏春堂"，始于清朝。清朝后期，"杏春堂"租用宁波小尚书桥附近的一幢房子作为诊所。小尚书桥从此成为宁波一带妇女看病的中心。到了近代，宋氏妇科传人宋紫清在宁波谦和堂弄分设"济世堂"诊所。宁波于是出现了两个宋氏妇科诊所："杏春堂"和"济世堂"。宁波百姓习称"杏春堂"为"老宋家"，"济世堂"为"新宋家"。虞老之虞家亦然，有文字可考者超过七代之多，乃世代书香之杏林大家。其家学兴旺之年代，上海不过是个尚未开埠的小渔村而已，繁华昌盛俱在江浙。曾祖虞凌云曾荣任大清之杭州医官，且其后代代有名医。虞老记忆中仍很清晰的有祖父虞秉章，清末之宁波名医，除了妇科，内儿科俱为其长，名声大噪浙江，技超群雄。其子虞佐唐（虞老生父）为小尚书桥老宋家妇科掌门名医宋森芳公之得意嫡传弟子。虞父在上海中医近代史上是个出类拔萃的人物。他身承虞、宋两大中医学术流派的精华，以妇科见长，兼通各科。1916年去上海发展。开业于沪上浙江路香粉弄，行医60余年，医技有口皆碑。尤精医不孕症及产后杂病、流产滑胎等顽难之症。被当地居民称为"送子观音"，求医者众，远近闻名。学术上亦深有造诣，1937年就出版了专著《虞氏妇科经验集》，为当时沪上为数不多的学问大家、学验俱丰的一代妇科宗师。虞父不但学术造诣高超，医技惊人，活人无数，且还是德高望重，重德轻财的好心人。凡遇穷人求诊，非但分文不取，还免费赠药，即治病又救人。尽管门庭若市，诊务繁忙，却仍清贫，终生没有什么积蓄，未曾置得房产。虞父是一位深受病家爱戴和信赖的杰出名医，更是虞老的人生楷模、学术良师。他言传身教，潜移默化，一丝不苟，用一腔心血栽培传教。今天的虞老医技、医德、医风、医名也是受虞父崇高学养、高尚情操影响，虞父是一位严父兼严师，传带出来的，必然是像虞老这样德艺双馨的大家。

虞老出生时，虞父已有两子，长子虞少伯，次子虞孝舜（小白），且俱从医，作为家中唯一的女娃，虞父自然对虞老宠爱有加，说起虞老的名字，则寄予了虞父的殷切期望，具有深刻的意义。虞老名孝贞（曾用名孝真），是虞父帮其取的，参阅了很多古时的典籍。"孝"字，中国古代有很多的释义，古作，上面为一老人，下面为一小孩。康殷说："象'子'用头承老人手行走。用扶持老人行走之形，以表示'孝'。"东汉许慎则解释说："孝，善事父母者。从老省，从子，子承老也。"孔孟儒学认为，孝是一切德行的根本，教化的源泉。《大戴礼记·曾子大孝》载："夫孝者，天下之大经也。夫孝，置之而塞于天地，衡之而衡于四海，施诸后世，而无朝夕。"指出孝是一切德行的起点，是一切德行的大经大本，是放之四海而皆准的根本法则。"贞"字，指意志或操守坚定不移。房玄龄的《晋书》谓："严霜识贞木。"取名"孝贞"，寄托了虞父对其仁义、忠孝、坚强、坚韧的期望。

虞老从记事起，虞父一直很忙碌，因为诊所就在楼下，虞父几乎早上一起床就会有人过来看病，有时很繁忙的时候，午饭都来不及吃，一直到下午才能空闲下来。虞老很小的时候就在自家的诊所里，对虞父的诊所印象深刻，那时候的医疗条件不如现在，印象中只有一张旧时的木桌，木桌的边缘因使用日久已经被磨得光滑，颜色已经有些发黄，隐隐透着木材的香味，左边是一个黄色脉枕，据说，之前虞父在宁波坐诊时还有一个黄色的脉枕，只是时间太久，已经磨损了，现在这个是虞母亲手缝制的，现在已经看不清上面的花纹。右手边是一方黑色砚台，有时是虞老的哥哥研磨，有时是虞父的学徒，虞父最喜欢的毛笔是湖笔，那是虞父的一个患者为了表示自己的谢意，特意亲自手工制作的一支毛笔，经久耐用，一沓处方便笺，一张颜色已经发黄的板凳。虞老印象中的父亲都是俯身上前去跟患者交谈，详细询问病史，耐心跟患者交流，板凳后面基本都没有坐到过，而板凳前面已经磨损得比较厉害，边缘已经磨得很光滑了，颜色跟后面形成了对比，有时看病比较晚的时候，会点亮一盏油灯。每次吃完饭去诊所看父亲时，都会看到从屋里透出的有些昏黄的光亮，能隐隐听到父亲与患者的交谈声，就知道父亲还在看诊。看诊至天色完全暗下来是常有的事情，虞老就静静地站在父亲旁边，看父亲开方。

第三节　年少聪颖习国学

　　虞老生于名医之家，家境优渥，衣食无忧，在那个女子教育并不盛行的年代，虞父还请了专门的私塾先生教书。说起请私塾先生教课倒有一段渊源，虞老7岁时，正是对外界的事物充满好奇，又懵懂无知的阶段，看到家里哥哥们每天都拿着书本去上课，很是好奇，就想去看看哥哥们读书的地方。因此有一天，就跟着哥哥们来到了学习的地方，起初只是站在门外看看他们摇头晃脑的样子好生羡慕，后来就干脆坐在门口听课了，后来有一次先生踱步到后排检查作业，就猛然发现了虞老，当知道虞老是偷偷跑出来的，赶快让哥哥把虞老送回去，虞父知道后，没有呵斥、惩罚，反而问虞老是不是想读书，虞老点点头，虞父看女儿求学心切，当时就决定请郭老先生至家中教学，让虞老跟着哥哥们一起学习，就这样虞老正式开始了自己的求学之路。虞老还记得，自己有一张小书桌，一张小板凳，每周礼拜一到礼拜五，每天都会跟郭老先生学习，虞老每每谈论到这个话题时都会很开心地说："郭老师对我可满意了，以前教哥哥们的私塾先生都会带戒尺，但是郭老先生在教我的时候从来不带，还跟父亲说，你们家这个小囡囡可聪明了，要好好培养。"

　　那时候的虞老很珍惜学习的机会，每次都按要求把先生布置的作业完成，先生对其要求很严格，监督虞老学习，对于读书，更是对其要求甚高，先生告诫虞老，读书宁涩勿滑，学医离不开读书。国学著作汗牛充栋，一个人的

浙江中医临床名家·虞孝贞

时间精力有限，欲有所成，就要摘要而攻，对主要经典著作要扎扎实实地下功夫，要读熟，嚼透，才能消化掉。读每本书都要在弄清总的背景的前提下，一字一句地细抵，一字一句地读懂。无论是字音、字义、词义，都要想方设法地弄明白，不可顺口读过，不求甚解，不了了之。也不可用望文生义的简单办法去猜测。更不能拿现今的意思硬套上去。这样逐字逐句地读书，看似涩滞难前，实则日积月累，似慢实快。那种一目十行，浮光掠影的读法，不过是捉摸光影，模糊印象，做不成学问。要把主要的著作读熟、背熟，这是一项基本功。"书读百遍，其义自见"，读书，还要边读边记，勤于积累。积累的形式则宜灵活。先生在第一次上课时就告诉虞老，读书有三大忌，一忌浮：指读书之人，心不专不能深入书中，只是浮光掠影地览一下，这种学习当然是没有什么结果可言；二忌乱：指读书之人，没有一个完整的学习计划和步骤，一会儿看这本书，一会儿又看另一本书，好像蜻蜓点水，这种杂乱无章，没有系统的学习，也必然学无所成；三忌畏难：指自学之人在自学过程中，有的内容看不进去，出现了困难。殊不知，凡是自己看不懂的地方，也正是知识贫乏的具体反映。如果不以钉子的精神向难处深钻以求解决，反而畏难自弃，半途而废，必然枉费一番心机。虞老谨记先生的教诲，一直奉行良好习惯。虞老读书也有自己的一套方法，虞老喜欢做读书笔记，摘抄经典句子，时常摘抄记录，并部别类居，主要的加以标志，散漫的贯以条理，怀疑的打上问号，领悟的做出分析，这样既可加深印象，又可练习书法，日积月累，虞老不仅对古文有了更深的理解，也练得一手好字。

这样的私塾教育持续了两年，在这两年的私塾教育中，虞老学习了四书五经、百家姓，之后虞老回忆，正是虞父对教育的重视，为虞老之后的中医学习打下了坚实的基础，也正是这样幼时严格的教育，才使日后的虞老养成了严肃认真、一丝不苟的治学观念。这两年的传统文化熏陶，使得虞老之后学习中医时有更深的领悟和更独到的见解。

第四节 幼承庭训探青囊

虞老结束了私塾教育，考虑到当时的教育已经正规化，虞父便送其进入上海钱江小学读书。钱江小学在当时是名校，费用昂贵，师资力量雄厚，是当时比较难进的学校，但是虞父还是为女儿争取到了入学的机会。虞父幼时经历了很多苦难，承受了丧失双亲的苦楚，生活艰难，但是即便如此，虞父还是坚持读书，终成一代名医。虞父经常为虞老讲述旧时生活的艰苦以及学习的不易，而父亲的辛酸家史也成了虞老学习的动力。虞老珍惜这来之不易的学习机会，所以格外努力，在校读书成绩特别好，在班上名列前茅，亦因为学习成绩突出，学校还奖励了一支金笔，家里的亲友都很羡慕，都称赞虞父的家庭教育好，虞父每每都说，是学校的老师教导有方。小学毕业后，由于成绩优秀，班主任老师推荐并亲自陪她去考上海最负盛名的工部局女中，这所中学是租界工部局办的，主要是租界高级公务员子女就读的学校，但是由于这所学校是全英语授课的，而且必须要寄宿，虞父放心不下，所以就没有同意去工局部女中读书，之后章太炎先生在无锡开讲国学，虞老想去就读，但是此时家里诊所正值最忙的时候，虞父门诊繁忙，还要出诊，所以虞老要兼任诊所的司账，只能放弃。后来就辗转进入上海苏州中学学习，但是初中的生活却更加不易。

虞老的大哥虞少伯夫妻壮年早逝，留下三个孩子，两男一女，这三个孩子的管教责任主要就落在虞老的肩上。但是此时虞老自己也在上学，还要管侄子侄女，尤其在幼时阶段的侄儿特别调皮不爱学习，管教责任和辛苦程度可想而知。但是虞老责任心极重，耗费了很大的精力去教育，而正是虞老坚持不懈的教育，才有了侄子侄女的光明前程，两个侄子长大后都成了医生，大侄子在上海青浦县（现青浦区）医院做院长，二侄子去香港当了开业医师，侄女也在医药行业工作，三个孩子都知道虞老的不易，所以他们长大后都对虞老特别亲近。

虞老在初中阶段既要上学，又要管理家务，而且自己身体本身就不太好，因此就辍学了一段时间，在这期间她没有放弃自己的理想，上午跟着虞父抄方，下午管账，家里请了私塾教师，陪着侄子侄女一起学习。晚上写字、背中医汤头歌诀。因为身体不好，所以就经常去家对面南京路上的永安公司（新中国成立后改名上海第十百货公司，当时是上海最大的百货公司）登楼，也有在家里打乒乓球来锻炼身体。后来身体好转，继续上学，一直到1942年7月于上海苏州中学初中毕业。

多年的传统文化教育，使虞老的文化底蕴愈渐扎实，而在虞老的文化学习过程中，医学世家的氛围时刻影响着虞老，平时读书闲暇时，虞老都会去父亲的门诊，父亲的精湛医技，高尚医德，更是耳濡目染。

虞父在她年少时便问她以后想从事何种行业，当时虞老选择像父亲一样治病救人，但是虞父当时并不同意虞老继承自己的衣钵。因为虞父深知从医的艰辛，其中的苦与累不想自己的女儿再去经历，况且在那个年代，中医界正在经历前所未有的灾难打击，当时父亲的诊所也受到一定的影响，那时门诊停了好一段时间，虞父每天早出晚归，跟同行去上诉维权，在家里的时候也是愁眉不展，也有情绪亢奋的时候，每每谈及这个话题，虞父说得最多的两个字就是"胡闹"，虞父当了一辈子的中医，不允许有人质疑中医的存在。万幸的是，有很多中医的拥护者在奋斗，过程很艰难，经过那段时间之后，父亲深感中医的生死存亡，所以当虞父听到虞老立志学习中医时，虞父告诉虞老，中医之路坎坷难行，家里的条件可以保证虞老衣食无忧，但是虞老还是毅然决然地选择了从医。虞老说，自己小时候记得那些满面愁容的患者来到父亲的诊所，经过父亲多次治疗后喜笑颜开的样子，也记得那些不易受孕的姑娘听到自己能当母亲时喜极而泣的泪水，希望自己也能像父亲那样帮助更多人。虞老说真正让自己下定决心学医的，是虞老至今还记忆犹新的一件事情，由于父亲是当时为数不多的医生，大家遇到什么紧急问题都会来找父亲，所以晚上因急诊来敲家门的时候有很多，虞老说小时候经常在凌晨时分听到有人敲自家的门，喊父亲去看病，不管是在炙热的暑夜，还是隆冬的寒夜，父亲都毫无怨言，这时母亲总是会提醒父亲多加件衣服，注意安全，即使有很多次这样的情况母亲也毫无怨言，这也是虞老之后行医时，碰到晚上患者敲自己家门时，也尽职尽责从不厌烦的原因。看到虞老的坚持，父亲选择尊重虞老的选择，就这样，初中毕业后，虞老正式踏入了中医的大门。

俗话说"师傅领进门，修行在个人"，虞老之治学天才，除了医学世家的学术渊源，父亲的言传身教，更源于其异常的勤奋。为了能够像父亲一样悬壶济世，治病救人，虞老刻苦攻读，经常足不出户，独居小室，孜孜不倦，如悬梁刺股般苦读，遨游历代名家之典籍书海，汲取营养，充实中医功底。虞老刚开始读的就是基础的经典书籍，《医学三字经》、《濒湖脉学》、《药性歌括》、《汤头歌诀》，不得不提的就是《黄帝内经》，这本书是虞老真正的启蒙书籍，也是从这时候开始接触针灸，即使虞老到了70岁时，这本书依然在虞老的书桌上，不时拿来研读。虞老说，《黄帝内经》值得我们永远去探索，不同的时期看《黄帝内经》都会有不同的收获；学习《本草纲目》时，父亲会亲自给她讲解，这味药有什么特性，怎么用药，每周还会去药房辨识草药，药房就在一楼，虞老有时一研究便是大半天，理论和实践相结合，夯实了虞老的中药基础，也是虞老后来临床治病针药结合的重要基石。《丹溪心法》、《脉因证治》，不仅对阴虚学说有独到阐述，对"郁证""痰证"

浙江中医临床名家·虞孝贞

的研究认识亦有独到之处。《备急千金要方》、《外台秘要》是汉唐以来医学发展的大成，尤其《备急千金要方》记载了不少新的发现和发展，如对虫类药的认识和运用等。明清以来，如徐春甫的《古今医统》、张景岳的《景岳全书》，无论在理论和临床方面，都较全面地阐发和总结了前人的学术经验，尤其后者对阴阳失衡、水火失济为病的机理和救治法，研究较为深入。虞父对妇科较为精通，故也注重妇科的书籍，现在还能回忆起《金匮要略》中妇人病三篇，巢氏《诸病源候论》述妇人杂病二百四十三论，研究诸病之源，九候之要，为第一部病理专书。孙思邈《备急千金要方》中妇人方治六卷，以脏腑寒热虚实概括诸般杂症，而为立方遣药的总则。《妇人大全良方》、《傅青主女科》等都是虞父为虞老挑出来的女科宝筏。圣贤的金玉良言乃至金科玉律，虞父的言传身教，使虞老的学术造诣、基础功日渐丰厚。

学习中医必不可少的还有扎实的文学功底，中医学是从中华民族古代文化这个土壤中生发出来的，是民族文化之林的一枝。它的形成和发展，受整个社会文化特别是哲学思想发展状态的影响和制约。对各个时代社会文化特别是哲学思想的发展状况有所了解，对相应时代所产生的医学思想的理解就可以更深刻一些。文史的书籍和古诗文中，掩藏着丰富的医学资料。这些虽是不期而遇的零金碎玉，却常可补某些医学著作之不足，读书时随手积累，需要时即可驱遣使用。因此，学习经典首先要过好文字关，若无坚实的古文基础，则难以登堂入室。为此虞老又重新捡起了四书、《诗经》、《古文观止》等古文典籍，把医学知识与文化课放在同等重要的位置，这样一来不仅提高了文学素养，而且加深了对医学经典的理解和记忆。比如，学习《易经》了解了阴阳变化、消长盈虚的规律从而更有助于理解和掌握中医的阴阳学说。古人说的"医源于易"或"医与易通"，说的就是这种文化同源的关系。没有中国传统文化基础，就难以继承医学精华。如《黄帝内经》是中医理论之基础，唐代注家王冰称其为"至道之宗，奉生之始"。它的文辞，言简意赅，理奥趣深，学习时要结合历代注家的解释多方考虑，择善而从。对于其中难以理解之处，要结合临床实际进行体会，不可贸然否定或擅自改动其理论和经验。

在那个医术传男不传女的年代，虞老的学习需要更大的主动性。幸运的是，虞老年少聪颖，勤奋好学，刻苦认真，充分发挥了自主性。虞老每天晨起背诵经典是必不可少的事情，父亲说读书要心静，不能不求甚解。理解若是片面，则难深探奥旨。陈修园说："读仲景书，当于无字处求字，无方处索方，才可谓之能读。"柯琴也说："读仲景书，不仅知其正面，须知其反面，应知其侧面，而看出底板。"所以虞老不管往后读什么书籍，都谨记虞父的教导，读的书越来越多，虞老逐渐认识到背诵和理解之间是相辅相成的关系，即所谓"书读百遍，其义自见"。现在虞老脑子里许多古典文学，乃至许多中医经典名著，都是那个时期诵读的，至今不少经典原文仍能朗读背诵，深得于当年打下的深厚基础，好的学习方法养成之后就能习惯成自然。虞老每日早晨起床，如不读书，则怅然如有所失。阅读典籍，琅琅上口，细心揣摩，乐在其中。虞老说，现在学习中医的年轻人，对于经典背诵这一块都是缺失的，正如《医宗金鉴》所说："医者书不熟则理不明，理不明则识不清，临证游移，漫无定见，药证不合，难以奏效。"对原文不熟悉的情况下，怎么能更好地理解它的意思呢，所以虞老还是希望新一代的年轻人能够多背诵一些经典原文。

虞老也喜欢做摘记，摘记喜欢用卡片纸，也就是做资料卡片。阅读发现可摘的材料，随时抄记在卡片纸上。虞老做卡片有科学分类，有关于经典名著的，比如《黄帝内经》、《伤寒论》；有关于虞父医案的，虞老都会仔细写好思路、用药，有不懂的会问虞父。虞老的卡片总是有红色的标识，卡片做多了，就容易混淆，所以虞老都有合乎科学方法的分类，以防止需要的时候焦头烂额却找不到，其次，虞老摘记的都是实实在在的东西。资料卡片主要起提供资料的作用。每张卡片内容有限，必须摘实在的内容，如基础理论中的有关脏腑、经络、病机、诊法、治则、临床各科的病症、文章的主要论点、书的核心内容等，而且要写清楚记录日期、资料的名称、作者、出版时间和出处，图书要写清楚页码、版本等。这些都是需要极大的耐心才能做到的，求学时期做出来的这些卡片都是虞老的知识学习之路，都很有价值，只可惜搬家数次后，这些珍贵的卡片已经遗失，不过虞老这种习惯保留到了之后的任教，做临床的过程中，还是能看到一摞摞的卡片，大多是临床医案、偏方验方。另外，虞老也会写心得笔记，心得笔记往往是在读完一本书、一篇文章或一个问题之后，自己有所收获、体会、见解，用自己的话把它记录下来。它的好处是能巩固学习效果，检验学习情况，使自己心中有数。如果在写心得笔记时，发现对某一问题理解还不深透，可再回过头来读一读原文。如果感到书中有讲得不够恰当的地方，可在笔记中提出来，作为以后继续学习的线索。把自己学到的知识进行整理和分类。比如，经过一段学习时间，就可把学有所得的课程内容进行一次总结。虞老自幼是个做事有方法、有思想的人，不管是在学习过程中，还是在生活中。在这种有条理、有规划的学习过程中，虞老学到了很多东西。

　　虞老在丰富理论知识的同时，也开始了临床实践的过程，那时候跟着家里的哥哥们一起去父亲的诊所，在旁边跟诊，看父亲如何治病、辨证、开药。虽然从小在诊所里长大，父亲诊病的场景也看过很多次，但是等到自己真正上手的时候，却有些不知所措。虞父看出了虞老的局促，开始教虞老切脉的方式。切脉在《黄帝内经》中有"三部九候"的说法。由于种种原因，后世发展为独取寸口，这有其长处，但在实践中常感不足，比如大面积烧伤以及某些血管病患者，寸口无法切按或无脉，则不仅需要用三部九候进行诊脉，甚至凡体表未被灼伤的部位上一切可以触到的动脉都可以切按。比如腹部的肾间动气、十二经脉等，均可用来弥补独取寸口之不足。对于危难重症欲知其预后吉凶，还需以下部三候（足厥阴、足少阴、足太阴）来诊察其脉搏情况，即古人谓之枝叶虽萎而树根犹荣也。以上正是最重要的基本功。父亲说四诊之中，切脉尤难掌握，必须从长期诊察患者过程中一边摸索、一边认识、一边掌握这种规律。每次看诊，虞老都很主动地去切脉，临床切的最多的便是妇人脉象，久而久之，对脉象也有了一定的了解。不得不提的还有舌象的变化，身体的气血微小变化在舌象上最早反映出来。虞老那时候虽然背诵了不少医籍，由于未接触真正临床，理解不深。现在面对临床中所遇到的问题，不得不去翻书学习，尤其是在自己思考预设的理、法、方、药与父亲临证的处置有差距时。在随诊的前半年中，《伤寒论》、《金匮要略》、《本草备要》等都是随身必备书，是经常翻阅的书籍。虞父空闲的时候都会讲解，还会提问一些问题。据虞老学生回忆，虞老临床看诊时，会给跟诊的同学讲解，也会问一些问题，或许就是因为虞父对其潜移默化的影响。虞父对开方的字迹要求最严格，一定要一丝不苟。他不是要求做一个书法家，而是要做个有责任感的中医。他认为医生开处方，如果字迹潦草，万一配方的人看不清楚，或者是写错了，那就关系到患者的安全。所以，他要求写处方时，药味、剂量都要规规矩矩。还有处方上患者的姓名、性别、年龄以及证因脉治，都要写得清清楚楚。所以虞老在随父习诊时，抄的处方都是工工整整的，久而久之就成了习惯，虞老后来从事教育事业时做的教案和板书，都是一丝不苟的。

　　虞父不仅在学术上对其要求严格，在医德上更是谆谆教导。虞老至今还记得父亲让其仔细研读《千金要方》之《论大医习业》、《论大医精诚》等几篇关于医德方面的文章。张仲景提出应该"勤求古训，博采众方"；《古今医统》谈到"范汪，性仁爱，善医术，尝以诊恤为事"；《褚氏遗书》指出"夫医者，非仁爱之士不可托也，非聪明理达不可任也，非廉洁淳良不可信也"。这些教导，对虞老都有很深的影响，虞父告诫虞老要学好中医，首先必须相信中医。虞老出生在中医世家，自小便见多了父亲用药之精准，多数患者一剂见效，对中医的疗效自是深信不疑，尤其是在学习一些中医理论之后，与临床结合起来，愈发感到中医之博大，并随着学习的深入，逐渐认识到中医理论的精深。中医的阴阳五行学说，脏腑学说，是学习中医的指导思想。跟诊的那几年，有些疑难杂症虞老至今都记得。虞父当年治疗一位妊娠并发子痫的妇女，高度浮肿，举步维艰，动辄喘促，属妊毒之危症。眼看母子都要不保，其他医生都束手无策，危在旦夕，虞父则胸有成竹，一剂桂枝去桂加苓汤，健脾利湿，患者稍稳。将获苓加到一两，患者应剂而尿，肿亦消之，保住了母子两条命。虞老记得父亲还加了大腹皮、五加皮等量，终于攻克顽疾。还有一位产后癫狂患者，亦是求医多人未见功。患者目不识亲已有一周，米水未进，危如累卵，诸医仍主张平肝潜镇。求诊虞父，识得脉证为蓄血血瘀，大胆投予桃仁、红花、五灵脂、川郁金，佐以少许龙牡镇惊，一剂而安，服药后安睡，化险为夷。所以虞老对中医深信不疑，虞老也提出，现在学习中医，也同样存在一个"信"的问题，尤其是在西医占了主导地位的年代，如果根本就不相信中医，或者半信半疑，那就谈不上认真读书和真正掌握的问题了。

历时四年多，虞老已经把经典大致学了一遍，门诊跟父亲也看了很多患者，打下了一定基础，于是跃跃欲试，总想着把学到的理论验证于临床，亲友间若有人不舒服，多是一些风寒感冒之类的小病，虞老便毛遂自荐，详细询问病情，辨证论治，再三思量，小心翼翼地开出病方。今日诊治后，明日便一定要去询问病情，看到病情好转了便很欣喜，如释重负。若无取效者，就反复思考，审视自己处方有何不妥。更会请教父亲，父亲总是认真讲解，解除迷惑，这时便有茅塞顿开之感，虽然有时效验者不多，更有束手无策者，但是重在积累经验，锻炼自己的中医思维。

第五节　饱读诗书入学堂

经过多年的跟师学习，虞老收获颇多，只是当时的动荡时局打乱了虞老的学习计划，1937 年 7 月 7 日，日本侵略军向卢沟桥发动进攻，中国军队奋起抵抗，抗日战争全面爆发。那时的上海动荡不安，风雨飘摇，虞老13岁那年，上海爆发了一场重大战役，中国军队抗击侵华日军进攻上海的战役，又称作"淞沪战役"，这场战役是中国抗日战争中第一场重要战役，也是抗日战争中规模最大、战斗最惨烈的战役，前后共历时3个月，至1937年11月12日淞沪会战结束，上海沦陷。所幸的是，虞老居住在租界，日本军队不敢进入租界寻衅滋事，年少的虞老看到家乡的惨状，对日本军队深恶痛绝，那时候的诊所大多数都关了门，医生大多出去逃难或者闭门在家，但是父亲的诊所还是照常开业，只是每天接收患者已经很少了。没有患者时，虞老就在家苦读书籍。当时正值多事之秋，国家对医务人员的需求较大，所以"上海新中国医学院"就应运而生，由近代名医朱南山筹建于1935年12月，1936年2月正式成立。该院以研究中国历代医学技术，融化新知，养成国医专门人才为目的。1942年，当时的虞老18岁，愿意为中医的发展事业尽一份自己的力量，更愿意用自己所学的知识去救死扶伤，所以在看到招生简章时，就义无反顾地报了名，参加了选拔考试。虞老还记得当时的考题有一个是自选题，当即就写了一篇《不当良相当以良医论》，洋洋洒洒一千多字，表明了自己学医的决心。不久就接到了录取通知书，虞老高兴地将录取消息告诉家人，虞父也很支持虞老的决定，虞父告诫虞老，在学校要专攻中医，学习西医知识是可取的，可以让学中医的人增加点西医知识为我所用，以后对自己的知识面有所帮助，对借助于西医的理论知识来理解中医也有帮助，但要把位置摆正。中医自有一套自己的理论体系，二者不能混为一谈。虞老谨记父亲的教诲，带着父亲的殷切期望进入中医学院学习，这个决定影响了虞老一生，"上海新中国医学院"也为虞老打开了通往中医世界的另一扇大门。

"上海新中国医学院"院本部设在上海爱文义路（现北京西路）王家沙花园。当时朱南山先生任院长，朱鹤皋任副院长，朱小南为主席。师资多是当时上海乃至全国最有声望的中医大家。如谢利恒、丁仲英、祝味菊、徐小圃、秦伯未、章次公、包天白等。包识生、包天白是中医医学院教师，章次公等是上海中医专门学校教师。他们在遭受国民党反动派的摧残迫害下惨淡经营。这种维护中医教育事业的坚毅精神和苦心，至今还让人们所崇敬。当时的学制为4年，开设中西医课程各10余门。其中基础课如生理、解剖、卫生、药物、细菌病理、诊断、医史。临床课如内、外、妇、儿科及皮肤、花柳、耳鼻咽喉科。再是针灸、推拿、救护科。

那时候主要的实习地就在朱氏诊所。诊室在学校一间高大宽敞的大三开间厅堂。中间是患者候诊室，左右侧分别为朱小南、朱鹤皋诊室。患者从早到下午络绎不绝。两位老师在各自宽阔的大写字台两侧都设有患者座位。也有专门为跟诊学生设的座位，抄方的学生一般在老师对面，而在这学生后面是一排排学院实习学生的座位。大厅外门廊是一排配方柜台，虞老在两处都抄过方。

虞老在医学院求学时，当时的上海已经沦陷，周边市镇多已被日军占领，故称上海为"孤岛"。上海市区因是英法等国租界，一时尚安静，没有日军，但物价高涨，多数老百姓生活困难。当时医学院学生中上海本地的约占半数多，其余多是从江苏、浙江等地来的，也有不远万里从福建、广东、云南等地来的。这些学生年龄、穿着各不相同，但是都是立志献身中医的有志之士。虞老在班级里，大概是年龄比较小，坐在第一排，安分规矩，学习认真，在上海数年求学中，除医学院上课外，也去请教当时的中医名家，如章次公、徐小圃、包天白等先生。有时也去上海颇负盛名的张氏医家，同时也去四明医院等西医老师处学习西医注射及诊断技术等。学习及跟师是十分艰辛的，所幸当时老师多非常爱惜学生，有问必答，得益不少。那时，虞老没有其他的消遣嗜好，有空就看书，一有体会辄加记录，一有治验就加分析。这样一来看过的医书渐渐多起来。这样的习惯虞老之后也一直保持，在工作以后也没有多少娱乐活动，一心扑在工作和学习上，可能就是当时在学校养成的习惯吧！

当时虞老白天跟虞父坐诊，所以上的是夜校，虽然当时学校是租界，日本人不敢大做文章，但是也有一定的危险，所以虞母会让哥哥去接送她上下学。虞老至今还记得，有一个晚上，上完课已经比较晚了，虞老跟哥哥放学后一起回家，迎面走来两个拿着枪的日本士兵，虞老看到他们后又气愤又害怕，哥哥告诉她低着头，不要看他们，从旁边走过去，没想到那两个日本士兵竟然把枪拿了起来，朝着哥哥走了过来，当时哥哥不知道日本士兵要干什么，不知所措，只知道护着妹妹，突然有一个士兵开始冲过来抢哥哥手里的包，哥哥拼命反抗，被一个日本士兵用枪托击中了头部，虞老也被打伤了。回到诊所，母亲当场吓哭了，父亲看到后赶快替两人包扎，之后才仔细问了缘由，连说了三声"万幸"，告诫以后一定要注意安全，不要去靠近租界边缘的地方。就这样，受伤的虞老在家养了两个月才痊愈，现在虞老的右侧头部还有一个瘢痕，每次虞老讲到这个事情时都会非常激动，满面通红，所幸的是自从那次事件之后，倒没有什么巨大的变故再出现。虞老说，那时候每天看报纸都报道日本军用炸弹轰炸某处，死伤多少，每当看到这里，都会使自己从医的信念更强烈，所以自己就更用心学习，希望可以像父亲一样独立坐诊。

　　医学院对教学实习没做过分具体的安排，基本办法是由学生自己联系进行。一般多根据学生各自的爱好专攻，到教课教师诊所实习，亦可自己选择到熟悉的名医处去抄方。由于虞老家里是祖传中医，可以在自己父兄处实习，承受其学术专长，结束时到校参加考试，并将毕业论文送院审评。所以虞老在学校学习了丰富的理论知识后，就回家随父侍诊实习。当虞老肄业的时候，抗日战争尚在艰苦阶段，祖国哀鸿遍地。浙东各地除遭敌机轰炸外，且疾病流行，诸如天花、鼠疫、疟疾等烈性、急性传染病随处可见。在这种环境里，虞老这个初出校门的青年中医更坚定了自己治病救人的决心。

名师指引

"兰之猗猗，扬扬其香。众香拱之，幽幽其芳。不采而佩，于兰何伤？以日以年，我行四方。文王梦熊，渭水泱泱。采而佩之，奕奕清芳。雪霜茂茂，蕾蕾于冬，君子之守，子孙之昌。"这首《幽兰操》以诗经般优美的语言和韵律记录了教育家孔子伟大而静谧的一生。师者如兰，静谧芬芳，宛如自然纯粹的幽兰在繁华浮躁的社会中静守一隅，淡泊宁静，以自己崇高的思想、高尚的情操、渊博的才学、无私的爱心和积极向上的态度去影响学生，影响整个社会。

虞老的求学、从医生涯中亦不乏良师，他们循循善诱，谆谆教诲，仁心仁术，德艺双馨。

第一节　业秉家传习女科

虞老人生中的首位良师便是她的父亲虞佐唐（图 2-1），亦父亦师，始终以行动诠释着如山父爱和师者风范，对虞老后来的治学、行医产生了深远的影响。

虞老的父亲虞佐唐（1885-1976），字昌肇，是浙江鄞县人。虞父出生于世代业医之岐黄世家，秉承家学，其父虞秉章，乃清末之宁波名医，除了妇科，内儿科俱为其长，名噪江浙，医术超群。佐唐公初从宁波栎社儒医周维岐学，对伤寒、杂病等有较深厚之根基，后悬壶于宁波。复从

图 2-1　虞佐唐照片

宁波小尚书桥老宋家妇科掌门名医宋森芳深造，系宋公之得意嫡传弟子。他身承虞、宋两大中医学术流派的精华，年二十四岁便悬壶于上海天津路，以妇科见长，兼通各科，尤精医不孕症、痛经、妊娠兼证、产后疑难杂病及流产滑胎等顽难之症。行医六十余载，医技有口皆碑，生平服膺陈自明、叶天士、徐灵胎、费伯雄等，妇科处方多出于《妇人大全良方》及《医宗金鉴》，随证化裁，不拘成方，颇为灵活，临床疗效显著，系当时极负盛名的"送子观音"，求医者众，闻名遐迩。曾与沪上同道共组"春在社"，对于有益于公众之事务，无不慷慨解囊，鼎力捐助。1936年与上海灵学会药店合作编著《药物鉴别常识》，又著有《虞氏妇科经验》等，为当时沪上为数不多的学问大家，学验俱丰的一代妇科宗师。

一、读书治学做札记

虞老儿时便向父亲吐露心声，欲习家学，誓愿为医，解苍生之苦痛。虞父虽多次口上劝说，家中殷实，衣食无忧，女子不必如此辛劳好强，且医者，非下一番苦功不能成也。但终是拗不过虞老对从医理想的执着及女性也应当有所作为的理念坚持，又见其勤奋好学，小小年纪终日沉醉于医道，甘之若醴，久而久之，虞父便在心中默许，并且欲导之以理，授之以法，循循善诱，教女成材。既要学医，坚实的基本功必不可少。虞父除了在虞老幼时请私塾先生上门为她专门教授国学，打下深厚的古文基础，后又手把手领虞老诵读中医经典，待虞老上完初中后，虞父便允许虞老随身侍诊，从此踏上漫漫橘井之路。

虞老回忆父亲最早给的学医启蒙教材多是《医学三字经》、《药性赋》、《汤头歌诀》、《医宗必读》、《濒湖脉学》等书，继而再让其读各经典书、诸家学说及历代有代表性的女科专著。似乎是从便于及早入门随师临诊的角度出发而采取由浅入深的一种方法。对于经典原文及方药歌赋，虞父一直主张虞老应当啃透背熟，认为医道非易事也，古之圣贤，殚精竭虑，耗其一生，终成一书，尚不能穷尽医理，后世数贤，前赴后继，继承创新，乃使医道大明。今之后人无古圣之识，而期举数圣之书，浏览而知之，岂非至愚。故期习医道者，必取《黄帝内经》、《难经》、《伤寒论》、《金匮要略》之义，使之纯熟于胸，皆能上口，至临证时，斯能神与古会，无窘迫之患。若不能上口，至临证仓促之际，腹中寥寥，胸无成见，势不得不敷衍了事。是故人不死于病，而死于迁延者多矣，此为含灵巨贼也。虞老深以为然，一辈子欣然从之。虞老的学生边琼霞回忆道："每当跟虞老临诊，遇到典型病例，虞老总能引经据典，信手拈来，分析透彻，滔滔不绝……"直至如今，几近期颐的虞老，在谈及中医时经典原文仍能随口背出，汤头歌诀亦尚能朗朗上口，足见其启蒙阶段功力之深厚。

如今，虞老忆起少时父亲言传身教的读书治学之法，常深感对其中医成材之路影响颇深，遂分享于吾后辈。

（一）先经典后各家的读书顺序

虞老认为学习中医应先以《黄帝内经》、《难经》、《伤寒论》、《金匮要略》、《神农本草经》为主，而后学习《温病条辨》、《温热经纬》、《千金要方》、《外台秘要》、《妇人良方》、《傅青主女科》等后世各家著作。熟读经典，博览群书，打好基础，才能审辨真伪，明辨是非，兼收各家之长，熔一炉而创新。《黄帝内经》、《难经》是中医理论的基础，如果没有好的基础理论，仅读点汤头、药性去治病，那是无源之水，无根之木，谈不上学好临床。《伤寒论》、《温病条辨》是治疗外感热病的专书，一详于寒，一详于热，温病是在伤寒基础上的发展。《金匮要略》是治疗内科杂病的专书，其中虽有"痉、湿、暍"等一些篇章是外感病，但终究是以内科杂病为主。后世各家皆是在此基础上发展而来的。学《伤寒论》、《金匮要略》宜先看原文，勿过多看注释，以免流散无穷。虞老强调在学习经典著作时，尤要专心致志，集中精力，不要看与经典著作无关的书，待经典著作读得纯熟了，才可由约及博，涉猎群书，遍看上下古今的医籍，找出它们的渊源和发展变化，分清它们的源流。因为此时基本功已经巩固，自不至于经纬不分，东见东流，西见西倒了。

（二）学贵于疑，要从书中"跳"出来看书

虞老主张要尊重古人的经验，但也反对泥古不化，照搬照拾，她特别强调读别人的书时要有自己的头脑，决不可看河间只知清火，看丹溪则徒事养阴，看东垣则万病皆属脾胃，看子和唯知攻下，要取各家之长而为己用。河间在急性热病方面确有创见；丹溪何尝不用温补；东垣何尝不用苦寒；子和构思奇巧，别出手眼，不过最难学。总之，自己应有主见，不可人云亦云。回忆少时，虞父时常鼓励虞老学习中凡遇似懂非懂之处，都应质疑推敲，对于反复思考仍感含糊之处，应虚心向人求教，直至彻底搞清为止。虞父尝以《神农本草经》为例说事："《神农本草经》列举上品中药一百二十余种，言之尝服轻身延年不老，久服多服不伤人。然古代帝王命人炼丹服食者不少，又有几人长生不老哉？又有谁敢把朴硝、云母、丹砂等矿物药长服久服？此类金石之品性烈，质重，若毒发其害甚重。即使不中毒，重坠之质亦足以伤人脾胃。这便是《神农本草经》之糟粕之一，侬读书时应取其精华，去其糟粕，不可尽信于书。"这种善于思考，敢于质疑的精神，为虞老后来的科研之路埋下了种子。

（三）有恒乃精，医道贵以专

虞老认为中医理论深奥，没有坚韧不拔、锲而不舍的毅力和活到老学到老的恒心，是不易掌握和领会的。学习中医，首先要有明确的目的，要立志终生从事中医学术与实践。浅尝辄止，见异思迁，是绝对不能学好中医的。必须有坚定的意志，刻苦的精神，并要讲究学习方法。她常语重心长道："你们读书务必要认真，不可走马观花，不然食而不知其味。读书时必先看序言、凡例，而后才看内容，这样先掌握了作者著书的意图、安排、历史背景，就更容易融会贯通，事半功倍。"年幼时，虞老不识父亲韦编三绝读《伤寒论》的恒心和毅力，反责怪父亲不吝惜损坏书籍的趣事，而今忆起，不禁感慨："一部《伤寒论》若要掌握纯熟，临证运用自如，非勤奋无以得心应手也！"

诚如张元素所说："仲景书为万世法，号群方之首，治杂病若神。"但是，如果没有"愈困愈愤，愈愤愈进"的精神，是达不到的。虞老认为"医贵有恒"，这是学习中医最根本的方法。

虞老之子史习龙评价母亲"平生嗜于医，专于医，而精于医"，在他的脑海中，对母亲最深刻的印象便是端坐于书桌前翻阅医书或伏案备课的画面。他说，母亲只要一有空就看书，行医之暇、上课之余也抓紧阅读，晚上常读书至深夜，近乎天天如此。家中除了组织上发的学习资料外，全部都是医书，从未见过其他书籍，更不要说什么小说之类。母亲除了偶尔拿着组织提供的每月一次的电影票去看场电影，便再无其他娱乐。始终一心扑在教学、行医、科研和学习上，几十年如一日，雷打不动。

就此事，虞老和蔼地说："学业贵专，人的精力有限，我的智力也仅中人而已。如果忽而学这，忽而看那，分散精力，终一事无成。"故几十年来，虞老对琴棋书画这些雅好，也从不一顾。

虞老回忆，父亲习惯在读过的书上加上眉批，每次给我的书也加上按语。有许多画龙点睛之处，对于当时的虞老而言受益匪浅。如上海锦章图书局影印的《幼幼集成》，纸色暗，字迹细小，无标点符号，阅读起来相当吃力。父亲便在每篇都加了标点、厘定错讹，重要的地方，结合他的实践都加了批语。在《医林改错》一书上，他写道："王清任先生苦心医学，究有心得，值得向他学习和尊敬。但仅观察十数具不完整之尸体而确定古人皆非，实属太过。以绘图立论证之于现代解剖亦有未合，且将七情六淫一概抹杀，只论瘀血气滞未免过于简单化了。全书理论虽个人理想，但亦有可贵之处，所创之方法深得古人之义，有临床参考价值，亦可作研究之参考。所制诸方，余采用多年，有效者，有不效者，未为所言之神也。"这些书评不仅涉及对古代某一人物及其著作的评价，而且对当时的虞老如何以较为正确的态度接受前人的学术思想和临床经验，也有很大的裨益。父亲每诊一位患者，脉案方证均会记录在册，名之《杏林居方录》（图 2-2）。

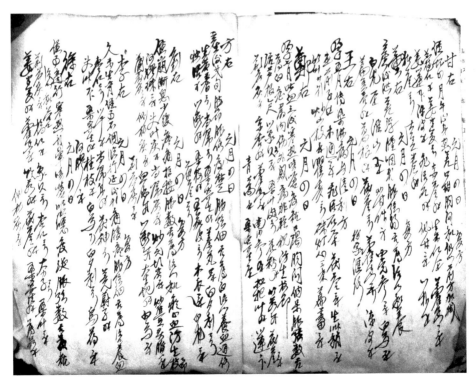

图 2-2 《杏林居方录》部分内容

浙江中医临床名家·虞孝贞

《杏林居方录》是一本几经风霜，蕴含岁月痕迹，近乎跨越一个世纪的古书。虽然有破损，有发黄的水渍，但丝毫掩藏不住虞父的颜筋柳骨，铁画银钩，脉案方证，丝丝入扣。透过书页泛黄的纸张，我们仿佛依稀看到虞父在昏黄的灯光下，执笔案前，严谨精究，矜持不苟的模样。

虞老受到父亲身教言传、身体力行的影响，也一直保持着"读书写札记，处方留方底"的习惯，每读一本书都做笔录及心得，每诊一例病均留医案方底。然因年代久远，虞老又先后在上海、宁波、杭州等地居住行医，几经搬迁流转，许多早年的手札、医案均已散佚，但当我们在虞老家中拜读她手写的一摞摞备课教案、论文医稿、读书摘记时，又瞬间被虞老认真严谨、一丝不苟、持之以恒的治学精神所折服，每一叠资料均用回形针或小夹子夹好，分门别类，井然有序，每一页手稿均字迹工整，鲜有涂改。

二、妙手仁心勤临证

俗话说："熟读王叔和，不如临证多。多诊识脉，屡用达药。"虞父十分强调实践的重要性，反对单纯的为理论而理论，在虞老及她的两位哥哥（少伯和孝舜）有了一定中医基础后，便安排他们跟自己临证抄方。遂虞老初中毕业后便开始随父兄学医，白天不离左右，晚上灯下攻读医书。每逢看到不可解说之处，虞老常陷入冥思，双眉紧蹙。通透时，灵机乍发，顿觉天光迸露，柳暗花明，又如幽兰始芳，碧波荡漾，心旷神怡，难以言喻。此情此境，不可计数。

虞父对虞老哥哥们要求甚严，凡复诊患者，必要求背诵患者姓名、年龄、病情及初诊时辨证用药之情况，然后提出自己对复诊用药的看法，继而预诊拟方，再由虞父审方指正。虽然虞父未曾如此严格地要求虞老，但虞老对自己的理想追求从不愿懈怠半分。心底谨记父亲教诲，临证时必须胆大心细，做到重证不惊慌，轻证不怠慢，用药如遣兵，贵精而不在多，将在谋而不在勇，用药则务求精当，切忌庞杂。除善于向书本学习外，更要特别注意"在患者身上多下功夫"。要仔细观察分析病状，然后从证寻书，从理定法，据法处方，按方遣药。但须因人、因时、因地而异，即针对具体对象和具体情况，相应地做出具体处理。要当一个好医生有一个秘诀，即是"一人一方"，学会善于化裁加减，审慎用药，取利避弊，以使每味药物都能适合病情，恰到好处。方是死的，人是活的，故不可概以死方去治活人。

　　每次虞老哥哥们临证处方，虞父谆谆教诲时，虞老比谁都听得认真，看得仔细，尝试着先在肚里默默诊断处方，待父亲揭晓"答案"，再验证思路是否一致，一致时，虞老自是满心欢喜。若遇意见相左时，虽有情绪低落，但决不气馁，反而更加留心听父亲的讲解，私下再去查阅书籍，直至弄通搞懂。

　　有时，夜间睡不着，虞老就披上衣服提着灯到楼下的药柜比对药材，仔细鉴别，曾多次被虞父撞见。有一次，夜已深了，虞父出诊回来，听到屋内有人在背汤头歌："胶艾汤中四物先，阿胶艾叶甘草全。妇人良方单胶艾，胎动血漏腹痛痊。胶艾四物加香附，方名妇宝调经专。"虞老的勤奋好学和刻苦执着，着实让虞父感动。他喃喃自语："既然这是你坚决要走的路，那么有毅力，为父就尽量帮帮你吧。"从此白天看病问诊时，虞父除了让两个儿子预诊，也经常会安排虞老预诊开方，点拨她的思路。

　　有一日，患妇章某前来求诊，诉曾产二胎，经事紊乱，时常暴下，中杂血块，少腹部有痞块内聚，经上海某人民医院检查诊断为子宫肌瘤，需手术治疗，患者惧而来诊。患妇面黄肌瘦，贫血殊甚，体力衰弱，脉象细涩。虞父让虞老先预诊开方，虞老思索再三，决定治以活血化瘀，软坚散结之法，拟桂枝茯苓丸合鳖甲煎丸加减主之。虞父见后道："临证切记不可见血止血，见癥瘕一味活血破血，软坚散结，须多辨证审因，辨证论治。此患因其久病体力衰弱，气血亏虚，切忌活血耗气，须先用八珍汤补气血，后用乌金丸每日一粒消块，缓缓图之，不可用攻下峻猛之品。"果真，治疗三月后，患妇面色红润，体重增加，少腹痞块逐渐消失，月经亦准期，再隔三月，往原院检查，谓已不能检及肿瘤。虞老追问之，虞父为其详解"子宫肌瘤中医概属于癥瘕之类，其成因如张景岳所说：'瘀血留滞作症，唯妇人有之，其证或由经期，或由产后，内伤生冷，或外受风寒，或患怒伤肝，气逆而血留，或忧思伤脾，气虚而血滞，或积劳积弱，气弱而不行。'所以总因经行产后余血未净而一有逆则留滞，日积而渐成症。治法大多以破血消积、温中行气为主，然在临床治疗，对新病久病，体质强弱，处理有所不同，初起正气尚旺，病邪尚浅，可用攻法，日久正气虚弱，宜攻补兼施，或先补后攻，攻后再扶正等法。在攻的方面，古人提出不可峻攻，如《女科经论》引证李氏说：'善治癥瘕者调其气而破其血，消其食而豁其痰，衰其大半而止，不可猛攻以伤元气，宁扶脾胃正气待其自化……'此例治疗子宫肌瘤用先补后攻，而攻法用乌金丸较为和平之药治愈。"从此，虞老更加注重辨证审因，遣方用药。

　　虞父的高超医术在虞老心中深深扎下根基，以至将近期颐之年犹历历在目，恍如发生在昨日。

在虞老记忆中，虞父一生非常注重医德，认为医德与医术都关系到治疗的质量和效果，就二者的关系而言，应当是以德统才方为良医。他非常赞同清代名医吴鞠通的一句话："天下万事，莫不成于才，莫不统于德。无才固不足以成德，无德以统才。则才为跋扈之才，实足以败，断无成。"虞父认为这三句话十分精辟地阐明了医术与医德之间的关系。每遇重危疾病，虞父常引孙思邈的话："不得瞻前顾后，自虑吉凶，护身惜命。见彼苦恼，若己有之，深心凄怆，勿避险巇，昼夜寒暑，饥渴疲劳，一心赴救，无作工夫行迹之心，如此可为苍生大医，反此则是含灵巨贼。"虞父如是说，更是这样做的。他急患者所急，视人病如己病，对求治的危重患者，从不因怕担风险而将患者拒之门外，总是尽自己全部精力进行抢救。凡遇穷人求诊，非但分文不取，还免费赠药，既治病又救人。如一患儿患脑炎危重之际，其母抱来求诊，经虞父尽力抢救转危为安，病家遂与虞父结成莫逆之交。遇有病家购置困难的必需药材，只要他能帮助解决，总认为是义不容辞，有时甚至无偿地提供自己珍藏的贵重药材为患者解除疾苦。如一患儿，高热不退，时时惊厥，虞父诊后认为急需羚羊角磨汁服用以退热解痉。但因此药属稀有药材，药店少备有成块者，且价格十分昂贵，值此危急之时，虞父毅然拿出自己珍藏的一块羚羊角交患儿家属，嘱其如法为患儿磨汁服用，终使患儿热退病愈，家属痛哭流涕，颤抖地握着虞父的双手，感激万分。

印象最深的是某一年的隆冬，已下了好几场大雪，天气十分寒冷，夜已深，伸手不见五指，约摸过了子时，虞老在睡梦中被一阵急促的敲门声惊醒，虞父顾不上穿外衣，就慌忙下楼，开门便看到两个男人抬着一位妇人，他们大口喘着气，目光中透着焦急和渴求，看到父亲宛如见到了最后一丝光明，那种绝处逢生的眼神，虞老至今难忘，其中一位似妇人的丈夫，着急得连一句整话都说不成，父亲先让他们进屋，详细询问了情况，原来这位王姓妇人刚生产完，平日里操持劳累，气虚不固，产后血崩暴下，曾注射止血针而未效。诊时王妇已因崩血过多而昏厥，床席染红，面色苍白，冷汗盈盈，脉细如绝，血已脱矣。父亲先急用淬铁醋熏之法以解其晕，随即以血脱者益气用大升大举之品。处方用别直参三钱，升麻炭五钱，柴胡一钱半，陈棕炭五钱，血余炭四钱，炙黄芪五钱，归身炭五钱，地榆炭三钱，该方仅用一剂血崩即止，病妇家人感激涕零。此种动人故事在虞父的行医生涯中屡见不鲜。

除了为患者着想，潜心医术，救死扶伤，虞父也常参与中医社团之事，曾与沪上同道共同组建"春在社"，旨在研讨学术，扶危济困，致力于发扬中医事业和社会公益事业。如丁济万的"济社"，朱鹤皋的"鹤社"，朱小南（又名鹤鸣）的"鸣社"，"春在社"是在抗战胜利后组建的，同时期的还有陆瘦燕陆老他们的"结义八兄弟"。那时抗战胜利，上海中医界八位名中医仿效桃园三结义，兄弟八人义结金兰。八人为老大徐丽洲，老二张仲佑，老三施伯英，老四陆瘦燕，老五陆清洁，老六陶慕章，老七丁济仁，老八顾伯华。八人在社会上均有声誉，徐丽洲擅长痧痘儿科，张仲佑、施伯英、陆清洁、丁济仁都擅长中医内科而各有一技之长，陆瘦燕与夫人朱汝功擅长针灸，陶慕章擅长骨痨骨科，顾伯华擅长中医外科。结义以后他们亦经常聚餐，其意在于联络感情、切磋技艺、研讨学术。大而言之，对于维护社会稳定和促进中医事业的发展具有进步意义。

　　虞老永远忘不了离开父亲前往宁波独立行医时，父亲的叮咛嘱咐："做一个医生除精通业务外，首先要心地善良仁正，要积德于人民，也是积德于子孙。只要生活过得去，不要过于重视财物。"要像父亲那样，一切为患者着想，一心钻研学问。像父亲那样成为名垂青史的一代名医，也像父亲那样博得千千万万患者的衷心爱戴。这样的想法早已在虞老心田生根发芽，一辈子激励着虞老不断在医学道路上披荆斩棘，坚定前行。

三、虞佐唐临证经验

　　20 世纪 70 年代，虞老响应发扬祖国医学遗产，贡献秘方验方，使前人宝贵经验不湮没的号召，特将父亲虞佐唐的部分妇科经验整理介绍如下，以飨读者。

1. 妊娠腹痛漏红

　　《金匮要略》有"胞阻"，《巢氏病源》有"漏胞"等病名，大多因气虚血少所致，亦有因气郁食滞，风冷跌扑损伤而成，临床上除了食滞风冷损伤等有因可查外，其属气虚血少者皆逐渐而成。治疗如血少而气不行，多用胶艾汤治血虚，若气虚则用补中益气或归脾汤治之。举两个治愈病例如下：

　　（1）施妇，30 岁，哺乳五月经汛不转，断乳后三月未行，就诊时，漏下淋漓，腹痛，未见恶阻现象，但诊脉沉中带有滑疾，为有胎之象，舌苔薄白。拟以养血止漏安胎之法：蛤粉四钱、炒阿胶四钱、艾叶炭一钱、童便二钱、制香附二钱、杜仲四钱、归身炭三钱、炒白芍二钱、苎麻根五钱。五剂而愈。

（2）王妇，妊娠三月，腹痛漏红，淋漓不止，倦怠乏力，脉浮滑无力，舌苔薄白，乃气虚使然。拟以补中益气汤加减：西党参、生黄芪各四钱，广木香八分，生白术三钱，柴胡一钱半，升麻、炙甘草各一钱，归身炭四钱，炒枣仁、炒白芍各三钱，苎麻根五钱，陈棕炭三钱。治妊娠腹痛还应随变化而增减用药，夏令每挟暑湿，冬令常兼寒邪，是应化裁。

上药用归身炭而不用当归炭者，因当归一药在《本草从新》记载为血中气药，有动血之弊，改用归身炭则能引血归经而止血益血。关于当归动血之例在妇科临床时有所闻。张山雷编《沈氏女科辑要笺正》中曾有这样一段附记："张氏治一妇人血崩，用参、术、著、地、芍、龙、牡、萸肉、阿胶等，血已稍止，有某医为定一方滋阴补土，中有当归三钱，仅进一盏，鲜血陡然暴下，几致厥脱。"张氏认为："当归温和流动之品，活血益血，其气最雄，走而不守，苟其阴不涵阳而为失血，则辛温助动，实为大禁。"近代上海中医学院主编《中草药学讲义》的当归按语云："行则有余，守则不足，故如属崩漏经多，使用时必须谨慎。"当归在有些药店不分归身、归尾，只用全当归一种，这样就更须在妊娠漏红期间慎用为宜。

2. 夹阴腹痛

妇女产后恶露未净，尚未满月，经行或经后行房遇冷腹痛甚急，此名"夹阴"。证见少腹急痛拒按，脉象沉涩或沉细，本病多见，治用左盘龙（即鸽粪）晒干一两，官桂一钱，炒五灵脂、桃仁各一钱半，全当归三钱，小茴香一钱，艾叶八分，香附一钱，川芎一钱。煎药时入酒一杯，一二剂药即愈。上药用于无表证者。

左盘龙性辛温无毒，功能消肿杀虫，治阴证腹痛，冷气心痛，腹中痞块等症。用于夹阴腹痛，有温行、通瘀、导浊之效甚验。上方之五灵脂、桃仁等药，因经行骤止而设，艾叶、茴香乃温通奇经而必用。

3. 下死胎

肖慎斋说："妊娠胎伤宜下，最宜谨慎，不可轻议，如胎死腹中，必见舌青腹冷口秽的确，方可用下，亦必先固妊妇之本元，补气养血而下之，若偶有不安，未能详审遵用峻厉攻伐，岂能免不测之祸，此要诀云'顺兴自然'字最妙。"说明妇女死胎用下法，必先固本元，体质虚实最要注意。选录3例如下。

（1）王妇，23岁，怀孕七月，胎九日未动，脉象沉细而涩，舌苔灰黏，纳呆胸闷、呕恶，体质壮实。处方：全当归一两，川芎三钱，血余炭四钱，炙龟板二两，桃仁三钱，枳壳一钱半，制苍术三钱，茯苓四钱，陈皮一钱，川朴二钱，元明粉（冲）三钱。本例因体质壮实，故用平胃散合佛手散加元明粉等下之。

（2）张妇，30岁，怀孕四月，漏崩不息，某妇科中医诊为胎已下，用去瘀生新之法，而血悬不止。往诊时脉细中带有弦滑，认为胎尚未下，由于漏崩不息，气血已虚，胎儿难活，止之无益，用补气养血，以补当泻之下胎法。方用人参养荣汤加减：党参三钱，当归炭四钱，白术三钱，大熟地四钱，白芍二钱，茯苓四钱，川芎一钱，生黄芪四钱、怀牛膝二钱，炙甘草一钱。服药二剂，死胎即下，而血亦渐止。

（3）邵妇，36岁，怀孕八月，时有腹痛漏红等症，腹膨而不大，就诊前胎已有十余日不动，脉沉涩微滑，舌绛苔薄，往医院检查谓胎死需手术，该妇惧而未往，就诊于某中医，用平胃散加元明粉等药服三四帖，未动而来治。该妇素体虚弱，孕八月而时有漏红，故腹不见大；舌绛苔薄，阴分亦亏。遂拟下胎加养血益气之法，处方如下：全当归一两，川芎三钱，血余炭一两，炙龟板二两，桃仁三钱，生黄芪八钱，西党参四钱，炒熟地一两，怀牛膝三钱。（上方乃佛手散与开骨散合方加减）一剂即下八个月之胎儿，四肢五官全，次日复方，恶露稀少，小腹两侧疼痛，饮食如常，拟以去瘀生新，佐以益奇经之法。处方：全当归五钱，川芎二钱，桃仁三钱，陈皮一钱，炮姜炭八分，泽兰三钱，淡苁蓉三钱，益母草三钱，炙甘草八分，失笑散三钱。

从以上3例看来，下死胎必须分辨患者体质虚实，虚者应用以补当泻之法，如果一味攻逐，未必收效。

4. 产后瘀热

产后常有发热之证，其因甚多。如外感风寒，饮食停滞，去血过多血虚发热等，此外尚有恶露停滞积瘀化热所致。临床辨证主要是产后恶露不多而有腹痛，发热能持续达到一二十天，治疗时若不明其因，但用清热而不逐瘀，热必不退。兹举1例如下。

产妇章某，住南市。产后二十余天，发热持续不退，初由某西医诊断为产褥热，连续注射青霉素六七天，热仍不退，先父往诊，询其恶露稀少，少腹疼痛拒按，脉搏细数，舌质紫暗，乃瘀血阻滞而热，治用生化汤加减。处方：泽兰四钱，炒五灵脂三钱，全当归四钱，川芎一钱，桃仁二钱，炮姜炭八分，丹参三钱，红花、甘草各一钱。药后恶露即下，并杂血块，少腹疼痛减，发热迅速退净。方中泽兰，乃退瘀热之效药，临床应用屡见其功。其味苦温而走血分，消癥瘕、破瘀血、退热，加入生化汤中，为治产后血瘀腹痛发热之要药。

5. 产后血崩昏晕

产后因失血过多，血崩常兼昏晕，若不急治，每有生命之忧，本病以虚证为多见。兹举1例严重病例如下。

王妇，年30岁，平时劳累气虚，产后血崩暴下，曾注射止血针而未效。诊时病妇因崩血过多已昏厥，床席染红，面色苍白，冷汗盈盈，脉细如绝，血已脱矣。先急用淬铁醋熏之法以解其晕，随即以血脱者益气用大升大举之品。处方用别直参三钱，升麻炭五钱，柴胡一钱半，陈棕炭五钱，血余炭四钱，炙黄芪五钱，归身炭五钱，地榆炭三钱，该方仅用一剂血崩即止。

关于产后虚证血崩，治疗常用以下诸药：急则治标可服童小便一杯，取健康儿童小便去首尾之尿趁热而服，有止血之功，沈尧封治去血过多，重用阿胶加童小便。别直参二钱至三钱，归身炭五钱，荆芥炭三钱，血余炭八钱，茯苓四钱，炙甘草一钱半，舌苔微白乃气虚加术、芪；舌苔光绛乃血虚加熟地炭；热者加十灰丸；四肢厥冷脉微加附子、炮姜回阳救逆。上例方中升麻用量须重至三四钱能有显效，当归必用归身，取其益血之功效好；荆芥炭入肺经，又入脾经，因脾气虚用参芪之外加入本药更能收功。

6. 产后小便不禁

妇女生产时接生不慎，尿脬（脬即膀胱）受损，会导致小便不禁，患者殊为痛苦，《医宗金鉴》用补脬饮（生熟绢、丹皮根、白及）以及朱丹溪用猪、羊脬二方合用甚效，举治验1例如下。

某妇生产时接生员不慎损伤尿脬，小便由阴道淋漓而出，历3个月未愈，曾经西医检查为膀胱阴道瘘。当时治用补中益气汤加猪、羊膀胱各一只，白及三钱，陈丝绵三钱，用文火煮烂，连服三十余剂而愈。

7. 痛经

经前及经期痛大多属实，往往由气滞、血瘀、风冷等所致，如《医宗金鉴》云，经前痛为气血凝滞，若气血滞者，则多胀满，因血气滞则多疼痛。经后腹痛，大多属虚，《医宗金鉴》所谓："经后腹痛或去血过多，乃血虚也"。治法：以四物汤为本方，随证加减。经前及经期痛，痛甚于胀者，多属血凝而瘀，用四物汤加桃仁、炒丹皮、炒五灵脂、炒元胡索、益母草等（药用炒者取其焦香而不碍胃）。胀多于痛者多属气滞，用四物汤加木香、乌药、香附、砂仁、大腹皮、槟榔等药。疼痛者四物加炒金铃子、炒元胡索等。属寒者加淡吴萸、上官桂、广艾叶、炮姜、淡附块等。属热者加黄芩、黄连、川柏、丹皮、山栀等。腹痛喜按多属虚寒，用四物汤加小茴香、台乌药、淡吴萸、肉桂等。腹痛拒按应分左右，在右者，四物汤加败酱草等（防有肠痈），在左者用丹皮、赤芍、川楝子、乌药、桃仁等理肝经之气血为主。经后腹痛，大多属于虚证，虚寒者用四物汤加淡吴萸、炮姜、肉桂等。气血两虚者用八珍汤加乌药、艾叶、香附等。盖气血两虚无力推陈，常挟气滞，故需加香附、乌药等理气之药；奇经虚者，腹痛常兼腰骶部疼痛，用四物加鹿角霜、杜仲、乌药、炒黑小茴香等。还有一种痛经，往往见于产后，小产后或刮宫后，损伤冲任督脉，其症是腹痛喜按，腰酸背痛，形寒无力，经行如崩，或者经行稀少，用通补奇经丸方（见《温病条辨》），鹿茸（改用鹿角霜）、当归、紫石英、龟板、肉苁蓉、炒黑小茴香（炒黑入肾）、鹿角胶、潼蒺藜、补骨脂、杜仲、枸杞子、党参等药。

8. 妊娠恶阻

恶阻一病为《黄帝内经》、《难经》所未载，《金匮要略》第二十篇虽载有妇人妊娠不能食及呕吐各证，与恶阻症状相等，然亦未定病名；隋代《巢氏病源》始有妊娠恶阻证候一条，恶阻病名似导源于此，其命名之意，是说恶心呕吐，阻其饮食。

妊娠恶阻现象，《金匮要略》载："于法六十日当有此证……"然临床有早则四十天左右即发现者。其证除了泛泛欲呕，择食，恶闻食气，好食酸咸外，尚有头昏目眩，多唾痰涎，心中烦闷，倦怠形寒，或有寒热，小便频数等；此外亦有齿痛、不寐等虚阳上浮之象。各随体质其证不一，以素质虚弱，初产妇或脑力劳动者为重，少则一二十天，多则一二个月，个别的甚至产后才愈。治法不外和胃健脾、化痰顺气、平肝降逆、清热安胎之法。虞老治此证，以二陈汤和胃为主，随证加减，兼气滞腹胀者加砂仁、乌药（用量八分至一钱半）、香附等；食积或胃纳不佳者加麦芽、神曲、枳壳（枳壳用量在一钱以内，多用则有破气伤胎之弊）等；形寒加苏梗、桂枝、生姜等；挟热者加黄芩、黄连、山栀等；肝气郁滞有胁痛者加柴胡、旋覆花、郁金等；肝火入犯者加石决明、芍药等；痰多者加竹茹、胆星、半夏等；便秘用全瓜蒌、枳壳（用量不过一钱），不用麻仁，因油类容易导致呕恶，有时瓜蒌亦仅用瓜蒌皮；如腰酸，小腹有下坠感，防其堕胎，应加桑寄生、杜仲、苎麻根、南瓜蒂；虚者加参芪等；恶心呕吐重者加生姜、姜炒川连，或加用伏龙干（四钱至一两），姜半夏（用量须多至五钱有显效）。姜半夏用量重有燥烈之弊，然与炒川连、黄芩、

浙江中医临床名家·虞孝贞

生姜等药同用，二者相制，对呕吐更效。此外治呕吐者，左金丸亦为常用之方，热者川连用量重而吴茱萸用量轻；寒者吴茱萸重而川连轻。呕吐患者，服药方法不能大口地喝，须服一二匙，少顷再服一二匙，如此药气得而呕吐自止。

四、虞小白临证经验

虞孝舜，字小白，1922年12月出生于上海，是虞老的二哥。从小虞老便爱跟随兄长们一同侍父习医，二哥一直是虞老学习的楷模，在从医路上给了虞老许多启发、引导和建议，亦兄亦师。

小白先生自幼聪慧，由虞父亲教，启蒙中医，授以岐黄经典，药性汤头，中学时代就已打下深厚的中医根基。1943年进入"上海新中国医学院"系统攻读中医，当时医学院中，著名学者、名医云集，如章巨膺、章次公、祝怀萱、余无言等大师口传心授、潜心雕琢，使小白先生在内经、伤寒、温病、杂病等基础学科及临证等方面均打下深厚功底。为了更好地秉承家学，发扬虞、宋两家的妇科学问薪传，他还特受当时的西医妇产科专家瞿绍衡教授带教，为掌握西医妇产科相对高深、复杂的专业理论与临床技术打下了扎实的基础。四年的大学生涯，给小白先生一生的事业铺垫了实实在在的根基。小白先生在1947年一毕业，马上考取了开业执照，成为早年首批获国家认可资格的高水平中医师之一，更开始了济世救人、扶危解困的名医生涯。

科班出身的小白先生对中医学精益求精，但他并不满足于此，而是不遗余力地扩大专业视野，提高专业素质。他利用业余时间进修西医理论与基础，白天为患者诊病处方，劳碌一天，晚上啃一口干粮又去上课，回家再复习功课至深夜，习以为常，坚持三年如一日，终于拿下了西医文凭，成为中西医皆精通的专家。

小白先生行医近六十年，无论是在上海黄浦中心医院任主任中医师，还是在澳大利亚开诊临证。他秉承浙江宁波宋氏妇科及虞氏妇科两个学术流派的精髓，承袭父亲名医虞佐唐一生之经验，并博采众长，继承发扬，不断总结提高。对根治妇女不孕症和治愈习惯性流产积累了一套独特的理法方药，开创了自成体系的理论学说、经验体系。据不完全统计，小白先生亲诊过的患者超过七十多万人次，治愈的子宫内膜异位症病例超过两千多例；经他亲手调治获愈之不孕不育夫妇早已生下了三千多个健康可爱的宝宝，堪称名副其实的"送子观音"。对于这些疑难妇科病，他的治愈或明显好转率早已超过90%。经他施方治疗的卵巢囊肿、子宫肌瘤更是数不胜数。

小白先生部分医案赏析如下。

（1）吴太，41岁，来自香港，因十年前患输卵管宫外孕2次，后致不孕。曾遍访海内外名医，试过无数次中西医治疗，光人工授精、体外受精（IVF）就做了11次，仍不效。后求治于小白先生处，辨证为脾虚湿盛，肝肾不足，以健脾补肾为关键，用黄精、杜仲、菟丝子、补骨脂、党参、怀山药，并用少许化痰去瘀等药，守方服药不到半年，便受孕，后产下一子。

（2）李太，35岁，住悉尼。因患子宫内膜异位症，结婚十年不孕。曾在医院做过肌瘤手术，吃过抗内异的丹那唑等两年多，除了频发过敏，肝肾受损外，痛未曾缓解，怀孕也早不抱希望。后用了小白先生特制的"消异散"及辨证施方，前后共诊16次，终于生下一子，并再未受子宫内膜异位症之苦。

（3）端太，29岁，越裔澳大利亚人。患严重的子宫内膜异位症，结婚四年未孕。各种西药并未少用，只是未能减轻痛苦。每至行经，腹痛剧烈，面色惨白，辗转难安，靠止痛片度日，痛苦至极。小白先生予活血化瘀，通络兼疏肝行气治之，前后八诊，不但诸证皆除且产下一子。

（4）某女士，澳大利亚欧裔女音乐家，任教于悉尼大学。丈夫是荷兰裔澳大利亚人，也是著名的音乐家。结婚七年未孕，经专科医生诊断为子宫内膜异位症。左侧输卵管不通，右侧输卵管通而不畅。经多次手术治疗及人工授精、IVF，但终是未孕。患者丈夫精子数量少，畸形，活动率低于40%。后就诊于小白先生处，以肝郁气滞血瘀之证行方遣药，并双管齐下，为其丈夫补肾添精，共诊治16次，成功怀孕并最终诞下一子。

（5）秦太，32岁，住悉尼西区。因流产4次，每孕不足3个月必然保不住。小白先生嘱其先避孕10个月兼中药调理，11个月时准其再孕，并服下7剂保胎中草药，而后一路顺风至孕15周时，胎儿转安，一切正常。遂停中草药治疗，最后自然足月顺产，安全诞下一位健康女婴。

（6）程太，女，32岁，住悉尼西区，结婚五年半，自然流产3次，每孕7～10周便无故流产。中西医求治不计其数，终不见效。小白先生同样嘱其先避孕半年，同时服中药调理。调复免疫功能，半年后顺利怀孕。诊其脉后告之为男胎，用中药保胎2个月，足月后顺产一男婴。

（7）刘太，34岁，住悉尼南区。结婚五年未孕，超声显示，有数个子宫

浙江中医临床名家·虞孝贞

小肌瘤，左卵巢囊肿4.61cm×3.82cm，经小白先生施方用药仅8次来诊，50剂中药，囊肿肌瘤一应俱除，并怀孕，后产下一个活泼可爱的女儿。

第二节　拜求神针陆瘦燕

一、八仙桥有个"陆神针"

1937年11月，上海被日军统治，直到日本宣布战败投降，才又重新回到蒋介石国民政府的直接统治之下，在七年零九个月的沦陷时间里，日军的高压统治以及各派反抗力量的抗争，直接或间接地影响了上海当时的各行各业。

陆瘦燕陆老的诊所正是因为战乱，不得不由原来的南市全部迁至上海八仙桥（今上海市金陵中路112弄5号），诊所门口的招牌写的是：江苏嘉定李培卿出嗣子陆瘦燕诊所。陆老白天门诊，晚上出诊，当时虽年龄尚轻，但他视患者如亲人，诊病认真，手法熟练，疗效显著。因此，虽当年在八仙桥针灸诊所林立，一条街上有开设四五家针灸诊所的，一条弄堂有出现两家针灸诊所的，但陆老的针灸诊所，诊务最忙，前来求治者络绎不绝。

旧时的上海八仙桥，知名度较高。有着悠久的历史、浓厚的商业气息、旧日的上海风情。1900年，菜场附近建成了敏体尼荫路（今西藏南路），使这里的交通要道地位逐渐开始显现，沿街的商铺也逐渐增多，以菜场为中心的老区开始形成，因为附近的周泾上有一座八仙桥，所以该地区被俗称为八仙桥。1917年，八仙桥东北面开设了著名的大世界游乐场，接着恩派亚大戏院、黄金大戏院、南京大戏院、恒雅甬剧场等相继在附近建成，极大地刺激了八仙桥地区的繁荣与发展。在虞老这一代人的记忆中，八仙桥的范围并不大。它东起西藏南路，西至普安路，北始宁海西路，南止淮海中路。其要冲部分，则是由西藏南路始，由东向西约200多米的金陵中路段，到龙门路左转弯约200多米南北向的龙门路段，到淮海中路再右转弯直至普安路；东西向也是200多米的淮海中路段。

上述路段，商业气息非常浓厚。比如，在金陵中路段，马路的北面有宝大祥、协大祥两家著名的绸布店、参店、药店、茶叶店、全国土特产商店；在龙门路与金陵中路交汇处，有著名的八仙桥小菜场、菜场旁的日日得意楼（茶楼兼书场）；金陵中路段的北面则有西藏中路口的黄金大戏院（大众剧场）、五金店、金中食堂、布店、月宫理发店（当时很出名）、百货店、西湖浴室、邮政局等。

八仙桥这一带，可谓是百业杂陈，在这里能买到日常生活所需的一切，谁能在这繁华地带立足，自然就能名扬沪滨。1943 年，陆瘦燕与朱汝功结为伉俪后，各自在八仙桥设诊行医，20 世纪 40 年代末两人合并诊所，分别看上午和下午，诊所业务鼎盛，"陆瘦燕"三个字在上海可以说是家喻户晓，妇孺皆知。前去求治的不仅有各种风湿痹证及内科杂病，还有精神病、麻风病之类的特殊病证。在夏季，前往打"伏针"的患者更多，不得不每日限额挂号（上午半日限 400 个号），以致患者通宵排队候诊。这成了当时一道奇特的景观。其中，有的请人代为排队，有的向人租借板凳排队。由此，"陆瘦燕针灸"诊所的邻居多把代人排队、出租板凳当作一个难得的商机。陆老从清晨 6 点开始门诊，30 ~ 40 位患者一批，他亲自逐个切脉问诊、处方配穴、书写病历（初诊病史由学生提前写好），然后由学生安排治疗床位，同时依据病历上的处方，进行体表穴位消毒，他再进行针刺治疗，而装艾、点火、起针、拔罐等辅助工作则均由学生完成。这样一批接着一批，一直要到下午 1 点多才能结束门诊。朱汝功从下午 2 点开始门诊，要治疗 200 多位患者，到下午 6 点多结束。除了门诊外，朱汝功还要出诊，为中风瘫痪等行动不便的患者进行治疗。私人诊所每日要治疗如此多的患者，完成如此多的门诊量，不敢说后无来者，但也是前无古人的。

这一天，正值入伏的头一天，虞老像往常一样随父侍诊，医馆里挤满了患者，依次等着虞父问诊切脉。等待之余，她们相互交谈着，拉家长里短，聊各自的病情，互诉各自的就医经历，对比吃了中药前后的效果，偶尔也会议论某些名医的高明医术。虽熙熙攘攘，却也井然有序。这一天，虞老耳畔听到最多的便是陆瘦燕和"打伏针"。

患者口中的名医往往是确有其效的，虞老每当听说医术高明的医生时便会稍加留意，有时还会实地考察一番，遇上特别值得学习的，有时也会托父亲引荐前去学习一段时日。

二、乔装就诊探"神针"

八仙桥的"陆神针"，虞老默默地记在心中。隔日便坐车去往八仙桥。"叮叮当，叮叮当"，有轨电车穿梭在老上海的大街小巷。身着旗袍的摩登女郎腕挎手袋，款款而上电车的踏板；头戴礼帽的老克勒侧倚在木长椅的车厢里，漫不经心地浏览车窗外的大马路；虞老则靠窗而坐，一手托着腮，若有所思。随后，在金陵中路下了车，还未到112弄5号，老远便看到一大群就诊的人排在门口。虞老悄然跟在队伍后面，想探一探这位"陆神针"的"针"功夫。

"请让一让，请让一让，陆先生快来救救吾阿爹吧"，老远就传来求救声。只见一群人抬着担架，匆匆而来，担架上躺着一位70来岁的老爷子，腹胀如鼓，气急而喘，正痛苦地呻吟不已。陆先生闻声而出，老爷子的家人赶忙说道："先生，快救救我阿爹，阿爹已经两三天小便点滴不下了……"陆先生切了切左右手脉，又摸了摸脐下三寸（诊肾间动气，以察元气的盛衰），说道："别急，先把你父亲送进屋里"，随后立即针水分、气海、关元穴，患者顿有尿意，尿如泉涌，诸症尽瘥。在场之人无不惊叹陆老之高超医术，有门人问道："先生治此证，为何一针即瘥，功效如此神速？"陆老答道："诊得脉象弦涩，肾间动气与寸口脉一致，又见舌苔微黄，故此癃闭属实证，急则治标，当疏泄闭阻，以利水道。水分者，乃膀胱与小肠交界之处，水道由此而分，一针既下，水道通利，膀胱输布照常，故水如泉涌矣。"虞老在一旁细细倾听，心中钦佩不已，暗下决心，欲跟随陆老研习针灸。

回到家中，虞老将自己的所见所闻及自己的想法与虞父交流，虞父亦觉得可行，一来家传之中医妇科已有少伯、孝舜传承；二来针灸却能治疗很多疾病，对女儿将来从医之路定有裨益；三来自己与陆瘦燕亦相识，沪上同道社团聚会时多有接触，确为名医良师，女儿由他教导自己也放心。遂立即备下书信一封，为女儿作拜师引荐之用。

翌日，虞老便激动而满怀憧憬地带着书信赶往八仙桥，踏上了拜师学针灸之路，亦踏上了她的针灸人生。

当时陆瘦燕陆老除了私人带徒外，自1948年起，他与朱汝功共同创办了"新中国针灸学研究社"及针灸函授班，分别担任社长及副社长。他们亲自编写讲义，答复函授学员的来信提问，慕名前来参加针灸函授班的学子遍及海内外，全国各地及东南亚均有"新中国针灸学研究社"分社，影响极大。

与此同时，他们研制针灸经络穴位模型，整理中医学理论，总结20余年之临床经验，撰著了《针灸正宗》第1集（《中风预防法》《金针实验录》）和第2集（《金针心传》《穴位释义》），还在报刊上连载《燕庐医话》，宣传推广针灸医学。在中医衰退，针灸更是难以为继的境况下，陆氏伉俪大力宣传并兴办针灸教育，实是延续中医命脉的重要之举。

中华人民共和国成立后，为针灸医学蓬勃发展的需要，陆老夫妇在 1952 年及 1955 年先后开办了两期针灸学习班，采用边教学、边临诊，集体上课，个别带教的模式进行教学，除针灸专业课外，还设置了中医基础理论和西医生理、解剖等课程，邀请有关专业老师授课。这样，既继承了传统的带徒模式，又吸收了医学院校集中上课、系统教学的方法，理论与实践相结合，学制 3 年，培养了一批学有专长的针灸医务人才，其中有不少人后来成为针灸事业的骨干。集中教，个别带，自"陆瘦燕朱汝功针灸学习班"始，成为中医教育界一种新的传授方式。

虞老记得自己拜师那年正值 1950 年的三伏天，加入了陆氏伉俪的针灸函授班，也赶上冬病夏治，一天的门诊量可以达到五六百人，患者常常需要隔夜排队才能挂上号。虞老白天时刻紧随在陆老身边侍诊，生怕错过任何一个学习的机会。她了解到温针、伏针、伏灸是陆氏针灸的一大特色，而伏针、伏灸是指在盛夏三伏天进行针灸，在古人文献中无从考稽，是陆老的父亲李培卿即陆氏针灸流派奠基者所创见，伏天天气炎热，人体腠理开疏，此时或针或灸，能使伏留筋骨深处的外邪随汗外泻。同时，伏天阳气旺盛，此时或针或灸，可以添助不足之阳气，加强卫外作用，有助疗效的巩固。因此，无论补虚泻实，均可收到事半功倍的效果。

陆老常告诫虞老，伏针的留针时间可以短一些，因夏季伏令，天气炎热，气温血滑，人气易行。同时，夏季时节患者往往出汗多而表阳虚，若留针时间过长，容易脱气而发生晕针，所以留针时间不宜过长。一般伏针待艾燃完毕便可起针。如果不用温针的患者，可以考虑不留针，施行手法完毕后，即可起针。

伏令施用温针需严格掌握病种，一般以风湿痹证为宜，也可根据病情，在主要穴位上用温针，不需每针都加艾。

伏灸同样必须严格辨证，以免造成火逆之忌。往往秋冬得病，经针刺而愈，在伏令复针，可以清除余邪，尤其是产后风湿痹证更为相宜。而伏灸最适宜寒喘、阳虚、疝气等病证。如哮喘病，每遇秋冬发病，若能在伏天进行灸治，取大椎、身柱、风门、肺俞、厥阴俞、天突、膻中等穴，到冬季可减少发病或不发病，连灸 3 个伏天，可望痊愈。这是冬病夏治的一种有效方法。

至于温针，早在汉时已很盛行，张仲景《伤寒论》中，就曾不止一次地提到温针，如："太阳病三日，已发汗，若吐、若下、若温针仍不解者，此为坏病……"陆老认为温针的作用是取其温暖，使患者不觉其烫，借以

浙江中医临床名家·虞孝贞

帮助针力之不足,给以适当的温通作用。它与灸法截然不同,灸法是借艾火之力,振阳温经而起陷下,发挥祛散阴寒的效能。所以,临床上温针只要取其温暖即可,不需烧之灼热,一般只需灸1壮(如枣核大)就够了。若艾炷过大过多,待灸至内部感热,往往外面的皮肤已经灼伤,轻者针处红赤,重者溃烂,不但达不到治病目的,反而增加患者痛苦,有失温针温通经脉之意。

说到针具,虞老记得九针之中,陆老最喜毫针,认为毫针不粗不细正好适应现代人的体质。他又认为针灸是取效于针尖的治疗方法,所以对针具的要求相当严格,当时用的针都是陆老亲自请能工巧匠手工制作。以前人们对针具的称法都叫金针,其实我们现在用的针都是不锈钢制作的,而陆氏的针却真是用赤金拉丝而成的。陆老请工匠将赤金拉成如现今31～32号针的粗细,然后缠绕针柄,磨制针尖,并指出针尖不可太锐也不可太圆,须圆利得当,每根针他都要亲自试过。在针柄上绕丝也必须均匀紧凑,不但外观漂亮而且触之手感上佳才算合格。

同时,陆老将金针视为自己的儿女,对针具的保养非常重视。每天诊疗完都要对用过的针具一根一根进行整修,用特制的木质器具仔细地将每一根金针拉直,必须做到针体挺直无弯曲无缺损,针尖无钝毛,即便是每天门诊五六百人还是要求自己的学生逐一检修,数十年如一日。所以每天门诊结束,虞老和陆老的其他门生一起做得最多的便是逐一仔细检修金针。这种静下心来对工作一丝不苟的敬业精神在虞老后来的医教研生涯中打下了深深的烙印。

到了夜间,虞老更是铆足了劲地勤学苦练,不懈地研读各种针灸相关医书,重新温故《黄帝内经》、《难经》、《伤寒论》等经典中有关针灸部分,细细研读《针灸甲乙经》、《针灸大成》等,对于重点条文必反复熟读背诵,对于《备急千金要方》、《外台秘要》、《医宗金鉴》、《经穴纂要》、《经脉图考》、《十四经发挥》、《肘后备急方》等均精心研读,博取众家之长。

除了研读针灸经典,虞老还在自己身上循经点穴、进针,在纸垫和棉花团上反复练指力,揣摩陆老教的手法,做到针不离手,时时捻之。陆老在临床上一贯强调运用针刺手法,认为针灸治病,除了辨证正确、处方配穴得当外,还要运用适当的手法。他常常提醒虞老:"每一个腧穴,都具有一定的内在联系和功能,只要针灸激发其功能,就能发挥一定的治疗作用,但是仅仅如此还不够,有时往往疗效不够理想,还必须使用不同的手法,对腧穴造成不同的刺激，以适应病情需要。"如同内科治病，辨证、用药、剂量三者缺一不可，是相辅相成的，尤其在治疗脏腑病时，运用补泻手法，疗效确比不用补泻手法为佳。因此虞老在临床上亦极注重手法，讲求气至病所。

早在20世纪60年代，虞老施行针刺补泻手法、行气手法便已得心应手。一次，在教授西学中班的针灸课堂上，有几位西医学生对"烧山火""透天凉"等复式手法公然提出质疑，认为这是无稽之谈。虞老既不批评也不生气，而是选择用事实说话，她走下讲台，问道："有哪位同学想体验一下'烧山火'？""我来！"质疑声最大的一位男生站了起来说道。虞老不紧不慢地选取这位同学的曲池穴，嘱其自然鼻吸口呼，随其呼气指切进针，将针浅刺入天部，令其鼻子吸一口气，用口呼五口气。虞老拇指向前捻转九次，同时配合紧按慢提的手法，行九阳数后，再刺入人部，仍同前法进行操作，未到地部。这位同学便面露惊叹神色道："热了，热了，我感受到了！"从此，西学中班中无人再质疑针灸，同学们学习中医的热情异常高涨。

据虞老回忆，在1950～1952年间，在陆老针灸诊所和针灸函授班学习的这段日子对自己影响颇深，至今仍感念陆氏夫妇对她的无私传授、谆谆教导和悉心照顾，可以说若没有陆老的引导，看到针灸有如此好的疗效，虞老不一定能如此坚定地从事针灸专业，这为虞老的针灸事业奠定了重要而良好的基石。

第三节　寻访名医怀诸师

相传出生于医学世家的清代温病学宗师叶天士学医，曾先后拜名师17人之多，他隐姓埋名拜医僧为师的医话更是广为流传，"师无常师，唯长是师"是他的择师标准。虞老亦是如此，但凡听得某位医者医术了得，虞老便欲欣然往之，求学若渴。在"上海新中国医学院"就读期间，虞老更是寻访名医，侍诊诸师，虚心求教。而今回忆起当年的老师们，虞老不禁感怀诸师倾囊无私之情。

1. 恩师徐小圃

徐小圃，上海宝山人，上海的儿科名医。其父亲为徐杏圃先生，专业儿科。徐老设诊所于上海东武昌路，为学院的实习导师。徐老除学术上继承历代儿科诸家之长外，对张仲景《伤寒论》亦钻研颇深。临诊细致，处方果敢审慎，屡用峻剂以起小儿沉疴。他在临证中常说："儿科古称哑科，审证察色不可粗心大意。"由于诊室中患者甚多，小儿既不能及时讲出病痛，又不能与医生很好合作，故他在诊病时，常常站立观察，对周围环坐的病儿及时留意其证候轻重。遇到重症病儿，即予提前诊视，不使耽误。由于老师弃座站立诊视病儿，故虞老还有其他学生亦都是站立侍诊。徐老诊病一丝不苟，对每一病儿都做口腔的仔细检查，毫不遗漏，绝不因诊务繁忙而疏忽。那时，抗生素尚未问世，对小儿肺炎，西医治疗亦感困难，而徐老擅用小青龙汤、麻杏石甘汤加减，均取得卓越的效果。

徐老从小儿机体"肉脆、血少、气弱"的生理特点出发，认为"阴属稚阴，阳为稚阳"，而绝非"阳常有余，阴常不足"的"纯阳之体"，所以他在立论上特别强调阳气在人体中的重要性。他非常欣赏《素问·生气通天论》中的"阳气者，若天与日，失其所，则折寿而不彰"的论述。推崇陈复正"圣人则扶阳抑阴"之论，主张治小儿疾病必须处处顾及阳气，并且善于在明辨的基础上识别真寒假热。在临床上善用辛温解表、扶正达邪、温培脾肾之阳，以及潜阳育阴等治则，在用药配伍中，灵活全面，尤善于各法之间和各药之间的联系。对于温与清的结合剂量、轻重尺度等，莫不丝丝入扣，恰到好处。

例如他对桂枝的应用，解肌透表必加生姜；有汗发热均伍芍药；无汗表实伍麻黄；项强伍葛根；太少合病用柴胡；清心泻火合黄连；烦渴除热加石膏；肺热、肠热合黄芩；里实腹痛合大黄；与附同用以温阳；与参芪同用以益气；与甘、枣同用以补心脾；与饴糖同用以建中；与苓、术同用以利水；与五味子同用以纳气；与龙骨、牡蛎同用以潜阳镇惊。且常喜与磁石共投，加强其潜阳宁心的协同作用。他还常使用羌活与桂枝合伍，对风寒入络、头身体痛之寒痹证，效果卓著。徐老亦善于应用附子，起扶正达邪之功，但凡有一定投药指征（即：面色㿠白、肢清冷，脉软，小便清长，大便溏泄等），抓住主证，即放手应用。

徐老在临证之暇，常谆谆教诲来临证抄方的学生：药不论寒温，要在审辨证情，正确掌握辨证论治的精神实质。桂、麻、附子等虽性温力猛，易以化热助火，亡阴劫液，但使用确当，能收奇效。不然，即桑、菊、荆、防亦足以坏事。关键在于用之得当与否，世无明知温热偏盛而妄施温药者。若确系风寒表证，因其壮热而不敢及时投以辛温发散，反以轻清宣透或苦寒抑热，则难免贻误病情。殊不知发热乃正邪相争之反映，邪气盛，正气尚旺，则发热愈壮，如能及时应用麻、桂，使寒邪得以外撤，不使病邪由表及里，由阳及阴，祛其邪，亦即扶其正也。徐老的教导使虞老等学生们畏麻、桂等辛温药如蛇蝎之疑窦，豁然如释。

2. 恩师章次公

章次公，章老为药物学教师，当时上课并不多，但德艺双馨，蜚声医坛，虞老自是要去章老处好好跟诊学习一番。章老早年就读于丁甘仁创办的上海中医专门学校。师从名医丁甘仁、曹颖甫及国学大师章太炎。毕业后行医于上海，同时执教于上海中医专门学校、"中国医学院"和"上海新中国医学院"、苏州国医学院。章老诊所设在上海菜市路，诊室为一间后厢，光线欠佳，常开着电灯诊病，诊室虽不宽敞，但患者不少，且多为贫苦者。章老理平顶发式，身着淡蓝竹布长衫，一种清苦学者之风，使见者感动。每诊患者，必细加问诊。章老诊金收得很低，对贫穷者不计诊金，反而送医给药。遇重病大症多谨细推详。用方博采，多能挽大症起危疾。章老指导学生，常参照现代医学理论，并且主张"双重诊断，一种治疗"的诊治方法。他用药简练，主次分明，能击中病害。尤无门户之见，不论经方、时方、民间单方都应用自如。

章老的诊所外虽然等着很多患者，但是，他对于传道授业的工作与对患者的诊治情况一样，都是极认真的，而且他带教的方式常是灵活多变的，不拘一格。比如，他有的时候一边看病，一边讲解，弟子一边记录；有的时候，他看完患者却几乎一言不发，只是说，你们看看，是什么病？或者说，这是某证，但是为什么我说是这个证？你们说说应该用什么方？或者说，我开的这个方，是什么法？是什么方化裁？每到这样的时候，有的学生赶紧低头，也有的赶紧记下来，以后再查。因虞老功底扎实，每每都能答对，此时，章老就会高兴地表扬。也有的时候，他在弟子开的草方上进行修改，并说出道理来。

章老对妇科亦有独到见解，他的经闭论，融会新知，令传统理论赋新意。他认为经闭一证，概言之，责之冲任不调。先生参以新知，认识更为具体："室女之停经，一是由于内分泌障碍；二是营养不如所需；三是神经系之变化。而第三者最为普遍，《黄帝内经》所谓'二阳之病'。""室女停经、萎黄病、子宫结核、内分泌障碍病，皆可从望、切两诊得之，惟神经系之变化，则少迹象可寻。""月经之生理虽在卵巢，亦受神经系之支配，古人调经多用疏肝，即此理也。"这就示人对经闭当区别其为卵巢实质病抑或官能障碍，若系实质病，体实者当攻之，体弱者攻补兼施；体虚不能攻伐者，温养奇经，调整卵巢功能。若系官能障碍，即径予疏肝调经。先生对用攻法，曲尽其妙，他曾借鉴喻嘉言、王孟英二氏，以当归芦荟丸出入治血瘀热结；又喜用虫类药，以大黄䗪虫丸、抵当丸破瘀通经。在章老的医案中，往往对中西学理合并讨论。其立论超脱不凡，毫无斧凿之痕迹，如"考经不正常，恒能引起胃证候""古人用平胃散通经，即是此理""凡痛与带下，总是炎症""宣肺多是祛痰剂，肃肺多是镇咳剂"等。这些可贵的论述，虞老觉得至今仍值得我们研究与学习。

3. 恩师包天白

包天白，"上海新中国医学院"第一任教务长，包识生之子。包氏父子与朱家渊源颇深，相知甚厚。包识生所著《包氏医宗》造诣之深，当时可雄视医林。其书共8卷，于1930年著，为磁青封面线装。所论多为伤寒学说，自成一家。另外尚著有《包氏医案》、《杂病讲义》、《诊断学》等。包天白先生戴眼镜，穿长衫，温文尔雅，恂恂然有儒者之风。每次学生编辑出版毕业纪念刊，他均给予指导，而且责无旁贷地撰写发刊词，文采飞扬，深受当时学生的敬爱。包先生教课认真，对《伤寒论》原文熟悉，特别对六经提纲十分重视，使学生留下较深的印象，在以后接触患者时，常因而形成一种以六经辨证的首选概念，有使人头脑清新理出头绪之感。

4. 恩师钱今阳

钱今阳，"上海新中国医学院"儿科教授，江苏武进人，其名鸿年，号苍庵。钱老幼承庭训，16岁即悬壶行医，擅长儿、内、妇科，尤对小儿哮喘、疳积等病有其独特之处，为上海十大名老中医之一，曾创办并主编了新中国成立后第一本中医杂志《新中医药》。几经易稿，于1942年著成出版《中国儿科学》。当时虞老有幸成为使用这本《中国儿科学》为教材的第一批学生，钱老的儿科课堂总是座无虚席，这得益于钱老循循善诱，启发引导直至入木三分的授课方式。

5. 恩师潘澄濂

潘澄濂，浙江温州人，1929年毕业于上海中医专门学校，后开业行医。新中国成立后，历任浙江省中医药研究所副所长、所长，中华全国中医学会第一、二届理事和浙江分会副会长，农工党第八届中央常委和浙江省委第四、五届副主任委员。是第五、六届全国政协委员。长期从事中医临床与医典的研究工作，对肝炎、肝硬化等病的诊治有独到之处。著有《伤寒论新解》、《潘澄濂医论集》等。1938年至1947年在"上海新中国医学院"任教，同时为人治病。虞老回忆，潘老诊治中善于总结，并将许多诊治经验思路无私授教于课堂。他在课堂或临证时常告诫学生们，中医诊治，通过四诊的方法，识证辨性是提高疗效之关键。他常举例曾治疗的两例因入浴而发生的腹痛，一例系气机阻滞，兼有宿食之实证，方用大柴胡汤加减，一剂即便解痛减；一例系劳顿过度，寒气入中，亡阳欲脱之虚证，投参附汤加味，一剂后汗敛肢温，腹痛若失。两例同为腹痛，都发生在入浴之时，他从识证中辨其虚实，采用截然不同的两法，而收桴鼓之效。

1950年，虞老参加上海名医陆瘦燕主办"新中国针灸学研究社"及针灸函授班研习针灸，历时2年。1954年在上海眼科医师姚和清诊所学习针灸一年。1955年在上海浙江路虞父诊所内应诊一年。虞老一生谦逊好学，遇良师颇多，涉猎内、外、妇、儿、五官等，熔百家精华于一炉。

第
三
章

声名鹊起

虞老从百丈中医诊所开启了自己的独立行医生涯，一根针一把草，为民解病疾，后至当时的浙江中医学校任教，揭开了医疗、教学和科研相结合的新篇章，最终成为一代"巾帼神针"。

第一节　百丈中医启悬壶

虞老学业即成之后，一直在上海跟随父亲和其兄长学习医术并开始在诊所内诊治一些常见病患者。1955 年 12 月，外祖父的一个故交，宁波名医严海葆的女儿在当地开了一家"百丈中医师联合诊所"，而刚好虞老的先生在宁波的产业需要管理人员，于是两人商量后就一起来到宁波，先生经营工厂，虞老就在联合诊所行医。当时提供给宁波卫生局的行医资格证书：上海医专两年的学习证明、陆瘦燕诊所出具的学习证明以及虞父诊所出具的证明。宁波卫生局认可并经考试合格后，从此走上行医之路。初到诊所，为了尽快熟悉诊所业务，虞老每日早早起床，都是第一个到诊所，并主动承担各种杂活，包括扫地、打水、擦柜台、入库、出库、晒药、检药等。在百丈诊所工作期间，虞老从进入诊所那一刻开始便忙于医务，每天马不停蹄穿梭于患者当中。1955 年某日，虞老像往常一样接待患者，突然有一位肚子疼得腰都直不起来的患者来到诊所，虞老有条不紊地询问患者疼的根源，经过一番查看和把脉后先为其施针，待其疼痛缓解后让其回家吃药静养，虞老还嘱咐其如何煎药及煎药过程中应该注意的事项，一个疗程下来，患者病痛消失，而后特地过来诊所感谢虞老。自此开始，虞老慢慢地有了一些经验，接触的病种也逐渐多了起来，内、外、妇、儿科的患者都过来就诊。通过长期的临床实践，虞老不但熟悉了常见病、多发病的治疗，对于一些疑难杂症，也渐渐积累了丰富的经验。1955年某日晚十时许，有患者家属邀请虞老出诊，谓一患者濒死。当虞老抵其家门，见一中年妇女两目上窜且红，两手紧握，脉弦数，询问后得知其因与丈夫发生口角所致，此乃气厥。随即虞老以毫针刺一侧中冲穴，病妇"啊"的一声，转而苏醒，再拟七气汤三剂煎服。该例是与丈夫吵架而引起气厥，气厥是心包经气逆乱，中冲是手厥阴心包经井穴，故取之而得速效。

忙碌的医务工作日复一日，年复一年，但虞老却乐此不疲，白天在诊所忙碌，夜里坚持挑灯奋战，勤学中医古籍，增加临床知识，提高理论认识和实践水平，不断提升中医理论，希望自己在中医道路上能有所突破和创新。在当时的农村环境，别说是名医，就算是一般的普通医生也是凤毛麟角。在百丈中医诊所行医期间，虞老先后重温《黄帝内经》、《难经》、《神农本草经》、《伤寒杂病论》等经典医籍，对中医的理解更加深刻。当然这显然不够，虞老还精读了《温病条辨》、《景岳全书》、《类经》、《脾胃论》、《备急千金要方》、《诸病源候论》、《医宗金鉴》、《濒湖脉学》、《医林改错》、《傅青主女科》、《脉经》、《本草纲目》、《温热论》、《汤头歌诀》等书籍。在这样刻苦学习之下，虞老渐渐掌握了较为系统的中医学知识理论体系，同时对学校读书期间未能理解的内容，也加深了理解，借此打下的扎实理论基础对于以后顺利开展繁忙的临床工作起了很大作用。虞老回忆说，开始进入临床接触患者时，按照父亲的经验处方用药，治疗效果较好，但随着诊治患者越多，许多疾病感到无从入手，对于相似的中医类证，更是难以鉴别，辨证施治，遣方用药，亦无定准，深感"书到用时方恨少"。虞老总是带着问题去读书，边读边做笔记。几年下来，在理论和实践的结合上有了较大收益，所读理论能融会贯通，举一反三，临床运用也能灵活自如。虞老虽然历经几次搬家，家具、衣物多有舍弃，唯独中医书籍和自己看书留下来的手稿一张也没有丢弃，至今还在书柜里面。虽然年代久远，多数纸张已经泛黄，甚至有些笔墨都有些模糊，但字里行间都能让人体会到虞老在刚刚行医这段时光里对知识的渴望，渴望通过中医经典书籍来提升自己的医疗水平。

在当时那个年代，虞老经常被邀请外出义诊，虽然有的地方距离她的诊所比较遥远，但是虞老也是不怕辛苦，不远千里。一盒针、一筐中药材是义诊时必备的物品。在新中国成立后不久，因很多患者贫病相连，虞老外出义诊时，从来不收患者诊金。通过虞老针药结合治疗，很多患者的劳疾都得到了很好的控制。当时有一位痛经的小女孩在她母亲的陪同下过来请求虞老治疗，通过女孩妈妈的讲述，了解到她女儿已经痛经三年，试了多种偏方也不见得一点好转，每次月经来临时都会痛得直打滚，听闻乡里乡亲说市里来了一位大夫，免费过来义诊，抱着试试看的心理，让虞老帮忙诊治。虞老详细询问该女孩的病史，在她的腰骶部找到一些敏感点，是八髎穴中次髎穴的位置，取该穴位左右各针刺1针后，女孩的痛经马上就得到了缓解，并让她每次在月经来临前，用生姜片垫在腰骶部的两个点上，上面放艾炷行灸法，3个月经周期坚持做。半年后，那位痛经的小女孩在她母亲的陪同下，来到百丈诊所，给虞老带了一封感谢信并向虞老表示衷心感谢。女孩母亲激动地告诉虞老，通过虞老的方法，她的女儿再也没有痛经过。就这样，通过街里乡亲的口口相传，很多患者都从遥远的乡下，徒步几十公里甚至上百公里，来到百丈中医诊所找虞老看病。渐渐地，来虞老处求诊的患者越来越多，每次出诊，都排起了长队。虞老每次都是坚持看完最后一个患者才下班，经常延误了回家吃饭，但虞老从来没有一点抱怨。

在那个缺医少药的年代，什么都需要自己亲自动手，药材不够了，虞老便会亲自去山里田间采药。当时在宁波地区，山上田间盛产明党参、金银花、石斛、浙贝、麦冬、菊花、黄精、闹羊花、三叶青和大蓟等中药，虞老每逢休息时间，都会去采药，每次都能背回一筐临床常用的中药材。然后按中医用药要求将中药材加工成中药饮片。虞老回忆这段采药、炮制药物历程，嘴角边总有丝丝微笑，因为正是这段艰苦的岁月，让她得到了巨大的提升，为以后的教师生涯，奠定了坚实的基础。

第二节　医教结合系浙中

1953年，国家非常重视中医药人才的培养，各省市争先成立中医药院校，在当时浙江省卫生厅的关心和支持下，浙江省也成立了浙江省中医进修学校。1956年下半年迁至庆春路（原浙江大学旧址）。但缺乏中医院校教育相应的师资，于是决定在省内外挖掘优秀的中医人才，当时各地有名的中医大夫都收到了邀请，虞老也很幸运地收到了邀请。当时受邀的中医大夫虽然看病非常有名气，但在教书育人方面缺乏经验，于是学校决定先办一期中医师资培训班（即浙江省中医进修学校第五期中医师资班），主要培训教学方法、师德修养。学习课程主要有：政治、解剖学、生理学、病理学、细菌寄生虫学、诊断学、传染病学、内科学等现代医学课程；还有中国医学史、内经知要、伤寒论、金匮要略、温病学、中药学、方剂学、中医内科学、中医妇科学、中医儿科学、针灸学、骨伤科学、各家学说等课程。希望通过一年时间的培训，经过选拔考核，挑选出需要的人才。那时候的虞老已经32岁，是5个孩子的母亲，工作也才1年，当时的学员更是人才济济，要想在此脱颖而出，难度可想而知。为了更好地准备考试，虞老就只带了一个孩子在身边。这一年，虞老除了上课，其余时间就在寝室看书，一天仅睡几个小时，更别提出去休闲放松，只有虞老的先生来杭州时偶尔带着孩子去西湖景点玩一下。因为是师资班，所以经常要进行班级、小组试讲课，虞老由于准备充分，讲课效果得到同学与老师好评。学习结束时，由于学习成绩优秀，学校正式找她谈话希望她留校任教，也正是那一年，国家对资本主义工商业进行社会主义改造，实行公私合营，虞老经济上一下子陷入困境，虞老的先生也无法在杭州找工作，只能待在宁波。一时间，面临留在杭州任教还是回到宁波继续当医生的两难抉择。留在杭州就不得不重新面临与丈夫两地分居的境地，回宁波就辜负了组织上这么长时间的培养。考虑到事业前途，最后还是决定留在杭州，无奈之下，虞老和先生把两个大一点的孩子留在了上海，把另外两个孩子接到了宁波，虞老只带了一个孩子在自己身边，开始了长达二十多年的夫妻分居生活，也开始了三十余年的教学生涯。

建校初期，针灸教研室也得以新建，主要承担教研、医务及临床带教等任务，然而相应的教师却很少，当时只有高镇五、包黎恩等几位教师，教学任务非常繁重，人手却极其短缺。一名老师通常需要主讲2门课程，鉴于虞老在针灸与妇科方面有非常丰富的临床经验，于是在领导的要求下，虞老担任了"中医妇科学"和"针灸学"两门课程的主讲老师。

在知识储备上，正如前人所言："你给学生一壶水，自己必须有一桶水。"临床搞得再好，在教书育人方面却不一定，人生有涯而知无涯，虞老深知作为一名教学老师，必须德才兼备，只有知识库非常丰富，才能胜任这一岗位。于是虞老逼迫自己，通过不断地学习专业知识，不停地加强教学方法，来提升自己作为一名教学老师的胜任力。虞老认为中医经典著作是中医的源头，不论哪种学术流派，无不是以《黄帝内经》、《难经》、《伤寒杂病论》、《神农本草经》等经典著作为基础，只有不断学习，持续思考，才能在理论上有所突破。

在教学方法上，虞老备课认真，每次上课的前一天都会把教案写好，并反复研读，提升熟练程度；课堂讲课时，也非常有条理，思路清晰，从不拖泥带水，给人一种说书的感觉，对知识的讲解深入浅出，引经据典，引人入胜。一堂课下来，学生及年轻老师常做了几页纸的笔记，受益良多。虞老的板书规整，授课生动，从不照本宣科。方剑乔校长作为当年的年轻教师，对虞老师的评价是："虞老严谨生动之教风、寓古寓今之学识，秉于《黄帝内经》、《难经》等扎实基础，熟于针灸诸子百家学说，精于教材篇章节段之内容，长于清晰生动之讲解，善于恰到好处之板书，对于学校安排的教学任务，从不推脱、逃避，在现今评之为教学名师，不为过也。"以后师资渐多，除专任针灸医教研工作的教师外，虞老兼任学院附属门诊的针灸科医师，坚持每周二、四、六三个半天门诊。虞老在坐诊期间主攻针灸治疗妇科疾患，兼顾中药处方。由于疗效较好，找虞老看病的人极多。此外，虞老还要承担临床教学的任务。中医学院的学生，每年都到医院完成实习任务，实习地点就设在学校附属门诊。虞老门诊极忙，学生围坐于虞老四周，切脉问病看苔后，即口述脉案处方。在理论学习方面，虞老认为积累知识好比建筑金字塔，底宽顶尖，乃能巍然屹立。针灸是中医治病的重要武器，工欲善其事，必先利其器。虞老对学生们的要求是既能熟读《黄帝内经》、《难经》、《伤寒杂病论》原文，又要翻阅各家学说，知识的积累既要有深度，又要有广度。但在学习经典医籍时绝不要死记硬背，在临床应用时也绝不能生搬硬套，必须在理解的基础上记忆，在临床实践中加深理解与记忆。侍诊时，结合患者情况提出问题，要学生能当场解答，比如要学生口述方名开药，要学生口述穴位扎针，甚至何以用此方，何以选此穴等，都要学生能够回答。当然，每个学生的基础并不一样，有的是从小就接受家里的祖传中医，有的从来没有接触过中医，一点基础也没有。但虞老很有耐心，因材施教，对于毫无经验的学生，手把手地教授他们，从接诊询问病史、体格检查、辨证施治等，都会认真传授自己的经验。对于经验丰富的学生，果断放手，让学生独立接诊，在一旁观看学生辨证施治，同时，结合实际，指出学生的问题与不足。在那个知识匮乏的年代，学生充满了求知欲，学生每当遇到问题，都会刨根问底，不断地向虞老请教，虞老从来没有厌烦，即使到了下班时间，也要给学生解答。虞老特别喜欢学生问她问题，常说学医一定要多动脑，也要多问几个为什么，人外有人，天外有天，一个人的知识是有限的，只有多学多问，而且要不耻下问，才能不断提高自己。正是虞老这股甘于奉献的无私精神，严格的治学精神，鞭策着学生在临证过程中不断地追求上进。

第三节　神针疗愈心中悸

限于 20 世纪 70 年代的医疗环境，没有完整医疗急救体系，很多心血管病患者缺乏快速对症处理，往往失去了治疗的机会，针刺能为患者争取时间，与生命赛跑。虞老常说，针灸治疗急症具有鬼斧神工的作用。由于针灸方法简便，起效迅速，不受地点、时间、设备、药物等各种条件的限制，器具简单，随时随地，均可应急。虞老对心律失常的诊治，更显得心应手。针灸调节心律的效果明显，虞老已治多例。

小小银针，随身携带，以备不时之需。1973 年，虞老从杭州的学校回上海，由于时间仓促，没有来得及提前买火车票，进站后，售票员开始查票，一人一票才能上火车，售票员不给她补票，虞老很着急，就说他父亲是上海名医，她要回家探亲。这会儿，车站广播响起，广播员急寻医生，说第 12 节车厢有个乘客心脏病发作，感觉胸部压榨性疼痛，嘴唇发紫，生命危在旦夕，如有医生，请立即到第 12 节车厢。检票员问她是不是医生，懂不懂医术，虞老连忙点头，于是让她赶紧过去。虞老没有一丝犹豫，挺身而出。见其额部汗出，面色苍白，两手按胸，痛苦貌，脉紧、代，舌微暗。得知这是心绞痛急性发作，因其是坐位，乃针双侧内关穴，平补平泻，留针 40 分钟后疼痛消失，面色转润。口唇也慢慢由紫暗转向红润，这时虞老也松了一口气，紧张的心情终于放松下来，周围的乘客都对她竖起了大拇指，不约而同地为虞老鼓掌。

寒冬腊月，暖心之举，邻里之间充满温暖。1978 年冬天的夜里，天气异常寒冷，邻居有一名姓周的中年男性，有多发性室性早搏病史，那天夜里早搏频繁，异常难受，当时家里配的药物也不管用，无奈之举，只得求助虞老。尽管是在半夜里，打开门就有一阵凉飕飕的寒风吹过来，虞老听到急促的敲门声，还是赶紧穿上外套起来开门，知道邻居出事了，立马拎上医疗箱，就跟随邻居家属过去了，看着邻居难受的样子，通过询问家属后，才知道有多年心脏病病史，吃了很多药都没什么效果。考虑到病情很急，虞老就在手上和脚上扎了几针，患者胸闷的症状好了很多，但是虞老提醒说，这个毛病一下子还不能断根，可能还会复发，需要针灸一段时间才能好，邻居说被这个毛病困扰了很久，于是让他白天来门诊部，规律治疗，前后总共治了 14 次，已基本痊愈。多年的疾病好了，把邻居高兴坏了，敲锣打鼓，送锦旗，方圆

浙江中医临床名家·虞孝贞

几里，无人不知，无人不晓。

20 世纪七八十年代，虞老同高镇五教授及针灸研究室的其他同事一起开展了一系列针灸治疗心脏疾病的临床研究，成果发表于《中国针灸》、《上海针灸杂志》、*Journal of Traditional Chinese Medicine* 等期刊上，为某些心脏疾病可作为针灸适应证提供了客观而有力的佐证，更为针灸如何治疗某些心脏疾病提供了临床指导思路。

1. 不同针刺手法及留针时间对心气虚搏血量的影响

该研究表明针刺治疗心气虚在增加左心搏血量方面，内关、足三里穴以中等刺激的手法为最适宜；认为针刺治疗心气虚的留针时间，以间歇动留针 15 ～ 30 分钟为最适宜。

2. 针灸治疗心律失常的临床观察

在针灸治疗心律失常的 220 例临床观察中，患者均因自觉心悸、气短、胸闷或胸痛、头晕、乏力、失眠等前来就诊。按中医辨证可分心气虚、心阴虚、气阴两虚、心脉痹阻、心阳虚衰五型。诊断标准为：脉率或听诊心率 100 次 / 分以上，或 60 次 / 分以下；或脉象呈促、结、代；或听诊心律不规则。心电图检查作为确诊的客观指标。

治疗方法：①处方：以内关、神门、夹脊 4 ～ 5（或心俞、厥阴俞）为主穴。每次取 2 穴，交替使用。以辨证选穴为配穴，心气虚或心动过缓加素髎或足三里；心阴虚或心动过速加太冲或太溪；气阴两虚或失眠加安眠或三阴交；心脉痹阻、胸痛明显加膻中或郄门；心阳虚衰加素髎或关元。②操作方法：患者取卧位，选用直径 0.25 ～ 0.3mm 的 1 ～ 1.5 寸毫针。刺用补法或用平补平泻，"得气"感应弱或中等度，一般留针 5 ～ 20 分钟，中间需行针 2 ～ 4 次。心动过缓者，留针 5 ～ 15 分钟，不宜过久。刺素髎时要刮针柄 1 ～ 2 分钟。对心气虚及心脉痹阻、心阳虚衰型等，可配合温和灸法或温针灸。③疗程：每日或隔日针灸 1 次，10 次为 1 个疗程。未愈者，间休 5 天，再继续治疗。

疗效标准：①显效为自觉症状消失，脉转，心脏听诊、心电图检查正常。②有效为自觉症状、脉象、心脏听诊、心电图检查均有好转。③无效为自觉症状、脉象、心脏听诊、心电图检查均无好转。

疗效分析：220 例心律失常病例，其中激源起源失常计 198 例，有效率为 86.4%。激动传导异常 22 例，有效率为 18.2%。$P < 0.01$，两者差异有非常显著意义。中医辨证心气虚 95 例，有效率为 90.5%；心阴虚 56 例，有效率为 87.5%；气阴两虚 25 例，有效率为 76%；心脉痹阻 28 例，有效率为

36%；心阳虚衰 16 例，有效率为 75%。

病因分析：冠心病或冠心病可疑 33 例，有效率 75.8%；心肌炎和心肌病 40 例，有效率为 80%；高血压病 23 例，有效率为 82.6%；风湿性心脏病 16 例，有效率为 62.5%；神经功能失调或原因不明 94 例，有效率为 84.4%。其他病因较少，不计。年龄 50 岁以下者比 51 岁以上者疗效要好。病程 5 年以下者比 6 年以上者的疗效要好。

3. 针灸治疗窦性心动过缓的临床观察

在针灸治疗心动过缓的研究中，将中医分型主要分为：心气虚型、气阴两虚型和心脉痹阻型 3 型。诊断标准为脉率或心脏听诊心率在 60 次 / 分以下，心电图检查心率在 60 次 / 分以下。取穴以内关、列缺、膻中、足三里为主。心气虚型上述穴位每次取 1～2 穴。伴心阳虚者加素髎或大椎；气阴两虚型加神门或安眠或三阴交；心脉痹阻型加三阴交或膈俞。穴义：内关为心包经之络穴；膻中是心包之募穴；心脉"复从心系却上肺"，故心病可及肺，取肺经之络穴——列缺，可宽胸利气、祛痰蠲痹；足阳明经别"上通于心"，足太阴脾经"上膈注心中"，取足三里、三阴交，乃培生化之源，补益心气心阴；三阴交又是肝、脾、肾三经交会之穴，与血会膈俞同样，对心脉瘀滞者有效；安眠穴有益阴安神之功，对失眠效佳；督脉主一身阳气，其脉"上贯心"，取素髎、大椎可振奋心阳。

值得注意的是，本研究发现针刺手法是提高疗效的关键之一。窦性心动过缓中医辨证是虚证，虚则补之乃是施治准则。治疗窦性心动过缓的针刺方法"得气"须徐缓，感应以弱或中等为宜，"得气"后须"守气"半分钟左右，勿让气脱失。留针一般以 5～10 分钟为宜，最长勿超过 15 分钟。研究中曾观察到数例由于"得气"感应突然强烈，或持续强感应时间过长，尤其是针刺内关时麻电感强烈，甚至向手指扩散或手指变冷者，往往疗效不佳。

4. 针刺治疗心脏早搏的临床观察

在针灸治疗心脏早搏的研究中，将中医分型主要分为：心气虚型、气阴两虚型和心脉痹阻型三型。穴位：内关、神门、夹脊 4～5（或心俞、厥阴俞），每次选用 1～2 穴。心气虚型加膻中或足三里；气阴两虚型加三阴交或安眠或肾俞；心脉痹阻型加膻中或膈俞或三阴交。

在本研究中值得注意的是，辨证运针是提高疗效的关键。对早搏的针刺手法宜平补平泻为主（中等感应），间歇运针，留针 10～20 分钟；脉促、胸痛明显者结合间歇而短促的泻法（强感应）。如果针感过弱或持续地过强，或得气后即出针，则疗效较差，尤其是持续强刺激，往往使患者不能接受而治疗中止。

从上述研究中可以看出：

1. 经穴与心脏密切相关

按经络学说选用与心脏有关的腧穴治疗心脏疾病，疗效良好（针刺即时心电图对照记录显示心律趋向正常）。这一临床事实，体现了经络学说作为针灸临床实践指导的重要性。

2. 与稳定、巩固疗效有关的几点因素

针刺治疗上述心脏疾病的疗效一般比较稳定。研究对部分显效患者进行了 1～4 年随访，均正常或基本正常。其中 1 例频发室性早搏患者随访达 17 年左右，稳定正常。据 4 年来的随访观察，凡是疗效比较稳定的患者，在生活中均注意"避风寒""慎起居""节饮食""畅情志"。

3. 从药治到针治的同体对照研究

表明针治疗效较好，且针刺是一种良性刺激，对心脏或全身无不良反应。研究中曾对 10 名心电图检查正常的人，进行针刺内关、神门等穴位，心电图复查结果仍属正常。

虞老在校执教期间经常接到一些巡回下乡的任务，她都主动请缨。在巡回医疗期间，她不仅深刻感受到民间疾苦，也遇到了很多城市里罕见的急症。她潜心研究病症的病因病理，以针灸"急则治其标"原则缓解症状，然后中西药并用审因对症治疗，每获良效。也是基于众多的临床经验，虞老总结了治疗急症十法，至今对指导临床有很大启发，值得后人学习并推广。

第四节　孜孜不倦攻科研

繁忙的医疗、教学工作，并没有让虞老停下思考前进的步伐。虞老教学临床之余，还会进行一些实验探索，希望借助先进的现代技术，来阐明针灸治病的科学机制。在临床过程中，虞老发现很多现象用中医四气、五行、阴阳等中医理论解释往往具有一定局限性，即使解释，也不能让人满意，因而造成了很多人对中医不信任，认为生病首先寻西医西药，宁死不吃中草药。很多学生在学习过程中也产生了同样的困惑。因此，虞老渐渐萌生了这样的想法，希望进行一些科研探索，探明问题的本质，进而解释临床教学中遇到的问题，解除自己对某些问题的困惑，回答学生所提出的问题。

浙江中医临床名家·虞孝贞

在 20 世纪七八十年代，对于一个中医大夫来说，中医看病借助的是望、闻、问、切中医四诊，用的是一根针一把草，没有借助任何仪器，而是祖祖辈辈传下来的经验。此外，中医学院当时的科研条件是异常艰苦的，教学用房都比较紧缺，实验室面积很小，实验设备比较欠缺。受限于当时实验室的简陋，既没有宽敞的实验场地，也没有先进的实验设备。因此，想在科研上有所研究，却不得不受当时的科研环境所限制。然而，世上无难事，只怕有心人，虞老是一个心思缜密的人，总能抓住机会，来践行自己的科研梦。

虞老通过对外交流接触到了很多科研工作者，了解到他们在干什么，能做什么，即将做什么等，这对于科研知识匮乏、科研方向不明确的虞老来说，有巨大的帮助。当时浙江医科大学附属医院就在中医学院附近，有些疾病西医效果不好，患者就过来找虞老。久而久之，虞老接触到诸多浙江医科大学的教授，通过牵线搭桥，认识了浙江大学的很多专家，有物理系的。当时寻求催产、引产的人很多，但是对于针灸如何起作用的机制却不明确，虞老与浙大物理系专家合作，反复摸索，不断调试，中间也走了很多弯路，最后成功自制"71 型宫缩扫描仪"，这个简易的仪器可以记录子宫收缩情况，开展针灸对子宫收缩的研究。在针刺前后各做 20 分钟左右连续的描记观察，证明针刺确有加强子宫收缩的作用，并能使不正常宫缩转为正常宫缩，从而达到催产、引产作用。

第五节　巾帼神针名远扬

虞老诊治的患者来自全国各地，多数患者因听闻虞老的"神针妙药"慕名而来。1957 年春，门诊来了一位 30 多岁的女性，那位女性结婚 10 年了，至今都没有怀上，边说边流泪。在那个对传宗接代非常在意的年代，公公婆婆每次见到她，都是冷眼相对，她自己也明白，周围的朋友一个个都儿女成群，她却一点动静也没有，所以内心也是无比着急。虽然吃了很多中药，但是没有一点成效，听说针灸对怀孕有一定的效果，抱着很大的希望来求医。对于期望值如此之高的患者，虞老当时也是倍感压力。一天早晨，这个女患者兴高采烈地过来，告诉虞老，她已经怀孕 1 个多月了。看着她久违的笑脸，虞老终于放下这段治疗期间的忧心。

20 世纪 70 年代下乡巡回医疗时，一产妇诉说小腹痛，在虞老处求诊，虞老通过望闻问切后，诊断为子宫收缩痛，由于该产妇对针刺非常畏惧，虞老遂用艾条灸，虞老手持两支艾条整整薰灸 25 分钟，持续地重灸关元穴，产妇的小腹疼痛逐渐消失。考虑到小腹还会再次疼痛，虞老拿一支艾条给产妇，让她回去后，如有再次疼痛，就灸一下刚才的穴位，并嘱咐她三天后要过来复诊。等她过来复诊时，她高兴地告诉虞老，回家后小腹再也没有疼痛过，并称赞艾灸真是一个神奇的技术。

东阳县 19 岁的胡某，因 2 岁的时候突然发热 8 天，甚至出现了抽搐及轻度昏迷，热退后慢慢地出现了歪脖子现象，右边胸锁乳突肌呈条索状隆起，当活动或说话时斜颈症状就加重。同时，经常无意识地耸鼻，皱眉和翘臀，时间久了身体长轴也有轻度扭转，走路也都是斜着的，颌、面、上肢经常不自主地抖动。大拇指也紧握在掌中，不能外展，拿东西的时候，手的姿势像猴子一样，十几年来这些症状不断加重，到处求医，钱花了不少，但病情却不见好转。在别人的介绍下，来找虞老诊治。虞老抱着试试看的想法，因为迁延日久，经过这么多治疗都不见好转，针灸的效果如何，也不能断定。虞老采用针刺和电针进行治疗，每天 1 次，总共治疗了 30 次。在治疗 5 次后，小女孩的拇指能够稍微外展，头部也能慢慢摆正。治疗 15 次后，拇指已能明显做伸屈活动，并能配合食指一起拿东西，头部基本转正，右侧条索状胸锁乳突肌变软平，面部表情趋于正常，走路也稳了很多。皇天不负有心人，经过 1 个月的治疗，小女孩能参加适当劳动，生活也能自理了，看到有这样的效果，非常满意。从此在东阳这一片，老百姓都知道了虞老，一有疑难疾患，就介绍到虞老这里。

20 岁的小伙子史某，在虞老这里看诊时，已有 10 年的右侧上下肢及胸背部肌肉严重萎缩伴关节畸形，到处求医，都没有明显效果，还有不断加重的趋势。虞老采用针刺和电针治疗，并嘱咐其加强肢体功能锻炼。每天治疗 1 次，总共治疗了 1 个多月，患者治疗 9 次后肩关节就能向各方向活动，可自然穿脱衣袖，手指与掌心有明显出汗现象；治疗 13 次后，紧贴掌中的拇指与无名指能够活动，并可拉开二指的间隙而无疼痛；治疗 21 次后，腕关节也开始活动；治疗 31 次后，肘关节可全部伸直，三角肌增粗了 3cm，其他部位的肌肉也有不同程度增粗，臂力明显增强，能提 5 千克重的物体。治疗前右腿部肌肉明显萎缩和松弛，走 2～3 公里路就感疲劳。治疗以后，就能环游西湖风景区，步行很久也不觉疲劳，腿部肌肉逐渐变得结实，步履轻松。治疗后皮肤逐渐恢复出汗现象，色素明显消退，皮肤变得白嫩。一年以后，患者来告知臂力大增，能提 20 千克重的东西，在农村里担任通讯员、联络员，能胜任一整天的繁忙工作。此后，来找虞老看病的越来越多，有杭州本地的患者，也有省内其他地区的患者，更有全国各地的患者。

1992年浙江省工会在全省范围内，评选"巾帼贡献"积极分子。当时的浙江中医学院分配到的名额很少，虞老本来不想参加这次评选，因为她自己觉得没有多大贡献，也没有多大才能配得上"巾帼贡献"这一称号。但是虞老为学院为针灸系做出的无私奉献以及在医德医术上的高深造诣，院领导均看在眼里，敬佩在心，于是特地召开会议一致决定向浙江省工会推荐虞老为"巾帼贡献"积极分子。

高超医术

第一节　寥寥数穴祛顽疾

　　针灸之道博大精深，虞老依《黄帝内经》中"谨查阴阳所在而调之，以平为期"的治疗原则，谨守病机，重视参脉论证、审证求因，临证"先审病者是何病？属何经？用何穴？审于我意"，再"求穴在乎按经"，循经论治，最终达到"能识本经之病，又要认交经正经之理，则针之功必速矣"的境界，继承和发扬了《针灸大成》中杨氏辨证循经和选穴配伍的总体思想。

　　虞老认为选穴必先辨病因、辨气血、辨脏腑、辨经络，对疾病定位定性，从而诊察阴阳，明经取穴，确定治疗原则，在此基础上达到循经取穴有理有据，远近配合相得益彰。同时因人而异，针灸处方随证加减，灵活多变，主次相配，精而勿滥，实现用穴精少，效专力宏的目的；善用刺法，疏通经气，从而达到局远配合，主次相辅，是对古人配穴方法的继承和提炼。虞老再三强调"百症俞穴，再三用心"，只有辨证配穴，灵活运用，才能达到"守数据治，无失俞理"的境界。虞老退休后专攻临床，不仅详细记载病案，还批注按语，以传后学。

1.咳喘

洪某，女，77岁，1990年10月15日初诊。

素有哮喘，又因感寒复发，气急，咳嗽少痰，胃纳不佳，咽干，苔薄，脉弦。

取穴：定喘，针刺泻法，艾条灸。鱼际，平针法，留针30分钟。

耳穴：气管、神门、肺。

1990年10月18日二诊：咳喘好转，续宗前法。

1990年10月23日三诊：咳喘基本痊愈。耳穴加用肾、喘点、神门。

按：鱼际穴为手太阴肺经荥火穴，宜用于肺系热病，有清热泻火之功效，荥穴为主治热病的要穴，取鱼际以远道取穴法泻肺经之热。鱼际穴针时较痛，宜用32号1寸长细针，快速刺入，再缓慢入后得气留针。近代研究该穴对气管痉挛有解痉作用，余用之甚效。

2. 过敏性哮喘

吴某，男，22岁，江苏宜兴人，1965年1月16日初诊。

自幼患荨麻疹、哮喘病，遇冷即发，冬令为甚。此次发作甚剧，中西药均无效，咳喘甚，咳痰不利，不能平卧，舌质青紫，苔微黄，脉弦数。X线检查：浸润型喘核吸收影。治拟平喘豁痰。

取穴：大椎、肺俞（针后加灸）、天突、尺泽、合谷、丰隆，平针法。

耳穴：肺、神门。

1965年1月18日二诊：上次针灸后喘已稍平，咳痰已爽。上方不变，继续治疗。

1965年1月20日三诊：咳喘已止。共针治6次，哮喘已平。

按：大椎穴属督脉，也是督脉与手三阳经、足三阳经的交会穴，可宣阳和营，清阳热之有余，泻胸中之热。肺俞穴属于足太阳膀胱经，在背俞穴中与肺脏相连，为肺脏精气转输、流注、出入、聚结于体表的所在，主治一切肺系疾患，对喘咳上气、胸满气短等症均有功效。天突穴为任脉在喉部的经穴，善治咳喘。尺泽穴为手太阴肺经合穴，善治咳嗽气喘等肺系疾患。合谷穴为手阳明大肠经经穴，与手太阴肺经相表时，可疏风宣阳、散寒祛疟。丰隆穴为治痰之要穴，肺虽为贮痰之器，然脾胃为生痰之源，丰隆穴为足阳明胃经络穴，别入足太阴脾经，联络脾胃表里，故取之为治病求本之意。

3. 房颤

刘某，男，50岁，浙江中医学院职工。1976年3月20日初诊。

风湿性心脏病房颤一周余，平时室性早搏每分钟10余次，经中西医治疗无效，意欲针灸试治，伴心悸，气短，舌淡苔薄，脉结代。治宜宁心安神。

取穴：内关（补法）、神门（补法）、胸4夹脊穴（泻法），间歇动留针15分钟。

1976年3月23日二诊：经3次针灸治疗，房颤明显好转，回家休息。

1976年4月7日三诊：因疲劳，又逢气候突变转冷，房颤复发，住院治疗3天，疗效欠佳。

取穴：内关、足三里、神门、安眠2，均用平针法。

浙江中医临床名家·虞孝贞

1976年4月9日四诊：针灸后到医院做心电图，示房颤已经较前减轻。

取穴：内关、足三里，采用平针法；胸4夹脊、安眠2采用泻法。动留针20分钟。

1976年4月11日五诊：检查示房颤消失，偶发室性早搏。

按：该例为频发室性早搏，药物治疗效果不佳，针灸运用神门、内关，用轻刺间歇动留收效。心藏神，神门穴为心经的输土穴，亦是原穴，治疗一切心经疾患。内关穴，内关穴为心包经络穴，又和阴维脉直接相通，具有宽胸、利膈、行气、散郁的功效，能"扫尽胸中之苦闷"。其后患者未坚持治疗，复发后，用药无效，针灸再次收效。

4. 心悸（多发性室性早搏）

周某，男，39岁，1978年1月10日诊。

心肾阴虚，虚火妄动，心悸不宁，于1974年发现早搏，逐渐加重，心脏X线检查心界正常，听诊无杂音，"抗O""血沉"检验均正常，血脂偏高，于1977年10月经心电图检查为多发性室性早搏，曾用中西药物治疗，未见明显效果。目前早搏频繁，夜寐不安，甚则通宵失眠，胸闷烦躁，时有遗泄，舌红脉弦。属心肾阴虚火旺型心悸，治拟滋阴泻火，宁心安神。

取穴：安眠2、内关、神门、三阴交、太冲，均取双侧。

操作：泻太冲，余均补法，留针30分钟。

经3次针刺后，夜寐较安，早搏见减。

取穴：风池、神门、内关、关元、三阴交、白环俞。

第6次针后，早搏明显减少，胸闷心烦好转，眠安，遗泄止。取穴去白环俞、关元，余穴同上。操作与留针如前。

第8次针时早搏已减，仅在下午偶见1～2次。睡眠基本正常，心电图检查已为偶发性室性早搏。以后又再针灸巩固治疗6次，前后治疗共计14次后已基本痊愈。

按：针灸调节心律的作用效果明显，虞老已治多例，本例乃一典型病例，有心电图为证，患者患病已4年，中西药物治疗而无显效，今用针刺治疗，仅8次就见效，心电图复查由多发性室性早搏转为偶发性室性早搏，以后巩固治疗6次，随访至今，未见复发。处方仍以内关、神门为主以宽胸散结、安定心神；以三阴交、太冲疏肝理气、滋阴潜阳；以关元、白环俞固肾止遗。

5. 口眼抽搐

黄某，男，11岁，1978年8月21日初诊。

素有慢性气管炎病史，遇冷或疲劳易发，近3个月来发生面部口鼻眼区抽搐，病发前必深吸气一口，继则鼻翼及口、眼肌肉抽搐，数分钟即止，阵阵而作，入睡则止。曾经大华医院、华山医院等诊断为神经官能症。给服镇静剂无效，予针刺内关穴能止抽搐一时，但不持久。望诊面色不华，脉来细滑，舌淡苔薄白。必深吸气而抽搐作，虑其素有气管炎，系肺虚痰凝，导致经脉不舒，肝风内动，法当宣肺祛痰，息风舒筋。

取穴：天突、定喘、内关、足三里。

操作：先针定喘、天突，平补平泻法不留针，继针内关、足三里，用平补平泻法留针半小时。

二诊：昨日针后，抽搐减少。晚饭后发作仍频。

取穴：同上加大椎以扶正。

三诊：抽搐明显减少。

取穴：定喘、天突、足三里，针后不留。

耳穴：神门、平喘点，用揿针留针一天。

四诊：昨加耳针留后，抽搐未发，效果显著。

取穴：前法显效，去体针改耳针以观察。

耳穴：神门、平喘点、交感。

五诊：昨日单用耳针有效，抽搐未发。

六诊：耳针有效，续宗前法以巩固之，此后以耳穴神门、交感、内分泌、平喘点四穴交替用揿针治疗，抽搐一直未发，痊愈返家。

按：针灸治疗，必须详问病史，诊脉察舌，辨证准确，才能事半功倍。本病从其素有气管炎及深吸气后抽作，再宗脉舌，故从宣肺祛痰着手而获速效。阳明与太阴互为表里，肺经病可及大肠经，手阳明大肠经脉上面颊，挟口交人中，上挟鼻孔，经筋上颊走于颧。从经脉循行，可知肺经病可及大肠经发生病变而为此证。本病是与经络传变有关。

6. 呃逆

【案1】 席某，女，60岁，1980年8月22日初诊。

素有肝硬化病史，今则肝腹水，住望江山肝病疗养院，近数月来呃逆不止，经中西药治疗无效。因其为慢性病，元气衰败故出现呃逆，乃危候之象（张景岳《景岳全书》），邀余试用针灸诊治。往视患者，面色灰黄，腹部膨隆，呃声不扬，频频而作。予以针内关、足三里、中脘等穴，静留片刻，仍不止，改试针风池穴。孰料，一针下去，呃逆即止。取双侧风池穴，用捻转补法，

浙江中医临床名家·虞孝贞

留针观察半小时而未发，遂告辞，后询问未再发作。

1个月后，患者转浙江省中医院治疗，再次出现呃逆，因为前一次的经验，遂请针灸科会诊，却无效，故再来邀余会诊。取风池穴为主，配合其他穴，但无效。后过10余天，患者辞世。

按： 重症患者若见呃逆乃胃气将绝之危候。风池穴止呃逆的机理未明，为经验用穴。

【案2】 周某，男，40岁，本院职工。1985年7月20日初诊。

患者呃逆已有一周，呃声响亮，频频不止，曾服中药无效，故来诊。

操作：先针内关、足三里、中脘穴无效，乃针双侧耳后鼓乳穴，约深及1寸2分，用平针法，留针20分钟，呃逆止。

二诊：两日后的午后呃逆再发，单取鼓乳穴，留针20分钟。共针3次而愈。

按： 呃逆有虚实之分，本例呃逆声响，属实证。鼓乳穴位于耳后四陷中，即耳迷根穴。刺法：针尖与外耳道平行，针刺深约1.2寸，不可刺穿耳道。该穴是温州医学院解剖教师陈同丰教授所创，穴下近迷走神经，迷走神经支配膈肌，呃逆实为膈肌痉挛，故针之有效。陈教授针该穴深达2寸。但需注意安全，曾有一位医生没有掌握好角度和方向，引起骨膜及外耳道穿孔，继发感染。

7. 乙型肝炎

唐某，男，29岁，学生，1979年8月8日初诊。

1978年4月以来，自觉乏力，查肝功能谷丙转氨酶（GPT）178U，HBsAg阳性，诊断为乙型肝炎。表现腹胀，纳呆，泛恶，时则便溏，伴口苦，舌红，苔白腻，脉细滑。服西药无效，从科技报看到针灸治疗乙肝有效，故前来针灸。

取穴：

（1）肝俞、脾俞、中脘、足三里、太冲。

（2）肝俞、胆俞、脾俞、肾俞、中脘、下脘、水分、期门、足三里、太冲、三阴交，上穴交替应用，隔日一次，每次留针30分钟。

1978年8月30日二诊：诸症减轻，查GPT38U，HBsAg阳性。

上方不变，继续治疗。

1978年9月4日三诊：胃纳佳，腹胀消失，舌质稍红，苔薄，脉细。继续治疗。

治疗3个疗程后，复查肝功，查GPT30U，HBsAg已转阴性。

按： 针灸治疗乙肝有明显疗效，配合中药，疗效更佳。宜戒烟酒、慎饮食。

8. 慢性胆囊炎

华某，女，40 岁，1970 年 5 月 5 日初诊。

患慢性胆囊炎已有多年。每于饮食不慎后，即感右胁下胀痛不舒。B 超提示：慢性胆囊炎，经用西药后疗效不佳。针灸治疗亦不能坚持，问有何良法？

余给其毫针数枚，并教其自己针刺胆囊穴，隔日 1 次，10 次为 1 个疗程。隔 1 年后，路上相遇，问其病况，答曰："如上法针刺 8 个多月，病痊愈，表示谢意。"

按：每一位胆囊炎患者，胆囊穴有明显压痛，治之每多效验，其穴虽属奇穴，亦与足少阳胆经密切相关。经络学说指导临床，针灸学者必须遵循。

9. 慢性阑尾炎

王某，女，50 岁，1980 年 5 月初诊。

患阑尾炎，用保守疗法治愈。近日感觉右下腹部有隐痛，经一外科医生诊断为"慢性阑尾炎"，建议手术。因惧怕手术，问余是否可以进行针灸治疗？余以为如果经常出差，手术为宜，若急性发作会有诸多不便。若在家则不妨针灸，也有治愈希望。听余言，接受针灸治疗。

取穴：阑尾炎穴（双）、曲池、水道、归来，针后加艾条灸，留针 30 分钟。

经治疗 6 次后下腹已经不痛，至今已 20 年未发。

按：针灸对急性单纯性阑尾炎早期治疗有效。但必须在外科医生严密观察下进行。若针灸一二次无效，急送医院进行手术。以免延误病情。

10. 疟疾

某男，40 岁。

余下乡巡回医疗，一农民来诊，患间日疟，经常发作，发而不止，未服药。望诊：面色㿠白，形容消瘦，大小便尚可，舌淡苔薄，乃疟久气血亏虚，予以针灸截疟法。

取穴：大椎，使运气手法，针感下传至肩胛下角以下，留针 5 分钟。起针后再针双侧间使，行平补平泻法，留针 20 分钟。

隔日复诊，疟疾本当发而未发，再行上述针法三次而疟止。

按：对发作有定时的间日疟，单用针刺确有截疟之功，但针刺的时间需要在发作前 1～2 小时。即《灵枢·刺疟》谓"一饭倾"，意指吃一餐饭的时间，大约 1 小时。近代报道，针刺治疟，并非杀死疟原虫，而是刺激大椎穴以扶正祛邪。另外，经研究，针刺后病愈，化验疟原虫亦消失。

11. 遗尿

【案1】 潘某，女，21岁，桐乡三合公社人。1985年4月19日初诊。

10岁起得遗尿症，几乎每夜遗尿一次。月经于17岁始行，尚正常。大便排解正常，舌淡而胖，脉沉细。属肾亏下元不固。

取穴：肾俞（双）、关元（加艾条灸）、足三里（双）、三阴交（双），针刺20分钟，捻转补法。

按： 该女遗尿已久，属肾虚膀胱不约，予肾俞、关元培元固本，足三里补益气血，三阴交化水气而调水道。在我处针灸5次后好转，后嘱其回家自灸关元穴，服缩泉丸及六味地黄丸。后来信称：经3个月的灸疗及丸药治疗，病已经痊愈。

【案2】 周某，女，19岁，住华家池19号。1984年10月21日初诊。

9岁时患遗尿症，曾服用中西药，未效。1982年于红十字会医院X线检查提示：第四、五腰椎隐性脊柱裂，伴第五腰椎骶化。今年来，几乎每夜遗尿，有时每周尿床3～4次，舌起芒刺，脉细数。此乃肾气不足，督脉不固，膀胱约束无权，治拟益肾壮督。

取穴：肾俞（双）、命门、腰阳关、腰4～5夹脊（温针灸）、关元、足三里（双）、三阴交（双）。

按： 治疗1个疗程后近期疗效较好，在第二年路上相遇，谓病仍未断根。

【案3】 陈某，男，24岁，杭州电影制片厂职工。1986年4月4日初诊。

自幼遗尿，今仍尿床，无规律，时则半月不遗，时则每天皆遗，与饮水多少无关，伴手指发凉，腰酸，头昏，面色㿠白，舌质淡，脉滑细。乃肾阳虚衰所致，拟益肾补阳。

取穴：大椎、肾俞（双）、三阴交（双）、双踝1、关元（温针灸），留针30分钟，以后大椎改命门。经1个疗程治疗后痊愈。

按： 自幼遗尿而至成年未愈，伴有腰酸肢凉，显示为肾阳不足所致，故加大椎以温诸阳之会，选命门以补命门之火，升阳固精。

【案4】 王某，女，19岁，学生，1979年2月17日初诊。

自幼遗尿，历经多方治疗，无明显效果。现在时常有间断性遗尿，每遇流水声，冲开水声，下雨声则遗尿较多，或有小便感。中等身材，体质较差，形体消瘦，面色不华，苔薄，脉细。乃肾亏膀胱气化不约所致。

取穴：肾俞（双）、足三里（双）、三阴交（双）、关元（艾条温灸）。

二诊：针后数天未见遗尿，但听到流水声，即有小便感，不能自控，马上要去小便。上穴加耳针肾、膀胱、神门、内分泌、脑干、心，埋针。经体针、耳针兼施共治疗 1 个疗程病愈。

按：由于遗尿、尿不禁与流水声有关，考虑自主神经功能紊乱，故加耳针而达治愈。

【案5】 严某，男，8 岁，1977 年 3 月 11 日初诊。

自幼遗尿，后因母患精神病失于照料，日渐严重，五岁后每夜遗 2～3 次，甚则白昼大小便均不能自控而遗出，检查大脑发育正常，泌尿系统等均无器质性病变，望诊面色㿠白，神色倦怠，瘦弱，苔薄。证系肾气不足，膀胱失约，腠理不固，因小孩惧针而用腕踝针法治之。

取穴：双侧踝 1，留针半小时。

二诊：针后大有效果，当天晚上就不遗尿。

以后续用上法共针治 10 次，严重遗尿病告愈。

按：针灸治疗遗尿有明显效果，众所周知，虞老临床三十余年，治疗小儿遗尿常分肺脾气虚和肾气不足两型辨证施治，一般选穴有关元、气海、足三里、三阴交、肾俞、肝俞、膀胱俞、太溪等穴，各随证取之。本例严重遗尿，甚则大便亦不能自控，用腕踝针法 1 次见效者尚不多见，此后为巩固治满 1 个疗程痊愈，说明腕踝针法对某些功能性疾病确有良效，但临床体会，必须针刺深浅、方向适宜，方可奏效。

12. 癃闭（手术后尿潴留）

刘某，女，28 岁，1972 年 4 月初诊。

初产妇足月临产住入妇保医院，因骨盆狭窄行剖宫产手术，术后尿潴留已十三天，多次导尿后发生尿路感染，改为针刺治疗。往诊时少腹膨隆，欲尿不得，胸烦，苔薄质红，脉象滑数，是因手术后膀胱气化不利所致，急当通尿。

取穴：秩边、阴陵泉。

操作：秩边深刺 2.5 寸，捻转泻法；阴陵泉深刺 1.5 寸，提插泻法。每穴均持续刺激 2 分钟后起针，秩边针感达前阴部。

二诊：昨日针后小便稍解而未畅，续与上法加三阴交。先针秩边，次针阴陵泉、三阴交，用泻法间歇动留针 15 分钟。

三诊：第三天小便已能自解，尚欠畅。

取穴：秩边、足三里、三阴交。

操作：同上。

第 3 次针后隔 1 小时，小便已畅，次日即出院。

按： 手术后或产后常可发生尿潴留，常因膀胱括约肌一时性麻痹所致，针刺有兴奋作用，一般取穴中极、关元、阴陵泉、三阴交等均可获效，今因腹部手术，取腹部穴不便，故改秩边。三阴交和阴陵泉均是足太阴脾经穴，有利尿作用，足三里取益气以利膀胱之意。一般产后尿潴留，虞老家传方法，常以脐中放食盐少许，上隔姜片，放大艾炷灸 5～7 壮，往往一次见效。

13. 半身不遂

【案 1】 沈某，女，78 岁，农民。1993 年 3 月 4 日初诊。

三个月前因情绪激动，突然头晕身摇，右半身不遂。急送医院，做头颅 CT 检查：左丘脑下出血 2cm×2cm。心脏检查：Ⅱ度房室传导阻滞，伴房早，窦性心动过缓，40 次 / 分，镜面舌，脉数。

取穴：肩髃、曲池、合谷、外关、肩井、风池、环跳、风市、阳陵泉、绝骨。

头针：运动区、足运感区、百会透后顶。

上穴交替取穴，经 1 个疗程治疗后，明显好转。再去做 CT 检查，丘脑血块消失。后随访，右下肢无力明显好转，下肢尚有轻度拖步。

【案 2】 边某，男，62 岁，1985 年 10 月初诊。

素嗜酒，一日夜半起床小便，突感左半身不遂，言语清，本院蔡鑫培老师邀虞老出诊。由于当时没有做 CT 检查，按脑血栓形成治疗，苔薄，脉弦。否认有高血压病史。

取穴：头针运动区、足运感区，百会透后顶，风池留针 30 分钟。

经 1 个疗程后，完全治愈。虞老认为脑血栓必须早治，见效快。黄学尤老师曾云：治中风要掌握针刺"早、密、足"，早是指治得早，密是指天天针，足是指治愈为止。黄老师的经验值得重视。

【案 3】 方某，女，59 岁，住柳浪公寓。1993 年 9 月 1 日初诊。

素患有高血压、脑动脉硬化症，于去年春节前，打麻将时突感右半身不遂，急送杭州市第一医院住院，检查为脑左基底节区出血，住院经降压、止血治疗后，好转出院。目前右半身不遂，上肢肿，下肢发麻，抬举困难，口唇麻木，无口㖞，时有吞咽困难，呕吐，约每周一次。脉涩，舌红，苔滑。

头针：足运感区、运动区。

体针：风池、中脘、天突。

经过 1 个疗程治疗，患者右手肿消，已能抬举过头，下肢肌力提高，但感觉仍无力，容易跌倒。呕吐已经基本痊愈。叮嘱服用华佗再造丸，以促进康复。

【案4】 姚某，男，64岁，嵊泗人。1994年6月30日初诊。

三年前，某晚上觉下肢、右上肢麻木，后右上肢及面部逐渐麻木。后经头颅CT检查示：脑底部出血（1cm×1cm），经治疗1个月后好转出院。现仍感觉右下肢无力，足跗肿，余尚可。

头针：运动区、足运感区、百会透后顶。

体针：环中、风市、髀关、阳陵泉、绝骨温针灸，均刺患侧，后加八风穴。

经8次治疗后，下肢无力、肿胀明显好转。次年因与人发生口角后，下肢又觉无力，如上治疗后痊愈。

按： 本例中风，脑底部小量出血，故症状较轻，针灸收效亦快。施以温针温通经络，收效甚捷。

14. 脑干挫伤（右偏瘫）

张某，男，25岁，半山发电厂工人。1976年3月24日初诊。

一个月前从电车上跌落，引起脑干挫伤，昏迷15天，进行颅脑手术。清醒后右半身瘫痪，现查神志清楚，右上下肢肌力1级，大小便失禁，认知功能下降，舌淡苔白，脉细。

取穴：风池、颈夹脊4～6、右曲池、外关、阳陵泉、百会、哑门、关元、髀关、解溪、前顶、手三里、丘墟、太冲、大肠俞、次髎。

以上穴位交替应用，每次8～10穴，留针15分钟。

前后共针12次后，大小便能自控，且能扶杖步行，抬腿自如，手握力增加，取得明显效果。

15. 面肌痉挛

王某，男，36岁，杭州丝绸厂职工，1977年4月9日初诊。

上颌窦炎发作近10年，3年前进行鼻息肉手术。1个月后发生左侧面肌痉挛，后每鼻炎发则引起面肌痉挛，今用针刺加青霉素治疗则好转较快，针刺1～2次后痉挛即止。

取穴：四白（右）、攒竹（左）、瞳子髎（左）、合谷（双）。

按： 四白穴是治疗面肌痉挛的要穴，但手法切忌太重，静留针30～60分钟。肝气郁结与肝血失荣所致的面肌痉挛两者皆呈慢性发作过程，亦随情志波动而诱发，如情志不治则针药效果亦差。本人治1例患者，虽针药兼施，治疗3月仍未痉愈。颜面抽搐多与情志有关，亦有因失眠神经衰弱之故。一般的眼皮跳动初起者针 1～2 次就可痊愈，取穴亦应根据抽搐的部位，考经络之走向，手足六阳经脉会于面，故"面为诸阳之会"，临证若能根据其抽搐部位而选用相应的归经药物或循经远道取穴则效果更捷。

16. 面神经麻痹

于某，男，23 岁。1979 年 8 月 21 日初诊。

疲劳后早晨受凉，出现右侧面神经麻痹，耳后觉痛，提眉、闭眼、鼓腮均异常，舌右侧味觉减退而麻木，不能辨别食物之粗糙细腻。发病 2 天，其他医师诊治，至 25 日面瘫益甚，系早期针刺手法过重所致，舌淡苔薄腻，脉弦滑。拟疏调阳明经络。

取穴：风池（右，泻法）、阳白透鱼腰、牵正、地仓、颊车、迎香（右，平补平泻）、太冲（右，平补平泻）、合谷（左，泻法）。均轻刺留针 15 分钟。

1979 年 8 月 28 日二诊：面瘫好转，舌麻未见好转，耳后尚有压痛。

1979 年 9 月 1 日三诊：舌麻渐瘥，眼仍裂。加用瞳子髎。

1979 年 9 月 4 日四诊：右目板紧感，余症均减轻。

取穴：瞳子髎、球后、阳白、鱼腰、风池、牵正、承浆（右）、列缺（双）。

1979 年 9 月 5 日～9 月 10 日五诊：治疗同上。

1979 年 9 月 11 日六诊：额纹可见，眼裂减小，已能鼓腮。

取穴：球后、阳白、鱼腰、风池、翳风、迎香透四白（右），合谷（双）。

按：该病共计治疗 16 次痊愈，至今未发。临床治愈该病多例，体会如下：病发初起，病势正盛，若针刺手法过重，刺穴太多，反而会加重病情。往往造成面部肿胀，最好隔一周后针刺为宜。手法宜轻，或用艾条在针旁熏灸数分钟。若病程已在 1 个月以上，可用透刺针法，眼睑闭合不全，可用鱼腰透太阳，四白或迎香透下关，口喎则选用地仓透颊车，牵正透地仓。老年患者往往伴有血栓，属中枢性面瘫，需要鉴别。本病若初期伴有外感风邪，药用牵正散加荆芥、防风、白芷、板蓝根；面肿加舌蛇草、薏苡仁、茯苓、苍术；头晕加天麻、川芎；面肌伴轻度痉挛加地龙、全蝎。

17. 偏头痛

【案 1】 吕某，男，72 岁，纺织厂职工。1990 年 10 月 8 日初诊。

左侧偏头痛已 10 余年，每遇寒或风吹后加重。经中西药治疗未愈。检查示：脑动脉硬化，脑供血不足，心动过缓。脉搏每分钟 48 次，失眠，血常规示全血下降。头痛发作时，有时波及同侧眼部，舌胖质淡，脉沉细。拟祛邪通络止痛。

取穴：风池（左，温针）、太阳、头维、合谷、神门、三阴交（以上穴位均取双侧）。

1990年10月12日二诊：针4次后头痛减轻，原方加哑门穴，继续治疗。针10次后，头痛再未发作，患者甚为高兴。

按： 该例为10余年偏头痛病例，药食不效，今针灸1个疗程而愈。对寒邪引起的偏头痛，风池穴行温针灸确有奇功。

【案2】 卢某，男，57岁，教师。1977年3月7日初诊。

右侧偏头痛已15年，每于春季复发，服用止痛药效果不明显。患有冠心病，肝大，腰肌劳损。此次发作疼痛甚剧，伴流泪，恶心，苔薄，脉弦。

取穴：腕踝针上2与上3（双侧），留针30分钟。起针时头痛已止。

按： 腕踝针治疗偏头痛近期疗效非常理想。

【案3】 罗某，男，50岁。

患右侧偏头痛，时轻时重，睡眠差，曾服中西药均不见效。脉细数，苔薄，乃属血虚肝火上炎。按其右太阳穴附近有一筋结，瘀血结聚，不通而痛。

取穴及操作：用三棱针在局部刺血，约4～5滴，再针合谷、神门、风池，留针20分钟。按此法治疗，隔日1次，共10次，偏头痛宿疾从此而愈。此后他又介绍一位偏头痛患者来诊，余用上法治愈。

18. 头风

卢某，女，48岁，1977年12月初诊。

头痛频发而无定处，但以头顶及两颞居多，痛甚则泛泛欲呕，时发时缓，入冬必须戴三顶绒帽才得御寒，夜睡必蒙被才舒。遇冷即发，呈阵发性，久服止痛药已引起白细胞减少。脉来沉细，舌淡苔薄，病起于十年前流产后感受风邪。流产则冲任督奇经受损，督脉经起自胞中……并于脊里……入于脑，故正虚邪乘，留恋不去而成头风，治拟调益督脉、少阳两经为主。

取穴：百会、大椎、风池、颞边、腕踝针上1与上2。

操作：大椎补法不留针，余穴平补平泻法，均留针30分钟。

按： 十年头风，经针刺5次明显见效，针第8次后，虽外出吹风亦未头痛，晚上睡觉不须蒙被，经2个疗程后，头痛显著好转，冬令外出已能除帽，以后仅偶感头痛而已。

19. 牙痛

史某，女，70岁，1974年5月3日初诊。

老年肾阴亏虚，近因家务操劳过度，虚火上炎，左齿疼痛颇剧，波及颞部，呻吟于床褥，服止痛片无效，望诊无龋齿，但痛不已，舌红中剥，脉细数。齿为阳明经脉循行所过，上齿属足阳明，下齿属手阳明，阳明郁热，会导致牙痛；肾主骨，齿为骨之余，故肾阴不足，虚火上炎，亦能引起齿痛。今患者舌红中剥，脉细数，是为阴虚火炎所致，故治拟滋阴泻火为主。

取穴：太阳透下关、太溪。

操作：用3寸长针，从太阳穴透过颧骨弓达下关，用中等刺激，持续2～3分钟，太溪捻转补法。留针45分钟，在留针过程中每隔5分钟行针1次。

次日复诊，针后疼痛立止，今为巩固疗效，只刺太溪，补法略留15分钟，至今未发。

按：治齿痛应分虚火与实火两类，虚火宜配足少阴肾经原穴太溪，《通玄指要赋》曰："齿痛，吕细（太溪）堪治"。实火多配合谷，《四总穴歌》云："面口合谷收"。太阳透下关系近人经验，出于1965年的《针灸杂志》，虞老临床应用多例剧烈齿痛者确有明显效果。

20. 软腭麻痹

【**案1**】　沈某，男，12岁，义乌市人。1962年10月16日初诊。

1个月前两侧颌部肿胀发热，半月后发生音暗，服流质食物则从鼻腔流出。经西医检查诊断：软腭麻痹。望诊舌转动灵活，未见异常。

取穴：哑门、廉泉、金津、玉液、通里均用平补平泻，每穴捻转1分钟，均不留针。

经第1次治疗后，发音即有好转，第3次治疗加翳风，病愈返乡。

【**案2**】　王某，男，5岁，义乌市人。1962年11月5日初诊。

该童在3岁时，曾患白喉病，诊为：白喉后遗症，致软腭麻痹。经人介绍来求治。

取穴：哑门、廉泉、金津、玉液、通里、翳风。

上午针后，下午及次晨，说话即清楚。

1962年11月6日二诊：治疗2次后，说话已经基本清楚。因急于返回，于当天下午再针1次即返回。

按：上2例均属言语障碍，前例可能为腮腺炎，后例为白喉后遗症。取穴：哑门、廉泉前后配穴，外加金津与玉液，以醒舌肌和软腭麻痹。选通里属于远道针刺取效，马丹阳十二穴歌：通里腕背后，一寸五分中，语言声不出，能治音喑。针刺治疗真乃神捷也。

21. 腰脊酸痛

梁某，男，43岁，化工研究所职工。1972年11月12日初诊。

素有肺结核病史。于1960年起，无明显诱因发生腰部酸痛，以腰2～4椎为甚，仰卧时更甚，痛连及两胁。经骨科及泌尿科检查，余处未见结核病灶，尿常规检查：见少量红细胞。经服中药及封闭治疗多次，腰部酸痛未见好转。腰部酸痛与气候无关，疲劳后加重，曾服补药26剂及针灸治疗，未效。来余处求治。

检查示腰部肾俞穴压痛明显，苔薄，舌尖稍红，脉细。诊断为肾虚腰痛。

取穴：肾俞、大肠俞、腰夹脊12与14，均温针。

耳穴：肾腰点。

以上共治疗7次，病情明显减轻，基本痊愈，回家继续调养。

22. 下肢肿胀

王某，女，40岁，会计师。1988年8月2日初诊。

平素体质偏于湿重，肝旺，面部毛细血管扩张，怕热，晚上睡觉凉席还需用水淋湿，才感觉凉快，殊不知湿邪侵袭下肢经络，两下肢肿胀至足背，步行艰难，问我可否针灸？内经云："伤于湿者，下先受之。"拟用针灸治疗。

取穴：委中（放血）、风市、阴陵泉、阳陵泉、足三里、绝骨、丘墟、三阴交、承山、昆仑，太冲（温针）。

交替选用上穴，治疗8次，肿胀已退，步履轻松，自此不再发。

23. 流火（丝虫病）

叶某，女，44岁，家住庆春路。1985年10月30日初诊。

患流火已有数年，遇劳累即发。发作时全身畏冷，继则发热，左下肢外侧红肿疼痛。曾用西药治疗未能痊愈。无奈之余，前来针灸科求诊。诊察示流火发热期已过，左下肢阳明、少阳经部位有一碗口大处红肿疼痛甚剧，步履艰难，苔薄白，舌质边红，脉细数。证乃湿邪留注经络。

取穴：足三里、绝骨、丘墟、血海、阴陵泉、三阴交，均左侧取，用泻法，留针20分钟。起针后用三棱针于红肿处先外围再中心攒刺共十余点，让其流出血水，流尽为止，若出血水不多可加拔罐，以助出血。治疗1次后，第二天红肿疼痛减轻，可以走路。

红肿疼痛退后，为了预防复发，取穴腹股沟内侧淋巴结，用左手捏住淋巴结，右手用28号毫针刺入淋巴结约0.5～0.8寸，捻转数十次即起针，用消毒棉球按压一下即可，一周针刺2次。上述诸穴不变，留针20分钟，10

浙江中医临床名家·虞孝贞

次为 1 个疗程。经 2 个疗程治疗后，痊愈。随访两年未再复发。

按：流火乃丝虫寄居于下肢淋巴管。当其发病时呈全身症状，发热、寒战、汗出，热退则下肢红肿热痛，热痛之红肿需十余日始退。若用针灸治疗，能使红肿迅速消退。平时针灸可以防其再发，针灸疗效颇佳。虞老已治疗多例，均收奇效。有一外籍华人，来中国后发病，针对红肿曾用青霉素治疗一周无效，来我处，用刺血法，一次红肿即退。

另外，由于流火反复发作，没有进行有效治疗，发生小腿肿胀之象，甚至皮肤皲裂，会造成终身残疾，不易治疗。当然，当今皮肤外科治疗日益昌明，亦可手术治之。

象皮腿初起，可用粗针（26 号）温针 2～3 壮，起针不按针孔，任其流尽血水（血水是淋巴液渗透到皮下组织之故），则腿围就能缩小，走路就可轻松。一般需治疗 2～3 个疗程。对于针灸治疗象皮腿，当初我们曾下乡做科研，治疗不少这样的病例，但真正达到治愈的患者并不多，所以未做出总结。丝虫寄居于淋巴结，所以腹股沟的淋巴结处，可以针刺治疗。有报道用火针刺腹股沟淋巴结可以根治此病。

24. 身长不高

李某，男，16 岁，1985 年 11 月 1 日初诊。

身长不高，面部稚气已脱，个头像 12 岁孩子。经人介绍到虞老处求治。主诉胃纳不佳，腰膝酸软，余尚可，舌质淡，苔白，脉细。其父母个头中等，排除遗传因素所致。系脾胃虚弱，肝肾不足，影响生长发育。

取穴：大椎、关元、膏肓、膈俞、脾俞、胃俞、中脘、下脘、气海、天枢、足三里、三阴交、太溪、太冲、内关，每次取 5～8 穴，交替应用，用平针法，背俞穴不留针，起针后艾条熏灸。

经针灸 3 次后，胃纳转佳，面色红润。前后治疗 3 个月余，身高明显增高，约增 3.9cm，因上学停止治疗。

按：针灸可治侏儒症，已有报道，大多用直接灸。虞老胞兄孝舜在 18 岁时，尚未发育，针灸师灸大椎（分三次用艾炷直接化脓灸）、百会、肺俞、膏肓、脾俞、膈俞、肾俞、膻中、中脘等穴，冬天再进补人参等，加上自身锻炼，于第 2～3 年后，身材魁梧，体格强健。读书记忆力很强，过目不忘，平时极少感冒。目前虞老胞兄年已 80 余，还到澳大利亚坐诊看病。

又：1998 年 1 月，浙江省中医科学院杨楣良主任医师，编著《近代针灸科研研究汇编》一书，请虞老书面鉴定。在阅读过程中，发现其搜集到已故针灸名医王梦九治一例16岁侏儒，针刺合谷、太冲两穴，泻法，留针20分钟。只1次，隔3个月后，该孩子居然成为伟男子矣。且曰："上次针后，感到全身轻松，好似松了筋骨。"自此后身高逐渐长高。开四关而达治疗侏儒之验案，确为罕见，针灸这门学科，真是不可思议。

25. 弱智

周某，男，8岁，1965年10月3日初诊。

从小因吃母乳不足，营养不良，体质较差，6~7岁才会讲话。现走路不稳，不能辨别颜色，斗鸡眼，智力差。沉默寡言，舌淡，苔白，脉沉细。

取穴：风府、风池、听会、百会、脾俞、胃俞、环跳、阳陵泉，针3次后，已有好转。较前活泼，急于返乡，中断治疗。

26. 癔症性音喑

毛某，女，54岁，教师。1976年10月4日初诊。

1966年曾因癔症性失语，经针灸治愈。1972年又发作，再用针灸治疗而愈。1976年9月23日因生气后再发失语，失音伴胸中气闷头晕，喉咙如塞，关节痛，苔白腻，脉沉细。

取穴：风池、中脘、天突、廉泉、内关、通里。

1976年10月6日二诊：经3次针刺，已能开口说话，唯感觉吃力。

取穴：风池、中脘、天突、内关、巨阙。

按： 音喑即音哑不能讲话，近代有的属神经官能症，又称癔症，此症往往起病突然，因情绪不快引起，检查无器质性病变。中医无癔症之病名，《黄帝内经》中有"喑"、"暴喑""无音"，后世医家又有"不能言"、"音喑""失音""声哑"等。中医辨证有寒、热、虚、实（包括瘀痰结聚、血瘀）。如果暴喑，只因情绪不快引起，即属于癔症性，针刺效果为佳。选取双侧内关穴，用泻法，但针感不宜使手指发麻，应使针感向上臂传导，且不应太强，以患者耐受为佳，持续或间歇动留针法，30分钟至1个小时，隔日1次，一般3~5次可愈。配穴可用天突或上廉泉。

27. 癔症性瘫痪

陈某，男，40岁，商人。1986年12月14日初诊。

嗜烟酒，平时商务较忙，某日清晨突感腰膝无力，走路艰难，胸闷，邀虞老出诊。查双腿抬举可，无头晕头痛，无高血压史，舌质红，苔白腻，脉弦滑。病发前曾有商务不快之事，胸中气闷。拟癔症性瘫痪，暂排除急性脊髓炎，嘱其可去医院神经科做进一步检查，患者不愿，要求为其进行针灸治疗。

浙江中医临床名家·虞孝贞

虞老用清利湿热，疏经活络之法。

取穴：腰5夹脊、次髎、秩边、风市、阳陵泉、绝骨。针后艾条灸。

针灸2次，服清热利湿、疏经活络中药3剂后已能上班，豁然而愈。

按：该例病患为癔症所致瘫痪，否则无此速效。

28. 鼻衄

【**案1**】 郝某，男，27岁，中医系学生。1985年2月2日初诊。

病前体健，爱好运动，如吊环，爱洗冷水澡，于1977年开始患鼻出血，量一般，有时呼吸不畅，继而出现胸剑联合处疼痛，按之骨骼突起，伴有胸闷，经X线、食管镜检查，以及骨髓、血液检查均无器质性病变，曾服中西药无效。自诉予伤湿止痛膏贴于第3～5胸椎处则立即引发鼻出血，若搽以风油精则感胸闷减轻。平时纳钝寐差，不易出汗，咳痰难出，注意力不能集中，烦躁，二便正常，西医诊断为神经官能症。按诊示：胸椎3～5、孔最、尺泽、太溪、太冲等处有明显压痛，苔薄舌红少津，舌下静脉曲张，脉弦。诊断为鼻衄（肺热、肝肾阴虚型）。

取穴：肺热穴（即身柱）、孔最、合谷、太溪、太冲、足三里，平补平泻法，留针15分钟。

1985年2月14日二诊，自觉针后感觉良好。

1985年2月16日三诊，不再流鼻血，胃口及睡眠均有改善，汗出正常，咳痰易出。

按：该患者经过5次针灸治疗后，诸症好转，疗效胜于服用药物。

【**案2**】 史某。

素有肝病，某日因发热鼻衄不止，医院就诊过程中，先后两次用明胶海绵及纱布填塞止血，并服维生素C、K和一些止血药无效，后予中药及静脉注射止血，其后血止热退，但以后每在午时12点则鼻血又作，如此3～4天。虞老取神门穴，施以平补平泻法，血止，以后一直未发。

按：取神门穴之意，是考虑鼻血每在中午发作，午时在五行属火，当在心经取穴，神门是心经输（原）穴，五俞穴中属土，根据"实则泻其子"原则，故取神门。此乃虞老根据子午流注方法取穴，果然有效。

《诸病源候论·时气衄血候》云："时气衄血者，五脏热结所致，心主血，热邪中于手少阴经，客于足阳明之络，故衄血也。"

29. 脘腹部气块

骆某，男，50岁。1989年8月24日初诊。

去年因食河豚后引起脘腹作胀，矢气不出，自觉腹部攻撑有块，走窜无定，曾经中药治疗20余剂未见明显效果。胃纳尚可，大便正常，舌尖红，舌质略燥，苔薄，脉弦。治拟健脾理气。

取穴：下脘、天枢、气海留针加针旁艾条灸，足三里用补法。

二诊：治疗后脘腹作胀感减轻，腹部气块渐舒，取穴同上再加次髎。

针1个疗程后，患者云：气块已消失，脘腹作胀已明显好转，基本痊愈，现喝啤酒亦不感腹胀。

按：豚类乃腻滞之物，脾胃运化欠佳者食之易胶着不化，日久而成气块，此乃气机不运。今以针灸温运脾胃，理气复原，故能得药物未奏之效。

30. 病毒性脑炎后遗症

【案1】 张某，女，54岁，1984年10月19日初诊。

家属代诉，一年前曾患病毒性脑炎，住院治疗后病情稳定，但遗留头痛绵绵，四肢活动障碍，颈不能抬举，语塞，目前饮食及大小便尚可。因家庭经济困难，不胜药物费用，故希冀针灸治疗。

取穴：百会、肾俞、太阳、合谷、天柱、风池、大椎、身柱、百劳，新设诸穴中每次选4～5个。

经一个疗程治疗后，头倾明显好转，已能抬举。后又治四肢运动障碍。

取穴：百会、风池、大椎、太阳、肩髎、曲池、外关、合谷、腰阳关、环跳、风市、阴市、足三里、阳陵泉、绝骨、三阴交等一般常用穴，每次轮换，留针20分钟。

该患者得到家属的精心护理，坚持治疗3年，终于能够扶杖而行，在家能够做些家务。

按：该患者由于病毒性脑炎后遗症，目前斜颈，俗称天柱骨倒，乃督脉之病，先予扶督治头倾及止头痛，后缓治四肢。

【案2】 李某，男，52岁。

原系本省处级干部，因患病毒性脑膜炎后长住医院，中西药治疗，也曾邀请浙江中医学院骨伤科等医师会诊。经3年之久，病情渐重，吃饭需喂，大小便亦时有失禁。有一次，虞老去该院体检，被邀会诊，因其未曾行针灸治疗。在了解病情后，虞老认为已经失去了针灸的最佳时机，恐怕难有良效，果然不久他就病故了。

按：上2例均为病毒性脑炎后遗症，前者因医疗条件差，只得用廉价的针灸治疗，取得良好效果；后者医疗条件好，选用中西药治疗，错过了治疗良机，结果死亡。通过这2个病例，说明针灸治疗此类神经系统疾病的后遗症，宜早不宜迟。

31. 截瘫

王某，女，1976年初诊。

在某医院诊断为"胸11～12结核"，经药物治疗无效后在浙二医院先后两次手术治疗，病灶虽然去除，但遗留二便不通病症，必须导尿及用泻药，下肢运动障碍，不能起坐，不能转侧。经住院两年后，院方认为，病灶已切除，后遗症无法治疗，多次催其出院回家调养。患者因后遗症未愈，回家无法康复等原因不肯出院，几经挣扎后不得已出院。在经过我院门诊部时，请另一医生诊治，该医生认为需要针灸治疗，于是邀虞老会诊。

因患者长期导尿，已引起尿路感染，根据急则治其标的原则，先从调理二便着手。取中极、关元穴，导气向下；加灸三阴交、足三里以利尿；配合针刺天枢、大肠俞、上巨虚、支沟等穴以通大便。按此法治疗7次后，二便已能正常自解，再予针10～14夹脊穴，采用交叉刺法，平补平泻不留针。辅以环跳、秩边、风市、腰阳关、髀关、伏兔、足三里、三阴交、阳陵泉、绝骨、太冲等穴，交替应用7～8对穴，不留针，不用强刺激。因刺激太强，易致患者肌肉痉挛。

按上法治疗1个月后，患者已能够自己坐起、转侧，再针2个月后，可自行站立，以后则可扶杖移行，半年后已能做些简单家务，1年后可以外出行走，病已基本痊愈，意欲上班。后来，开车外出时不慎被自行车猛烈撞击，致使右下肢瘫痪，予以X线检查未见骨折，再行针灸治疗，但多次针灸治疗后未见明显好转。

按：该病例为骨结核手术后引起下肢截瘫的后遗症，经1年针灸治疗而愈，但第2次外伤后则无效果。其原因何在？考虑当时无CT、MRI等先进的检查仪器，诊断未明。

32. 背肌急性损伤

刘某，男，34岁，商人。1990年10月26日初诊。

昨日负重突发背肌损伤，疼痛甚剧，不能转侧，局部按之酸痛。

取穴：针后溪，并嘱其尽量做伸腰活动。俯卧位，针委中（放血），胸椎5、6夹脊穴处拔罐，10分钟后，活动自如，疼痛消失。

按：腰背委中求。急性腰背肌扭伤，用委中穴刺血法以舒筋通络。后溪

浙江中医临床名家·虞孝贞

72

为八脉交会穴之一，因其通于督脉，有"小督脉"之称。该病为膀胱经、督脉之经气不畅，故取以上诸穴，远道与局部穴相配，疗效甚佳。背腰肌急慢性损伤，拔罐必用。

33. 股外侧皮神经炎

该病症状为大腿前外侧部位肌肤麻木，不影响肢体活动，常因体虚感受外邪所致。用祛风除湿药往往无效。针灸治疗效果较佳。

取穴及操作：风市、阴市、阴陵泉，用平补平泻后去针，再用皮肤针叩刺大腿少阳、阳明经及两旁股关节及膝关节处。轻刺不出血，约5分钟后改用艾条灸。局部麻木处灸5～10分钟。上下移动至皮肤有热感。隔日1次，一般5～8次即愈。

按： 该病宜早期治疗，如不及时治疗，症状会进一步加重，治疗需较长时间。

34. 肩周不适

卢某患左肩酸楚已有数日，求针灸治疗。

取穴及操作：用毫针在其肩髃穴行平针法，有感应即起针，未留针也未再选其他穴位。

两日后复诊，肩已不酸。

按： 卢某仅酸不痛，结合面色不华，舌淡苔薄，诊断为虚证，故用补法，不留针。

35. 肱骨外上髁炎（网球肘）

汪某，女，47岁，杭州厨房设备厂职工。1993年4月15日初诊。

右侧肱骨外上髁处疼痛一月余，痛连颈肩，大便时溏，消化不良，苔薄脉细。

取穴及操作：手三里、足三里、大椎、疼痛局部围刺法加艾条灸。共治疗10次痊愈。

按： 肱骨外上髁炎，又称网球肘。多因臂部用力过度，造成慢性筋膜疾病。治疗方法甚多，有硫黄灸法，可用艾叶煎汤，把汤调入硫黄粉内，搪瓷杯内搅匀，用文火慢煎成糊状，乘热倒在瓷盘内成薄片，用之捣碎，小如米粒大。灸时用生姜切成极薄片，上放硫黄片，火柴烧之。如呼烫，以棉球按之，仗热力透入。取穴以痛点为主。此法是张治寰老师介绍。围刺法系《黄帝内经》扬刺法演变而来，方法是在痛点的四周横向以痛点为中心围刺之。再用艾条灸10～20分钟。本病临床治愈多例，嘱患者不要过劳。

36. 腱鞘囊肿

胡某，女，50岁，会计。1979年6月16日初诊。

右足背皮下囊肿1个月，约3cm×3cm，影响走路。

治法：囊肿旁针刺法，二针直刺，一针温针灸。共经3次治疗，囊肿已消。

按： 腱鞘囊肿以腕背及足踝处常见，按之作痛，有波动感，有人用按压法破气囊，亦有用针筒吸液法，但易复发。用温针灸法，收效较快，疗效可靠。虞老已经治疗数例，不另赘述。

37. 腱鞘炎

【案1】 陶某，女，69岁，退休干部。1993年10月15日初诊。

右手腕腱鞘炎已有半年余，每过劳则痛甚。患慢支及萎缩性胃炎，胃镜检查有肠腺化生，苔薄白，脉弦细。今重点治腕部腱鞘炎。

取穴：腕3、列缺、合谷。

操作：平针法，留针20分钟，局部加贴药灸，每日2次，每次10分钟。针8次后痊愈。

【案2】 沈某，女，85岁，住珠碧弄。

左腕痛，不能持稍重之物，曾在当地卫生院针灸治疗10次，无显效，邀虞老诊治，确诊为狭窄性腱鞘炎。

取穴：列缺、腕3、合谷、手三里。

操作：留针20分钟，局部艾条灸，每次10分钟，每天2次，共针2次好转。

按： 本病临床甚为常见，大多因体质较虚而过于用力所致。此外，与职业工作有关系，如刻字、印刷，拇指用力过甚而成。除双手多休息外，针灸以手三里、列缺、腕3、合谷为主。局部加艾条或温针灸，如果迁延日久，则治疗颇费时日，而且易于复发。如果配服补气养血之药，则效果更佳。

38. 荨麻疹

王某，女，21岁，1985年5月23日初诊。

荨麻疹反复发作已有3年，经服中西药未愈。

取穴：以大椎穴为主，配以血海、曲池。脐中拔罐10分钟。

操作：用2寸长的30号针，刺入大椎穴1.5寸左右，行捻转泻法，使针感下传到第6～7胸椎处为佳，约1～2分钟，起针。再针血海、曲池，用平针法，留针30分钟。

按： 荨麻疹（即风疹），是一种常见的过敏性疾病，因其遇风易发而言，发作时呈多个团块状突起，皮肤奇痒，常为风邪挟湿所致。本病急性者短期发作，给予适当的治疗，多可痊愈；慢性者常反复发作，经久难愈。针灸之法简便、效著，值得推广。

39. 踝关节扭伤

周某，女，30岁，1981年5月初诊。

右踝关节扭伤已有多日，步行时疼痛，经X线检查无骨折。予以针左侧丘墟穴，平针法（平补平泻），使产生酸胀感，令患足活动。经间歇动留针法留针20分钟，起针即愈。

按：巨刺法治疗踝关节扭伤，必须令患者活动关节，此所谓"运动针法"，历代研究认为，巨刺法能使患肢发放肌电，从而疏通经络，活血化瘀。如果扭伤发生肿胀，可能有血管破裂、韧带撕裂的情况，巨刺法非宜。初诊应X线检查排除骨折，转伤科药物外敷加固定。

40. 中指脓肿（蜂窝织炎）

孙某，女，32岁，1965年10月初诊。

因洗咸带鱼时右手中指入刺感染化脓，而成蜂窝织炎，曾用抗生素治疗7～8天而病如故，拟针灸治疗。按中指系心包经脉循行所过，病久不愈，乃经气不足，故拟疏调手厥阴经脉为主。

取穴：内关（右）、二邪（右）（八邪之二，在中指本节后一寸，左右各一穴）。

操作：先用泻法针内关，使针感达中指，继针二邪，使针感达右手中指两旁，留针20分钟。每日一次，取穴操作同上，共治疗五次而愈。

按：外科痈疖等症，针灸常有良效。据近代研究，针刺能提高机体免疫力，使白细胞吞噬细菌之功能加强。手指末梢疾患，口服或肌注药物往往因药力随血循之不足而效不佳，今以针刺近中指经穴，使局部经气通畅，则炎症自消。

41. 月经过多

【案1】 张某，女，51岁，省机械研究所，1979年初诊。

年已五旬，近两年月经趋前，一月两次，量多且淋漓不息。历经中西药物治疗无效（西药曾用过丙酸睾酮，止血药等）。由于经量过多，已成贫血，血红蛋白仅5g，头晕，全身乏力，舌淡，苔薄，脉细。证属天癸将绝，冲任气虚，气不摄血。由于中西药物均无效果，今由朋友介绍前来试用针灸治疗。

取穴：肾俞、气海、归来、关元、足三里、三阴交、隐白、中脘等穴。

浙江中医临床名家·虞孝贞

操作：平针法，留针 15 分钟。以后隔日一次，十次为一疗程。加减诸穴，如肝俞、脾俞、膈俞。隐白穴常用艾灸，关元、气海用运气手法，使气下行。该例经过一个月针灸治疗，月经量已减少，各种症状减轻，血红蛋白趋于正常，月经亦从此断绝。

按：虞老于 1999 年 12 月 10 日与老伴到横河公园散步，遇到该患者，今年已有 71 岁，看上去 60 岁左右。其述当年的病症经针灸治疗，疗效显著，以后绝经，身体一直很好。因为两年之病，用针灸治疗一个月而愈，因此对针灸非常信任。

【案 2】 王某，年近五旬，1979 年初诊。

天癸未绝，且每行量多如崩，推延两周余，全身乏力，腰骶足膝酸软，面色㿠白，舌淡，苔薄，脉沉细。

取穴及操作：在骶中线近下髎处用挑治法。穴在正中线次髎与中髎之间（取穴时稍高或低一些问题不大，但一定要居中），用消毒过的三棱针，在穴处挑到真皮层，将其纤维挑断，挑净，略有出血，用创可贴贴上即可。

第三天复诊谓挑治后经量即减少。余再针阳陵泉、足三里等穴，以后说自针后月经已断绝，没有其他不适症状。

按：该刺法见于期刊报道，用之果然有效。只是挑治时患者甚为疼痛，故较少用，不若灸隐白方便。阳陵泉能提早妇女绝经期，见于日本人代田文志著《临床针灸治疗学》。

42. 月经淋漓

程某，女，19 岁，1991 年 10 月 12 日初诊。

月经先后不定期，每行则淋漓不止达 10 余日方止，伴胃脘不舒及慢性鼻窦炎，记忆力差。苔薄，脉弦细。

取穴：脾俞、胃俞、中脘、足三里、迎香、上星、中脘加艾条灸。

二诊：1991 年 10 月 17 日胃脘得舒，鼻炎好转，月经仍淋漓。

取穴：同上。灸隐白，针灸气海，针百会。

三诊：1991 年 10 月 19 日月经得止。

按：不论月经过多或淋漓不止，虽然各有原因，但虞老常以艾条熏灸隐白穴，每次 15～30 分钟，每每得应。从隐白穴属足太阴脾经之井穴而言，当治脾气虚致脾不摄血，月经过多或淋漓者为宜。

43. 痛经

王某，女，34岁，1984年9月26日初诊。

月经量少色可，小腹冷痛拒按，临行前即痛，痛剧约一昼夜，血常规检验全血下降，血小板$300×10^9$/L，白细胞$2.3×10^9$/L，血红蛋白偏低。今日小腹隐痛，腰酸，月经尚未行，痛经已7年，结婚一年（曾经本市某妇科中医治疗半年未愈），乙肝三系HBsAg阳性。舌淡，舌下脉较深，脉弦细。妇科检查：左侧附件炎，白带多。

取穴：归来、关元、肾俞、足三里、三阴交。

1984年10月3日二诊：月经适及，小腹痛，腰酸。

取穴：肾俞（补），不留针；关元用艾条灸10分钟；三阴交、足三里留针。

1984年10月4日三诊：同上。

1984年10月5日四诊：痛经已明显好转，基本不痛。

按：本例痛经已达七年，服中药无效，而今针灸收显效。虞老临床针灸治疗痛经已数十例，大多立见效果或治疗痊愈。痛经如属子宫内膜异位症者加骶部腧穴并用隔药饼灸，亦有一定效果。

44. 带下病

【案1】 何某，女，学生，1982年6月初诊。

平素无带下病，此次因参加篮球比赛运动过量，发生白带频作如涕，无腥秽，伴腰膝酸软，余尚可。苔薄脉细，乃脾肾两虚，治当固摄。

取穴：关元（针加灸10分钟）、肾俞（补）、白环俞、足三里、三阴交、命门（补加艾条灸）。

上法针灸两次即愈。该同学针前曾请妇科老师中药调治十余剂未效，经针灸两次而愈。其实该病因运动过量引起，脾气虚而湿下注，用完带汤加益气固摄中药如黄芪、菟丝子、金缨子、桑螵蛸、海螵蛸等定可获效。

按：带下疾，赤属血，白属气，黄属湿热。五色带临床少见，除非子宫癌则带下色不正常，往往伴有少腹痛，气极腥秽是其特点。年龄常在四十以上者居多，需要鉴别。带下病现代医学一般以宫颈糜烂，宫颈炎，附件炎（又或盆腔炎）和子宫癌等多见，但亦有妇科检查无器质性病变，这种带下常见于中医所属的脾气虚而带脉失约所致。此外，西医又有因阴道滴虫、霉菌所致者，此带下往往伴有阴户发痒，中药外洗为宜。处方：枯矾、当归、川椒、苦参、地肤子。但不及西药阴道栓塞既方便又收效快，用针灸及内服中药见效稍慢。

【案 2】 王某，女，23 岁，1979 年 4 月初诊。

因篮球运动后带下如注，质清稀，已将旬日，腰膝疲软，四肢乏力，面色㿠白，纳少，大便不实，脉细弱，舌淡苔薄，证系劳累过度，损伤脾肾阳气，任脉不固，带脉失约所致。治拟调补脾肾，益气止带。

取穴：脾俞、肾俞、关元、足三里、地机。

操作：先针脾俞、肾俞，每穴用捻转补法约半分钟，再针关元穴，使针感达外阴部，足三里补法，地机平补平泻，俱留针 15 分钟，关元加艾条灸。

二诊：前日针后，带下顿减，精神好转。患者认为疗效胜过药物。

取穴：前法有效，乃宗之。

三诊：二次针后带下基本痊愈。

取穴：气海、足三里、阴陵泉、肾俞。

操作：同前。

按： 带下大多属脾肾气虚，针前曾服清利湿热中药故无效。今针脾俞、肾俞乃温补脾肾，关元穴属任脉经，益冲任之气，地机是脾经郄穴，合足三里以益胃健脾化湿。针灸并用，共奏温补脾肾而带自止。

45. 滞产

【案 1】 陆某，女，26 岁，1978 年 11 月 2 日初诊。

第一胎足月临产，因素体气血虚弱，滞产不下，脉弦滑，苔薄白，属原发性宫缩乏力，针前宫口开仅 2cm，宫缩不规则，予益气温通以下胎。

取穴：合谷、三阴交、神阙。

操作：补合谷，泻三阴交，间歇动留针 30 分钟；用肉桂粉合樟脑少许敷脐中，上贴四层伤湿止痛膏，再用艾条温灸 15 分钟。

疗效：针入 15 分钟后开始正规宫缩，起针后检查宫口已开 6cm，拔针后隔 15 分钟即羊膜破水，腹痛阵紧，距起针后 2 小时 10 分顺利分娩，婴儿体重 3450 克，母女俱安。

按： 初产妇第一产程延长超过 30 小时者为原发性宫缩乏力，又称滞产。滞产往往对产妇和胎儿健康不利，尤其对胎儿常会导致胎心变化造成宫内窒息等危险，必须及时处理，针灸有加强宫缩催生下胎的作用，且无不良反应。早在宋代就有补合谷泻三阴交以下胎的记载，临床用于因产力不足、宫缩乏力而滞产者确有良效。今又用肉桂合樟脑敷脐中加温灸法，乃宗《沈氏尊生方》用脱花煎下胎，方中有肉桂乃温通之意，庶加强下胎作用。

【案2】 曹某，女，30岁。

第一胎足月临产，因素有胃脘痛（虚寒型）史，临产不欲饮食，气虚累累，推送乏力，滞产不下，历时一昼夜宫口仅开5cm，神色极为疲惫，脉弦滑而细，苔薄白，予益气和胃以下胎。

取穴：中脘、足三里、合谷、三阴交。

操作：先针合谷、三阴交，15分钟后，宫缩仍未加强，继针中脘、足三里，并在中脘加用艾条温灸，顿觉胃脘舒服而欲饮食，予食后10分钟，正规宫缩即作，共留针45分钟，起针后检查宫口已开至7cm，距起针后4小时55分即顺利分娩一婴，体重3150克，母子俱安。

按：上例原有脾胃虚寒，临产不欲饮食则气更虚，故宫缩乏力，先针合谷、三阴交无效，继针中脘、足三里而胃脘舒，得食后中气足，宫缩加强，则胎速下，说明针灸催产，亦需辨证施治，方可奏效。

46. 死胎不下

王某，女，38岁，1972年初诊。

第三胎孕七月，胎不动已7～8日，产科检查认为胎儿已死，需引产，服己烯雌酚三日，仍无正规宫缩而住入省妇保医院，诊脉弦涩，苔中腻，纳差，欲下胎。

取穴：秩边、次髎、合谷、三阴交。

操作：秩边穴用4寸长针刺入约2.5寸，用泻法，使针感达少腹部，次髎以3寸长针刺入2寸，用泻法，均间歇动留针40分钟，起针后再续针合谷（补）、三阴交（泻），间歇动留针15分钟。使三阴交针感上行。上午、下午各针一次。次日上午、下午再各针一次。取穴同前。

疗效：第一天行针时，能引起宫缩，但尚不正规，第二天第二次针后正规宫缩开始，约6小时左右，顺利娩出一死胎。

按：虞老于1972年曾在本市妇保医院作《针刺对孕妇宫缩的研究》，经用针刺下死胎二例有效，八例无效。由于原始资料遗失，故上例仅凭记忆。秩边为加强子宫收缩之主穴，属足太阳膀胱经，深部近阴部神经和盆腔。针刺时针尖略向内上方深刺达2.5寸左右，使针感达前阴或少腹部，常能引起宫缩。若尿潴留者，并能促使膀胱括约肌兴奋而利尿，故笔者常以此穴治滞产、引产、尿潴留，每获良效。

47. 产后子宫收缩痛

王某，22岁，1980年初诊。

浙江中医临床名家·虞孝贞

第一胎产后两天，恶露不多，但小腹隐隐作痛，曾用止痛片无效。农村通常用红糖冲酒治疗亦无效。一般认为恶露不多系血瘀之故。该病古医称"儿枕痛"，认为儿在母体内枕久之故。实乃妇女怀孕已撑大子宫，一旦分娩后子宫需要继续收缩。一方面，收缩的作用可以压迫子宫，对分娩而破裂的血管起到压迫以止血的作用；另一方面，又可使子宫回复原来大小，故今称"子宫复旧"。如隐隐作痛不止，又称复旧不全，此应称为产后子宫收缩痛。虽然大多会自愈，但如用生化汤服三剂加生山楂30克，可加强子宫收缩而祛瘀生新，减轻疼痛，减少产妇痛苦。

虞老只用艾条温灸小腹中极、关元，针合谷、三阴交，能减轻疼痛，其效甚好。一般每日一次，每次灸30分钟，1～2日即愈。

48. 产后足趾热痛

某患者，女，35岁，1951年10月初诊。

两足趾至跗部每至冬季多行后即红、热痛，得冷则舒。病起于1950年产后，足趾热痛逐渐加重，且夜睡被窝中过热亦可痛醒。舌质淡薄，脉象沉细。初诊：热痹。

取穴：解溪、八风，泻法，留针15分钟；十趾尖点刺，不留针。

针第二次后足趾痛减轻，三次后已有明显减轻。原来走路十分钟便热痛，现在走半小时到一个小时亦不觉痛。夜里睡眠亦安，之前不能穿棉鞋或穿不到半小时即脱掉，现在一天不脱，亦不痛，病已告愈。

49. 流产后腰骶酸楚

卢某，女，45岁，1979年7月19日初诊。

于1979年5月30日行人流手术后腰骶酸楚，既往有经期腰痛史，现则不能久坐，酸甚于痛。曾服中药40余剂未见显效。寐差，余尚可。苔稍白腻，脉软无力。证属冲任受损，督脉失养。治拟益肾温督。

取穴：十七椎、命门、大肠俞、太溪。

二诊：腰骶穴加用温针。

三诊：酸痛已显减。

共治一个疗程十次而愈。

50. 误灸哑门穴反应

【案1】 沈某，男，30岁，住笕桥弄口，1995年3月14日初诊。

有风湿病病史，吴山一位医生用直接灸法治愈。因此，对该医生甚为信任。近日来因为工作疲劳，感觉项后哑门处不舒服，该医生遂在哑门穴处进行直接灸。灸后即感精神恍惚，全身乏力，心慌不能自制，夜不能寐。诉其苦状，该医生为其改灸百会及足三里穴，略见好转。目前仍感乏力，四肢笨重不协调，不能自控，后到虞老处就诊，问诊时仍有小便黄，大便溏，耳如蒙等症。舌中裂尖红，脉数。拟清热泻火，宁心安神。

取穴：风池、神庭、内关、手三里、足三里、太冲、三阴交、阳陵泉。

1995 年 3 月 16 日二诊：前日针后，诸症减轻。方案不变继续治疗。

1995 年 3 月 20 日三诊：诸症近瘥，仍略有轻度乏力，回家调养。后患者邻居告知，该病已痊愈。

【案 2】 某男。

虞老出门诊时，遇一患者喑哑不能言。家属代诉，因项后不舒，当地医生直接灸哑门穴引起喑哑，现来求治。

取穴：风池、大椎、廉泉、通里、合谷。

经六次治疗后痊愈。

按： 哑门穴历代针灸文献记载属于禁灸穴，目前只要解剖知识掌握得好，有的禁灸穴不一定均禁。同时针刺哑门穴不要过深，一般控制在 1.5 寸之内。虞老尝自针该穴，能较好调节脑血管、脑神经功能。临床误灸哑门穴引起喑哑反应，值得注意，应深入研究。

51. 误灸命门发生遗精

某男。

自述其患有腰脊痛，当地医生在痛点为其直接灸，后发生遗精，每周 3～4 次。趁出差之便，前来咨询："是否与艾灸有关？"虞老答："有可能。因遗精原因之一乃命门相火偏旺，精室被扰，阴精失位，应梦而泻。不应灸而误用火攻，助相火之旺而导致遗精。"针宜滋肾阴，泻肾火。

取穴：关元、志室、太溪、三阴交，针关元穴用运气法，针感下传至会阴部。捻转 1 分钟，留针 10 分钟；志室用泻法不留针；太溪、三阴交平补平泻不留针。

二诊：遗精次数减少，上方加神门以宁神。继续治疗，共计 9 次而愈。

按： 针法与灸法自有区别，针法如果能够熟悉解剖，配穴得当，所致失误较少。灸法是火攻之法，既能扶阳，亦能耗阴。《伤寒论》曰："微细之脉慎不可灸"。临床常见灸之后口眼干燥，应当注意。另外，灸后应当注意护理，否则会影响疗效。不宜饮茶或进冷食，否则易出现脘腹胀满不舒。

第二节　针药结合调女科

虞老幼承其父虞佐唐研习中医妇科，自幼诵读诸多中医经典著作，"熟读王叔和，不如临证多"。虞老十四岁开始随父兄跟诊，后又拜学于章次公、包天白、徐小圃、陆瘦燕等名师。扎实的中医基础与跟诊经历，令虞老在诊治内外妇儿诸病时，游刃有余，均获良效。对针药治疗妇科病有独特见解，提出妇科疾病多宜"从血论治"。以下经典验案，基本覆盖了中医妇科的常见病、多发病和中医治疗有特色与优势的部分疑难病症，内容丰富，资料翔实，具有较高的学术参考价值和临床实用性。

1. 月经过多

【案 1】　王某，女，51 岁，1985 年 11 月 12 日初诊。

月经过多已四年余，每行提前并延绵十日方去，经色红，伴口唇、上肢桡侧及足内侧筋脉抽搐，口轮匝肌痉挛为甚，亦有三年。鼻流涕，舌淡，苔净，脉沉细。证属气血两虚。气不摄血则月经过多，血虚肝风内动则抽搐。治拟双补气血，佐以息风。

取穴：肝俞、肾俞、脾俞、关元、手三里、足三里、合谷、太冲、风池、阳陵泉，面部加地仓、颊车、人中、迎香。

上方经十次针灸，病已减轻。月经时间正常，经期缩短，口痉挛减轻。

【案 2】　刘某，女，32 岁，浙江省防疫站工作，1985 年 10 月 14 日初诊。

月经过多两年余（未带环），无血块。舌质红，少苔，脉弦，乃气虚不摄。

取穴：隐白浅刺留针 15 分钟，足三里。

上针一次，月经即减少，以后经行正常。

【案 3】　王某，女，23 岁，1985 年 9 月 7 日初诊。

月经过多，周期素乱，每经行必十余日始尽。舌紫少苔，脉濡。平素肝火偏旺。

取穴：气海、三阴交、隐白、足三里留针 15 分钟。针一次见效。

按：妇女月经临行量多或淋漓不止衍期，其原因以气不摄血或肝旺血热。虞老临床不论何型均用隐白穴为主，或针或灸，血热者隐白浅刺 1～2 分，留针 15 分钟，气虚者用两支艾条同时悬灸 10～15 分钟，往往一次见效。隐白治崩漏在古籍如《针灸甲乙经》、《针灸大成》等中均有记载。

【案 4】　朱某，女，38 岁，1990 年 2 月 9 日初诊。

于 1989 年 8 月 28 日第一次发生经血量多有块，淋漓 8 天。第二次发生于 1989 年 10 月 2 日，第三次经行从 1989 年 11 月 22 日到 12 月 22 日淋漓不尽达一个月之久。并于 1989 年 12 月 22 日进行刮宫诊断为子宫内膜增生。刮宫后血止，但过三小时血又行，量不多仍有血块。1989 年 12 月 28 日住院，注射催产素、止血针，第二天服己烯雌酚后五天血止，以后服妇康片达两个月（该药每服血止，停药即见血），每次服 4 片，病未能愈。

问诊：素有胆结石病，胁肋不舒，大便次数多，肝气郁结，易怒，心中不快，腰酸，经时为甚，胃纳一般。

望诊：面色浮黄，苔根腻，质淡。

切诊：脉弦细。

诊断：月经过多，证属肝旺气郁。

处方：柴胡 9g　　　　生白芍 10g　　　炒白术 12g　　　茯苓 15g
　　　太子参 20g　　　炒当归 12g　　　桑寄生 15g　　　制香附 10g
　　　炒川续断 12g　　炒杜仲 12g　　　焦六曲 10g　　　木香 6g
　　　乌药 10g　　　　鸡内金 10g　　　炒山楂 10g

七剂

1990 年 2 月 26 日二诊：前药服后感觉良好，心情好转，舒畅。面色转为红润，月经淋漓已止，这次月经来潮腹不痛，量亦减少，但腰仍酸甚，苔净脉细。仍予逍遥散加减，疏肝胆之气并调经。

处方：柴胡 9g　　　　生白芍 10g　　　炒白术 15g　　　茯苓 20g
　　　太子参 20g　　　炒当归 12g　　　桑寄生 15g　　　制香附 9g
　　　炒川续断 12g　　炒杜仲 15g　　　焦六曲 10g　　　木香 6g
　　　鸡内金 10g　　　炒山楂 10g　　　郁金 10g

七剂

据述上药服后月经已基本好转。

按：月经过多而淋漓不止，往往与肝旺有关。该例本有胆囊炎，肝胆气郁化火，故经行淋漓不止，只用消炎非根治之法。今用逍遥散加补肾健脾之法，其血自止，乃治本也。

2. 月经先后不定期

王某，女，22 岁，学生，1990 年 10 月 30 日初诊。

月经不调，先后不定期，经量时多时少，腰酸，腹胀，四肢乏力，畏寒，头昏，舌体胖，苔白，脉弦细。治拟和气血，调冲任。

取穴：关元、肾俞、足三里、三阴交。

处方：炒当归 12g　　炒白芍 9g　　　炒熟地 15g　　炒川续断 12g

　　　桑寄生 15g　　炒杜仲 12g　　炒白术 12g　　茯苓 20g

　　　制香附 9g　　　川芎 6g　　　　芜蔚子 12g　　枸杞 12g

　　　甘菊 6g　　　　柴胡 6g　　　　八月札 12g

七剂

二诊：1990 年 12 月 7 日。

上药服后月经临行时间正常，量亦正常。腰酸腹胀减轻，头昏见瘥。

处方：效不更方，去菊花，加佛手、丹参。

按：本例为数年之病，仅服七剂药，行一次针灸，就收显效，随访以后一直正常。月经先后不定期者大多以肾虚肝郁脾虚为主因，上方即有三者兼顾之意。

3. 月经后期

【案 1】　施某，女，34 岁，1998 年 12 月 19 日初诊。

三年来经量减少，色紫暗，月经后期 10 ～ 15 天，有时不定。胃脘不舒，时则饥饿作痛，纳少便溏，寐差，苔根腻，脉弦细。治拟益脾和胃，调经补肾。

处方：炒党参 12g　　炒白术 15g　　炒二芽各 12g　　陈皮 6g

　　　炒茯苓 15g　　木香 6g　　　　焦六曲 15g　　　炒当归 12g

　　　炒白芍 10g　　川芎 6g　　　　制香附 9g　　　姜半夏 12g

　　　炒枣仁 15g　　苏梗 10g　　　　丹参 20g　　　夜交藤 15g

　　　炒薏苡仁 15g

七剂

二诊：1998 年 12 月 26 日。

药后上述诸症好转，晚上睡眠梦亦减少，便溏已瘥。饭后胃脘尚有不舒，矢气多，嗳气心悸，腰酸头晕。舌淡苔薄，脉细弦。

处方：太子参 20g　　炒白术 12g　　陈皮 6g　　　茯苓 15g

　　　姜半夏 12g　　桑寄生 15g　　杜仲 12g　　　川朴 6g

　　　明天麻 10g　　炒当归 12g　　炒枣仁 15g　　夜交藤 15g

　　　鸡血藤 12g　　龙齿 20g　　　陈灯心 6g　　黑大豆 30g

　　　炙甘草 6g

七剂

三诊：1999 年 1 月 2 日。

胃部不适已有好转，头昏见瘥，心悸亦减，近有咳嗽。

处方：炒党参 15g　　炒白术 12g　　茯苓 15g　　木香 6g

砂仁 5g	桑寄生 15g	杜仲 15g	炒当归 15g
川芎 9g	香附 12g	丹参 20g	枸杞 15g
天麻 10g	黑大豆 30g	仙灵脾 12g	紫菀 10g
前胡 6g	炙甘草 6g		

七剂

四诊：1999 年 1 月 16 日。

月经过期未行，已将半月，其伴诸症均有好转，唯胃脘于饥饿时尚痛，舌淡，苔白，舌根腻，脉沉细弦。

处方：
炒党参 15g	炒白术 12g	茯苓 15g	木香 9g
炙甘草 6g	砂仁 5g	炒瓦楞子 10g	炒怀山药 15g
干地黄 15g	炒枸杞 12g	杜仲 15g	炒当归 15g
川芎 9g	制香附 10g	丹参 30g	刘寄奴 15g
佛手片 6g	绿萼梅 4g		

七剂

五诊：1999 年 1 月 23 日。

上药服后月经色量正常，唯胃脘尚有轻度不适。

处方：
干地黄 15g	炒当归 15g	太子参 20g	生白术 12g
茯苓 15g	炒瓦楞子 10g	制香附 10g	炒怀山药 15g
杜仲 15g	川芎 6g	佛手片 9g	绿萼梅 6g
炙甘草 6g	丹参 15g	炒枸杞 12g	

七剂

按：治病必求其本，调经亦然。本例月经后期量渐少，乃脾胃有病，脾为生血之源，脾胃失和则月经后期伴有头晕心悸等症，亦血虚之象。今治疗以健脾和胃之香砂六君子为主，饥饿时作痛乃胃溃疡病之可能，故加瓦楞子或海螵蛸，有制酸作用。健脾和胃为主酌加养血之炒枸杞，脾胃功能不健者枸杞必须姜炒，否则易大便溏薄；佛手、绿萼梅、玫瑰花疏肝不伤阴，三次诊后脾胃得和，心血得生，然后用当归、川芎、佛手片及 30 克丹参以行血，故月经应期而行，治病之方有先后，不可不知。

【**案 2**】 肖某，女，30 岁，1979 年 2 月 27 日初诊。

寒假回家，曾患肾盂肾炎，服知柏地黄汤数剂而愈，今月经过期旬日未行，考虑怀孕可能，来就诊。脉细沉，苔薄白，纳如常，系肾虚血寒、经血受阻所致，予益气行血以通经。

取穴：关元、次髎、合谷、三阴交。

操作：先针次髎，泻法强刺；次针关元，捻转补法，使气达阴部；合谷、三阴交均泻。用间歇动留针 20 分钟。

处方：归尾　　赤芍　　刘寄奴　　泽兰

　　　桃仁　　陈皮　　丹参　　　益母草

　　　川芎　　肉桂

五剂

上午针刺，下午才服中药一剂，晚上月经即行。

按：合谷、三阴交两穴相配有增强子宫收缩作用。合谷为手阳明大肠经原穴，阳明乃多气多血之经，针之能益气行血。三阴交是肝、脾、肾三经相交，属阴，针之能泻阴血，故两穴相配能通经行血。针灸通经以实证效果较好，虞老多年经验证实，一般月经后期半月以内者往往一次见效。曾治一例月经后期十二日未行，少腹作胀，针合谷、三阴交后 5 分钟月经即行，见效神速。《灵枢》对针灸治疗虚证和实证的记载有"五虚勿近，五实勿远"，说明针刺治实证比虚证效好。一般虚证月经后期者必养血调经，血足才行，治疗需要一定时日。

4. 崩漏

【案 1】　柯某，女，18 岁，浙江省卫校学生。6 月 23 日初诊。

月经近半年来每两月一行，且临行淋漓需半月余方止。本次月经 6 月份初行，至今 20 天未止，伴有血块，量很多，小腹隐痛，经常便秘，纳可，伴有轻度胃痛，偶泛酸，饥则痛。苔薄，脉弦。治拟益气养血止血。

取穴：百会、气海、足三里、三阴交、隐白、腰阳关。

操作：补百会，气海运气达阴部；隐白用艾条灸；腰阳关行平针法不留针；足三里、三阴交平针得气，留针 20 分钟。

处方：阿胶珠 12g　艾叶炭 6g　　血余炭 12g　侧柏炭 12g

　　　当归炭 12g　炒白芍 6g　　陈皮 4g　　　茯苓 12g

　　　生白术 12g　乌药 6g　　　柴胡 6g　　　升麻炭 6g

　　　党参 12g

五剂

二诊：6 月 28 日月经已止，腹亦不痛。

取穴：气海、中脘、阳陵泉、太冲、三阴交。

操作：气海、中脘平针法加灸；补三阴交，余二穴泻。

嘱服黑归脾丸、逍遥丸（因煎药不便）。

三诊：6月30日月经淋漓已止，胃脘得舒。

取穴：气海、中脘、足三里、三阴交。

按：本例月经淋漓不止属气虚不摄，平时有泛酸，胃痛属肝气犯胃，故治疗当平肝益气止血，用胶艾汤和逍遥散加上血余炭、升麻炭等炭类药以止血，用陈皮、乌药以行气，故血止而腹痛胃痛皆除，此针药并收之功也。

【案2】 孙某，女，18岁，1999年1月2日初诊。

1998年年底前月经临行时，因运动后月经淋漓不尽已二旬余，伴头昏，乳房发胀，腰不酸，腹不痛。舌稍红，苔薄白，脉细数。乃肝旺，气虚不摄所致。治拟平肝益气养血。

处方：柴胡10g　　当归12g　　茯苓15g　　黄芪15g
　　　升麻炭6g　　贯众炭12g　　血余炭12g　　蒲公英12g
　　　炒白芍10g　　侧柏炭12g　　炒地榆12g　　枸杞15g
　　　干地黄12g　　炒丹皮10g　　制香附10g

七剂

二诊：1999年1月9日。

药后经血淋漓即止，治拟平肝益气调肝肾，以善其后。

处方：当归15g　　熟地15g　　炒白芍10g　　柴胡10g
　　　蒲公英12g　　太子参10g　　茯苓12g　　生白术10g
　　　山萸肉10g　　白蒺藜10g　　大麦芽30g　　枸杞15g
　　　怀山药15g　　杜仲15g　　黄芪15g　　防风6g

七剂

按：劳则伤气。本例在校运动会后引起月经淋漓不止者，临床甚为多见。故治疗当以益气法之补中益气汤为主。同时伴有乳房胀痛，故当平肝。舌尖红，益稍佐清热，方中地榆、侧柏炭、丹皮清热也。

【案3】 曹某，女，25岁，1999年1月6日初诊。

经来已有两月不止，量时多时少，伴有血块。曾经他处医治无效。伴胃脘不舒，腰酸，舌淡胖，苔薄，脉细数。气不摄血所致。

处方：太子参15g　　生白术12g　　生黄芪15g　　阿胶珠15g
　　　艾叶炭10g　　侧柏炭15g　　地榆炭12g　　当归炭12g
　　　升麻炭6g　　炒白芍10g　　茯苓15g　　炒杜仲12g
　　　炒川续断12g

七剂

浙江中医临床名家·虞孝贞

二诊：1999 年 1 月 23 日。

上方七剂服后血已止，现无腰酸头昏，心慌，胃脘不舒。舌淡胖，苔腻，脉稍数。治以和胃养血。

处方：炒党参 15g　　炒白术 12g　　茯苓 15g　　　广木香 6g
　　　炒白芍 10g　　砂仁 5g　　　　干地黄 15g　　炙甘草 6g
　　　荆芥炭 10g　　炒当归 12g　　炒枣仁 15g　　炒杞子 12g
　　　天麻 10g　　　炒薏苡仁 10g　柴胡 6g　　　　炒二芽各 12g

七剂

三诊：1999 年 1 月 30 日。

胃脘不舒已除，微感腰酸，足膝无力，舌淡胖，脉细数。治拟补益脾胃。

处方：太子参 30g　　炒白术 15g　　茯苓 15g　　　广木香 10g
　　　炒白芍 12g　　砂仁 5g　　　　炙甘草 6g　　生熟地各 15g
　　　枸杞 12g　　　怀牛膝 12g　　杜仲 15g　　　桑寄生 20g
　　　柴胡 6g　　　　焦六曲 10g　　炒当归 12g　　炒二芽各 12g
　　　炒山药 15g

七剂

四诊：1999 年 2 月 6 日。

诸症有好转，予前法。

处方：太子参 20g　　鸡冠花 15g　　茯苓 15g　　　广木香 10g
　　　炒白芍 12g　　砂仁 5g　　　　炙甘草 6g　　炒熟地 15g
　　　枸杞 12g　　　炒川续断 15g　怀牛膝 12g　　杜仲 15g
　　　桑寄生 20g　　炒当归 12g　　川朴 5g　　　焦六曲 10g
　　　炒二芽各 12g　炒山药 15g

七剂

按：功能性子宫出血，即中医女科称崩漏，量少者称淋漓不止，伴有血块乃气滞。本例问诊尚有胃脘不舒，舌质淡胖，故诊为气不摄血型之淋漓不止，治疗以胶艾汤和香砂六君子汤加升麻炭为主。脉细数，尚有热象故加侧柏炭、地榆炭佐之；杜仲、川续断因腰酸而加之。药症相符，七剂而愈。二诊至四诊均是调脾胃、益气养血以善其后。

5. 闭经

【案 1】　黄某，女，24 岁，1982 年 11 月初诊。

闭经已半年余，纳呆，脘腹作胀，大便不调，时溏时秘，小腹不痛，面色不华。舌淡，苔稍白腻，脉沉细。治拟健脾益肾调冲任。

取穴：神阙、脾俞、肾俞、关元、天枢、气海、足三里、三阴交。神阙自灸，其余腹部穴均加艾条灸。

二诊：上法治后脘腹作胀明显好转，上穴加中脘。

该例隔日针灸一次，未及半月月经来潮，满心欢喜，嘱其平时服黑归脾丸调理。

【案2】 金某，女，13 岁，学生，1998 年 12 月 26 日初诊。

11 岁月经初潮，第一年正常，第二年 4 月，月经行 43 天且出血不止，后用黄体酮止血，现则三个月未行，形体日肥，经常感冒，大便干燥，腰酸，咽喉如梗，小腹不痛。舌质淡，苔薄白，脉细数。乃血虚肾亏、痰浊阻滞型闭经。治拟益肾化痰，养血活血。

处方：生熟地各 12g　　当归 15g　　川芎 9g　　赤白芍各 10g
　　　砂仁 5g　　　　制香附 12g　　菟丝子 12g　　益母草 12g
　　　丹参 30g　　　枸杞 12g　　　刘寄奴 12g　　怀牛膝 12g
　　　陈皮 5g　　　　茯苓 10g　　　鲜半夏 12g　　桔梗 6g
　　　麻仁 12g

　　　　　　　　　　　　　　　　　　　　　　　　　　　　七剂

二诊：1999 年 1 月 2 日大便干好转。

处方：生熟地各 15g　　当归 15g　　川芎 9g　　赤白芍各 10g
　　　砂仁（后下）5g　　制香附 12g　　益母草 12g　　丹参 30g
　　　麻仁 12g　　　枸杞 15g　　　刘寄奴 15g　　生黄芪 15g
　　　防风 6g　　　　生白术 12g　　茺蔚子 12g　　胎盘粉（冲）3g

　　　　　　　　　　　　　　　　　　　　　　　　　　　　七剂

三诊：1999 年 1 月 9 日腰酸乏力，时感冒。

处方：生熟地各 15g　　当归 12g　　川芎 9g　　赤白芍各 10g
　　　姜半夏 12g　　茯苓 15g　　　生白术 12g　　生黄芪 15g
　　　制香附 12g　　麻仁 15g　　　枸杞 12g　　　制狗脊 12g
　　　炒川续断 12g　怀牛膝 12g　　鸡血藤 15g

　　　　　　　　　　　　　　　　　　　　　　　　　　　　七剂

取穴：血府、关元、三阴交用平补平泻法，不留针。

四诊：1999 年 1 月 16 日大便仍干燥，涕多。

处方：生熟地各 15g　　当归 15g　　川芎 9g　　赤白芍各 10g

益母草 12g	丹参 30g	麻仁 12g	肉苁蓉 12g
怀牛膝 12g	全瓜蒌 12g	枸杞 15g	刘寄奴 15g
柏子仁 12g	天麦冬各 12g	青陈皮各 6g	桃仁 6g
炒杜仲 15g			

七剂

取穴：血府、关元、三阴交操作手法同上。

五诊：1999 年 2 月 6 日症状如上，咽不利，舌淡而胖。

处方：生熟地各 12g	川芎 9g	炒赤芍 12g	香附 10g
益母草 15g	川牛膝 15g	桃仁 9g	丹参 30g
肉苁蓉 12g	全瓜蒌 12g	卷柏 10g	制苍术 12g
砂仁 5g	枸杞 15g	柏子仁 12g	川朴 5g
姜半夏 12g	苏梗 12g		

七剂

针灸同上。

六诊：1999 年 2 月 17 日。

月经已行，色量正常，3 月份如期而至，因校内运动多，此次经行淋漓 14 天不尽，大便仍干。舌淡胖，苔薄，脉细弦。治拟益气和血。（形体较前瘦，患者甚为高兴。）

处方：太子参 15g	生白术 12g	阿胶珠 12g	艾叶炭 10g
血余炭 12g	侧柏炭 15g	地榆炭 12g	当归炭 12g
贯众炭 12g	炒白芍 10g	炒生地 12g	茯苓 15g
炙甘草 6g	麻仁 10g	炒山楂 10g	川芎 6g

五剂

按：本例闭经诊断其为血虚肾亏，痰湿阻滞。因其月经初潮为 11 岁，现年仅 13 岁。第一年月经尚正常，故原发性器质性病变可排除。从年龄及舌质淡胖，淡为血虚，胖为虚为湿，脉细数为虚。症状有腰酸，故为肾亏。停经后形体日肥，且喉中如梗，故为痰湿。治疗以养血益肾治本，祛痰化湿治其因，佐以活血，则药症相符。服药 35 剂后痰湿化，肾气复，血得足，自然经行，经行则体形肥胖益减。该例虚实相兼，虚证欲其复，故非服药三四十剂而不能愈，如实证闭经，活血化瘀数剂即可下也。

方以四物汤和二陈汤为主。杜仲、川续断、狗脊以补肾；香附为理气调经要药；砂仁因地黄而加，防其滞腻碍胃；枸杞养血，与茺蔚子合用，再加

90

麻仁以润大肠，若见便溏则不用；丹参、益母草、刘寄奴、鸡血藤皆有行血之作用，而非行血峻药，以补气行血为宜。二陈加生白术以健脾化湿补气。

6. 痛经

【**案 1**】 阮某，女，17 岁，1997 年 7 月 16 日初诊。

其父代述来咨询开方，室女痛经甚剧，伴呕吐，胃纳不佳，大便不调，平时喜食生冷、零食，属饮食不节，气滞血凝之继发性痛经，治拟温经汤加减。

处方：当归 15g　　川芎 9g　　　干地黄 12g　　炒赤白芍各 12g

延胡索 12g　　丹参 20g　　制香附 9g　　姜半夏 12g

吴茱萸 5g　　乌药 10g　　陈皮 5g　　炙甘草 5g

茯苓 12g　　官桂 3g

五剂（月经临行时服）

平时服健脾益气药，嘱平时不食冷饮、零食。

处方：炒党参 15g　　炒白术 12g　　茯苓 15g　　姜半夏 12g

陈皮 5g　　砂仁（后下）5g　　吴茱萸 3g　　鸡内金 10g

炒白芍 12g　　炒二芽各 12g　　香附 10g　　当归 10g

川芎 6g　　延胡索 12g

五剂

该例经上方治疗后，隔半月后来电话述痛经已愈，胃纳亦佳，又隔十余日来道谢。

按：痛经由饮食所伤，平时胃纳不适，必须平时用健脾和胃之药，嘱勿服生冷以养胃，此调经止痛治本之法。

【**案 2**】 周某，女，25 岁，1994 年 12 月 13 日初诊。

月经初潮无痛经，以后逐渐发生疼痛，呈绞痛。于 23 岁结婚，仍然经行腹痛如绞，伴呕吐。疼痛伴左右少腹交替疼痛，腰膝疼痛无力，少腹痛时喜按，经量多伴有血块，乳房不痛。妇科检查：子宫大小正常，双侧附件正常，宫颈糜烂，带下有霉菌。脉弦细，苔净。痛经属气滞血凝之脾肾两虚。

取穴：肾俞、关元、足三里、三阴交、关元，灸法。

处方：炒熟地 15g　　炒白芍 10g　　川芎 6g　　当归 12g

艾叶 10g　　乌药 10g　　川朴 6g　　姜半夏 10g

桑寄生 15g　　炒杜仲 15g　　炒川续断 12g　　炒小茴香 3g

制香附 10g　　黄芪 15g　　太子参 20g

五剂

浙江中医临床名家·虞孝贞

二诊：1994 年 12 月 20 日。

月经于昨日行，腹痛频减。面有喜色，唯这次月经提前 10 天，量多。

取穴：肾俞、关元、足三里、三阴交、隐白，灸法，小腹部红外线照射。

处方：炒杜仲 15g　　炒川续断 12g　　川朴 6g　　姜半夏 12g

　　　桑寄生 15g　　吴茱萸 5g　　　川芎 6g　　当归 12g

　　　延胡索 12g　　炒白芍 12g　　乌药 10g　　炒小茴香 4g

　　　制香附 10g　　太子参 15g　　木香 6g　　制乳香 6g

　　　艾叶 6g　　　制没药 6g

按：本例属继发性痛经，痛时如绞，伴呕吐，痛以两侧少腹为主，少腹乃足厥阴肝经所属，血量较多，乃气不摄血，有血块则有滞。月经初潮未痛，以后逐渐加重。结婚后疼痛如前，与肾虚有关，则冲任失调，故以四物加炒杜仲、炒川续断、川朴、桑寄生以益肾养血；以太子参、姜半夏健脾止呕；木香、延胡索、乳香、没药、小茴香理气止痛，故收显效。

7. 月经期腰酸、尿频伴头痛

李某，女，38 岁，1993 年 10 月 26 日初诊。

月经临行腰酸、腹痛（有附件炎），伴头痛恶心，口燥咽干，汗出，寐难尿频。舌少津，脉弦细。治拟益肾平肝。

处方：炒杜仲 15g　　桑寄生 15g　　炒川续断 12g　　大生地 15g

　　　制香附 10g　　菟丝子 12g　　石斛 10g　　　炒枣仁 15g

　　　乌药 10g　　　大腹皮 10g　　蔓荆子 10g　　川芎 6g

　　　生白芍 10g　　枸杞 12g　　　甘菊 10g

七剂

1993 年 11 月 16 日二诊：服药后头痛、腰酸减，仍难寐，口干。

处方：炒杜仲 15g　　桑寄生 15g　　生熟地各 12g　　菟丝子 12g

　　　茯神 12g　　　怀山药 20g　　山茱萸 10g　　乌药 10g

　　　石斛 10g　　　炒枣仁 12g　　生白芍 10g　　芡实 10g

　　　麦冬 10g　　　玫瑰花 10g　　莲须 10g　　　蔓荆子 10g

七剂

三诊：经期头痛、腰酸、尿频等症经针药兼施，已基本痊愈，予巩固治疗。

处方：炒杜仲 15g　　桑寄生 20g　　炒川续断 12g　　生熟地各 15g

　　　菟丝子 12g　　石斛 12g　　　枸杞 12g　　　麦冬 12g

　　　北沙参 12g　　生白芍 10g　　桑螵蛸 12g　　生麦芽 15g

金樱子 10g　　芡实 12g　　益智仁 6g

七剂

取穴：肾俞、足三里、三阴交、太溪、风池。

按： 本例经行腰酸、尿频，乃肾虚，膀胱失约，头痛而口舌干燥为肝阴不足，肝阳上越，故可见难寐。今以炒杜仲、桑寄生、生熟地等以补肾；以菟丝子、芡实、莲须等以固摄缩尿；以石斛、白芍、麦冬、沙参以育阴；枣仁安神，蔓荆子以止头痛，载药上行，肝肾兼顾，故收良效。

8. 带下病

【案 1】 童某，女，28 岁，1982 年 11 月 17 日初诊。

室女赤白带下已有一月余，曾经浙江市中医院妇科诊治未效，转来就诊。苔薄，边稍红，脉弦带数。乃湿热带下，予清热利湿。

处方：生地　　苍白术　　臭椿皮　　川萆薢

当归　　黄柏　　桑螵蛸　　海螵蛸

柴胡　　炒白芍　　荆芥炭　　炙鸡冠花

茯苓

五剂

二诊：服上药五剂后赤白带下减轻，原方继服五剂痊愈。

按： 赤白带下多属血热，虞老治带下病喜欢用《傅青主女科》之完带汤，乃虞父之传教，临床随证选用确有良效。

【案 2】 干某，女，44 岁，1998 年 12 月 13 日初诊。

患霉菌性阴道炎已有一年，带下色黄，阴户瘙痒，历经中西药物治疗，无显效。舌质红，脉弦数，余无殊。治拟清理下焦湿热。

处方：当归 15g　　炒白芍 12g　　生地 15g　　柴胡 6g

川柏 10g　　川萆薢 12g　　鸡冠花 12g　　臭椿皮 10g

黄芩 10g　　蛇床子 10g　　白鲜皮 12g　　地肤子 12g

生白术 10g

七剂

外洗方：枯矾 10g　　当归 10g　　川椒 5g　　苦参 30g

蛇床子 20g　　白鲜皮 15g　　百部 30g

七剂

二诊：1998 年 12 月 20 日。

上药服后症状好转，服药后感咽干，夜眠欠佳。

浙江中医临床名家·虞孝贞

处方：上方加天麦冬、炒枣仁、海螵蛸，去蛇床子。

1998年4月17日三诊：二诊后带下阴痒明显好转，故停药。今则复作，前来就诊。

处方：当归15g　白芍10g　丹皮10g　炒山栀10g
　　　生地12g　柴胡6g　生黄芪20g　蛇床子10g
　　　川柏10g　鸡冠花15g　地肤子12g　臭椿皮15g
　　　黄芩10g　白鲜皮12g　枸杞15g　制苍术12g
　　　天麦冬各12g　海螵蛸12g

七剂

外洗方：同二诊。

1998年4月24日四诊：上方服后带下阴痒好转。处方同上，七剂。

按：妇女带下因霉菌引起，常是带下伴阴痒且常复发。本方仍以完带汤或易黄汤加减。其中加蛇床子、白鲜皮、地肤子有祛风止痒之功；用当归、白芍、生地、枸杞等为养血散风之意。痒是血虚有风之弊，临床凡治皮肤病，奇痒者亦按此法治疗。黄柏治带下湿热必用，加黄芩以增其效。臭椿皮、川草薢、鸡冠花为治一般湿热带下常用药，加海螵蛸增加收敛之功。如果湿热不重，以湿为主，带下清稀而量多，气味并不腥秽，可以用桑海螵蛸加龙骨、牡蛎、金缨子、芡实、白果、怀山药、苍白术，以固摄健脾化湿为主药，减少清热之药。本例初诊服药后有口干，因而加天麦冬，因睡眠欠佳故加枣仁。

9. 妊娠呕吐

高某，女，24岁，1994年1月24日初诊。

妊娠四旬余，泛泛欲呕，纳食不香，形寒，腰酸。苔中微黄，脉弦滑。治以和胃。

处方：姜半夏12g　茯苓15g　陈皮5g　炒二芽各10g
　　　桑寄生15g　炒杜仲15g　川朴5g　砂仁4.5g
　　　炙甘草5g　炒白术12g　黄芩8g　带叶苏梗10g
　　　生姜1片

五剂

按：妊娠呕吐即称恶阻，恶心呕吐以阻遏饮食故名。一般于妊娠四旬有此症，轻者不需服药，但择其喜食食物，如重者必须服药以止呕。上方以二陈汤加减而设。形寒本可加桂枝、白芍以和营卫，这里用带叶苏梗是见有外感之轻兆而用。上药五剂，呕吐即止。

10.胎漏下血

郑某,女,32 岁,2000 年 2 月 6 日初诊。

于 1999 年 3 月结婚,6 月份孕二个月时自然流产,今则妊娠二个月又见漏红,已半月,无腹痛,稍腰酸,胃口欠佳,余尚可。今拟止红保胎。

处方:阿胶珠 10g 艾叶炭 10g 当归炭 12g 陈棕炭 12g
　　　侧柏炭 12g 藿香梗 10g 炒黄芩 10g 陈皮 6g
　　　姜半夏 12g 茯苓 15g 苏梗 10g 砂仁 5g
　　　桑寄生 15g 炒杜仲 15g 苎麻根 15g 炒二芽各 15g
　　　炒白芍 10g

六剂

2000 年 2 月 12 日来电话,谓上方服 3 剂后,漏红已止,胃口转好,嘱其原方继服 3 剂。

又来电,称再服 3 剂后一直未见红,情况良好,工作疲劳时稍有腰酸。嘱其杜仲炒猪腰子常食。

按: 该患者系虞老外甥女,31 岁结婚。体形从小肥胖,似其母,忧虑其不孕,今能怀孕可喜也。但一次流产后要防习惯性流产。今以胶艾汤加陈棕炭、侧柏炭、当归炭以止红;黄芩清热,二陈汤加苏梗、藿梗、砂仁以理气调肾醒脾;桑寄生、炒杜仲、苎麻根益肾保胎;白芍育阴,药症和,故收效。因其第一胎见红流产以及第二次见红均曾到上海几所医院中医治疗未愈,故来电询问。于处方寄去服药 6 剂见效,以后足月顺产一女。该方乃家传经验,曾治愈多人。

11. 乳少

王某,女,26 岁,1960 年初诊。

产后半月乳汁不多,苔薄,脉细。属气血不足型乳少,予以益气养血通乳。

处方:穿山甲 10g 当归 12g 大熟地 12g 川芎 6g
　　　炒白芍 6g 生黄芪 30g 西党参 10g 生白术 10g
　　　茯苓 12g 路路通 10g 王不留行 10g 漏芦 6g

七剂

服七剂后乳汁增多。

按: 产后乳汁不多有虚实之分,虚者多因产妇分娩时出血过多,或体质较虚,气血虚弱。包括年龄较大,虚汗出过多,脾胃虚弱,胃纳不适者。实证可由肝郁气滞,气机不畅,经脉涩滞,乳汁受阻,不得畅行。辨证为虚证,乳少而乳房无胀感;实证有胀感,伴胸胁不舒,食欲减退。

妇女乳汁的来源乃气血所化，《女科经纶》云"妇女经水与乳，俱由脾胃所生"。经络方面，乳房属阳明，乳头属厥阴，乳里属少阴心经。故诸经通畅，乳水自然充足。

12. 乳痈

刘某，女，30岁，1990年5月2日初诊。

产后两旬右侧乳房红肿热痛，发热达39℃，起于昨日。苔净口干，乃乳痈初起，拟解表清热，通乳络。

取穴：少泽点刺出血3滴。肩井泻法不留针，合谷、曲池留针。右侧背部与病乳相应处刺络拔罐。

外用葱熨法：即用带根葱半斤捣成泥，加少许盐，用纱布包，贴于红肿处，上加一层油纸，然后用热水袋熨，每日行二次，每次半小时。

处方：荆芥9g　　　炒防风9g　　　炒大力子10g　　金银花30g
　　　连翘12g　　　蒲公英30g　　　皂角刺9g　　　　柴胡6g
　　　香附9g　　　路路通10g　　　王不留行10g　　　生山栀10g
　　　生甘草6g

三剂

按： 该例针药兼施，于次日即退热，乳痈消，3剂药病愈。葱熨法对乳痈初起有通乳络之功，针刺、拔罐、葱熨、中药四管齐下，其效胜过西药。

13. 人流术后腰痛

【案1】　汤某，女，31岁，1993年9月1日初诊。

1992年8月行人流手术后，腰骶酸痛伴右侧附件炎，右少腹有压痛，左侧增厚无明显压痛，月经量少、色正，面色不华。舌淡，苔中薄黏。治拟调奇经。X线检查示腰骶椎未见异常。

取穴：肾俞、关元、大肠俞（温针灸）、腰阳关（温针灸）、子宫（双穴，温针灸）、腰俞（针尖向上留针）。

1993年9月2日二诊：上次针后，腰骶部感轻松。

处方：鹿角霜12g　　熟地15g　　　当归12g　　　川芎6g
　　　制狗脊10g　　川桂枝6g　　　桑寄生15g　　砂仁4.5g
　　　甜苁蓉12g　　防风9g　　　　枸杞12g　　　杜仲12g
　　　川续断12g　　炒白芍12g

五剂

1993年9月11日三诊：针药兼施，症状明显好转。

取穴：同上。

处方：原方加红藤 10g、炒小茴香 5g，5 剂。

1993 年 9 月 15 日四诊：两侧附件按之不痛，腰骶痛见好转。

取穴：同上，加足三里。

针第 6 次后，腰骶酸痛已愈，以后续针 4 次以巩固，原方 5 剂，针 1 个疗程痊愈。

按：该例人流后冲任受损，涉及督脉，均系奇经，故所谓奇经受损。但用药物效果不显，该患者此前经其他医师治疗少效，故来虞老处行针灸治疗。虞老用温补奇经法，药物亦以四物汤加温补奇经药如鹿角霜、小茴香、苁蓉、枸杞、杜仲、熟地。针药对症，故收显效。育龄妇女若怀孕后，时有腰骶酸痛者，若不早予补奇经，治督脉，每有流产之虞，需要防治。

【案 2】　李某，女，30 岁，1993 年 10 月 6 日初诊。

原有腰酸痛，偏于右侧。起于 1992 年产后，经推拿好转。今又因药物流产后腰酸痛益甚，且伴感冒，食冷饮则泄泻。苔薄黄，口干脉濡。因人介绍来治。治拟健脾调奇经。

取穴：天枢、中脘、右肾俞、气海俞、腰阳关（温针灸）、足三里。

处方：

熟地 15g	炒白芍 10g	砂仁 5g	太子参 20g
炒白术 10g	焦六曲 10g	桑寄生 15g	杜仲 15g
炒川续断 12g	炒山楂 10g	石斛 10g	黄芪 15g
防风 6g	鹿角霜 15g	干姜 3g	大枣 10g

五剂

1993 年 10 月 20 日二诊：针药兼施后腰酸明显好转，大便转正常。

取穴：同上，脐中艾条灸。

处方：原方七剂去山楂，加生麦芽。

按：该例针十次，服药二十剂后病愈。本例伴脾胃虚寒，天枢、脐中温灸；药中加太子参、白术、焦六曲、干姜、大枣，口干加石斛。

14. 阴户肿痛

严某，女，28 岁，1996 年 8 月 6 日初诊。

经期每行延长，且自感小腹下坠，伴阴户肿胀痛，右小腹觉酸，大便秘结，数日一行，小便频数，纳不香，眠欠佳。苔根腻，脉弦滑。曾经在当地中西药物治疗无效，经人介绍来虞老处求治。证属肝经湿热下注。治拟疏肝理气，泻火利湿。

处方：当归 12g　　炒白芍 10g　　川芎 5g　　　柴胡 10g

　　　川柏 10g　　蒲公英 12g　　台乌药 12g　　大腹皮 12g

　　　泽泻 12g　　川萆薢 15g　　炒二芽各 12g　川楝子 10g

　　　麻仁 12g　　制首乌 15g　　丹皮 10g　　　炒山栀 12g

　　　柏子仁 12g

七剂

又予经期服方：因每来月经延绵十余日，服下方。

　　　柴胡 10g　　茯苓 12g　　当归炭 12g　　荆芥炭 10g

　　　丹皮 10g　　炒山栀 9g　　太子参 20g　　麻仁 12g

　　　台乌药 10g　小茴香 6g　　炒白芍 15g　　川柏 9g

　　　大腹皮 12g　生地 15g　　女贞子 15g　　旱莲草 15g

七剂

二诊：1996 年 9 月 15 日。

上药服后阴户肿痛减，现少腹作酸，腰酸腹胀，大便干。

处方：当归 15g　　炒白芍 10g　　小茴香 3g　　台乌药 10g

　　　砂仁 5g　　　大腹皮 12g　　肉苁蓉 10g　　香附 10g

　　　柏子仁 12g　川芎 6g　　　柴胡 10g　　　丹参 15g

　　　茯苓 12g　　干地黄 12g　　女贞子 15g　　杜仲 15g

　　　炒侧柏 12g

七剂

三诊：1996 年 10 月 13 日。

月经临行仍延绵，量尚可，其他诸症均好转。治按前法加减。

处方：太子参 20g　生黄芪 20g　　炒白芍 15g　　旱莲草 15g

　　　女贞子 15g　香附 12g　　　茜草根 10g　　枳壳 9g

　　　炒侧柏 15g　杜仲 15g　　　当归 15g　　　炒小茴香 6g

　　　炒川柏 9g　　炒枣仁 15g　　生地 15g　　　血余炭 10g

七剂

平时嘱服逍遥丸、黑归脾丸。

四诊：1996 年 11 月 5 日。

1996 年 10 月 18 日经行逾期十天，色淡，腹不痛。治以和营，腰痛则兼以益肾。

处方：炒当归 15g　　生白芍 15g　　柴胡 9g　　　生白术 12g

炒杜仲 15g	桑寄生 20g	枸杞 15g	焦山栀 12g
侧柏炭 15g	干地黄 15g	制黄精 15g	香附 10g
茯苓 15g	炒丹皮 10g	陈棕炭 10g	

七剂

五诊：1996 年 12 月 14 日。

月经超前，仍延绵，咽干，余均无异。治拟养血益阴。

处方：

大生地 15g	生白芍 20g	当归炭 12g	炒丹皮 10g
炒山栀 12g	侧柏炭 15g	地榆炭 12g	血余炭 15g
阿胶珠 12g	五味子 6g	生黄芪 20g	北沙参 15g
枸杞 15g	旱莲草 15g	女贞子 12g	石斛 10g

七剂

按：上例因阴户肿痛，经当地医院治疗无效而来治。虞老用清热调冲之法，7 剂药而愈，余方均治其经期超前或逾期，用平肝清热益肾之法。

15. 不孕

【案 1】 张某，女，28 岁，1996 年 10 月 14 日初诊。

已婚 6 年未孕，近来形体日肥，伴有痛经，带下多，腰酸。苔薄脉沉细。证属痰湿。治拟健脾利湿，调冲任。

处方：

当归 15g	枳壳 10g	生山楂 12g	制首乌 15g
炒川柏 10g	柴胡 10g	制苍术 10g	生白术 12g
炙鸡冠花 15g	车前子 12g	杜仲 15g	川萆薢 15g
制香附 12g	艾叶 6g	茯苓 12g	炒小茴香 6g

七剂

服该药十四剂而怀孕。

按：痰湿阻滞胞络（现称内分泌失调），特征是形体日肥而带下多，有的多痰涎。现用叶天士女科之苍附导痰汤（苍术、香附、陈皮、茯苓、半夏、枳壳、南星）加减。加首乌、生山楂能消脂肪；车前子、川萆薢、鸡冠花、苍白术以燥湿止带；小茴香、艾叶以调冲任。药症相符而治不孕之属痰湿者。

【案 2】 潘某，女，37 岁，1993 年 5 月 3 日初诊。

已婚 3 年未孕（男方正常），月经超前，临行绵延 8～10 天，量多夹血块，乳房胀痛，睡眠欠佳。舌质红，苔燥口干，脉弦细。证属肾虚肝郁火旺。

取穴：肾俞（补）、期门（横刺得气起针）、关元、子宫、太冲、三阴交。平补平泻留针 20 分钟。

处方：柴胡 10g　　白芍 15g　　当归 15g　　蒲公英 12g

　　　　麻仁 12g　　制香附 10g　丹皮 10g　　石斛 12g

　　　　秦艽 12g　　橘核 12g　　橘叶 12g　　北沙参 15g

　　　　生地 12g　　炒枣仁 12g

七剂

因伴有面神经麻痹，故方中增加牵正散。面部加针刺阳白、下关、地仓、颊车等穴。上药服 14 剂，针灸 3 次后怀孕。

按：该例患者已 37 岁，婚后 3 年未孕，今以丹栀逍遥散加减，服药 14 剂而孕，针药兼施确比单用一种疗法为佳。

【**案 3**】　胡某，女，25 岁，1994 年 4 月 28 日初诊。

17 岁月经初潮，22 岁结婚，婚后一年怀孕，两个半月自然流产，至今未孕已两年余。形体比前胖，月经不调，每延后，时则两月一行，经量少，色紫有块，少腹胀痛，腰骶酸楚，乳房乳头胀痛，性情素来多郁，多愁善感，睡眠不佳，口干而苦，苔薄舌略燥，脉弦细。证属肝郁肾虚。治拟疏肝益肾调冲任。

处方：全当归 15g　　川芎 9g　　刘寄奴 12g　益母草 15g

　　　　茺蔚子 10g　　枸杞 12g　　炒小茴香 3g　制狗脊 12g

　　　　杜仲 12g　　　菟丝子 12g　丹参 20g　　甘菊花 10g

　　　　柴胡 10g　　　赤白芍各 10g　生白术 12g　茯苓 12g

　　　　广郁金 10g　　台乌药 10g

十四剂

二诊：5 个月前服药后经量见多，胸腹痛见瘥。前方加生熟地、菟丝子、覆盆子，十剂。

1994 年 6 月 26 日三诊：月经已行，经期较准，仅逾期 5 天，3 天净，色量正常，血块减，唯腰骶部仍酸楚，四肢乏力，多郁难瘥，纳可，口干苦，舌稍燥。治按前法出入。

处方：鹿角霜 12g　　杜仲 15g　　制狗脊 12g　枸杞 12g

　　　　炒小茴香 4g　　当归 12g　　台乌药 10g　生地 15g

　　　　香附 10g　　　川芎 6g　　　白芍 10g　　夜交藤 15g

　　　　炒枣仁 10g　　女贞子 12g　珍珠母 30g　黄芩 10g

　　　　柴胡 6g

十剂

1994 年 7 月中旬四诊：自述此次月经逾期 5 天，未见胸腹胀痛等症，嘱其暂不服药，待逾期十天后做妊娠试验，经当地卫生院化验为阳性。

1994 年 8 月中旬五诊：述上次化验有误，因月经来潮，再化验为阴性。予前方继服。

该患者丈夫于 1996 年 5 月 26 日来信道谢，谓其妻于 1995 年农历十一月十五日中午 12 时 05 分生育一女，母女健康，并附婴儿照片两张。

【案 4】 陈某，女，31 岁，1999 年 3 月 27 日初诊。

婚后 3 年未孕，婚前曾做人流一次。妇科检查：子宫后倾，其余无异。今则月经不调，时常 2 个月未行，现又 2 个月未行，临行量少，色暗，夜尿 4～5 次，眠欠佳，腰酸，神志紧张，乳房胀痛。舌淡有齿痕，苔薄白，脉弦细。治拟益肾疏肝，养血宁神。证属肝郁肾亏。

处方：柴胡 9g　　　炒白芍 12g　　　炒白术 12g　　　当归 15g
　　　炒枣仁 15g　　紫石英 15g　　　菟丝子 10g　　　覆盆子 12g
　　　枸杞 15g　　　五味子 9g　　　熟地 15g　　　　郁金 10g
　　　丹参 20g　　　川芎 6g　　　　香附 12g　　　　蒲公英 15g
　　　玫瑰花 5g

七剂

1999 年 4 月 3 日二诊：服药后月经于 1999 年 4 月 2 日行，乳房胀痛，小腹亦感胀痛，量少色黑，夜尿次数减为 1～2 次，睡眠仍欠佳，治宗前法出入。

处方：柴胡 10g　　　炒白芍 10g　　　炒白术 12g　　　当归 15g
　　　茯苓 15g　　　炒丹皮 10g　　　丹参 20g　　　　炒山栀 10g
　　　玫瑰花 5g　　　蒲公英 15g　　　炒枣仁 15g　　　香附 12g
　　　生熟地各 12g　菟丝子 12g　　　杜仲 15g　　　　紫石英 12g
　　　制狗脊 15g　　覆盆子 10g　　　五味子 9g　　　　砂仁 5g

七剂

1999 年 4 月 17 日三诊：服药后夜尿频已减，乳房仍胀，较前减轻。舌苔薄白。

处方：柴胡 10g　　　炒白芍 12g　　　炒白术 12g　　　当归 12g
　　　川芎 6g　　　熟地 15g　　　　香附 12g　　　　紫石英 20g
　　　紫河车（吞）3g　菟丝子 12g　　仙灵脾 12g　　　覆盆子 10g
　　　杜仲 15g　　　枸杞 15g　　　　五味子 9g　　　　车前子 12g

炒枣仁 15g 　　　　炒二芽各 12g

七剂

本患者自 1999 年 3 月 27 日初诊以来，每隔七天复诊一次。虞老以逍遥散和五子补肾丸加减治之，连日服药后乳房胀痛等症有所好转，但精神仍紧张。其原因乃唯恐自己不能生育，被公婆埋怨，而其丈夫精液常规检查亦不正常，显示精子少，有畸形，后由周庚生医师用中药治愈。故其不孕由双方均有疾病导致。

在服药期间曾经自测基础体温，总是低的时候多，可能与不排卵有关。从处方中以疏肝解郁、填补肾阴阳，应是对症的。在 8～9 月份嘱其在其他医师处针灸 2 个疗程，共 20 次，仍未怀孕。后来嘱其暂停服药，放松精神，不宜过分期盼孕育。

四诊：1999 年 11 月。

处方：党参 10g　　黄芪 20g　　熟地 12g　　川续断 10g
　　　菟丝子 10g　　炒白术 10g　　丹参 10g　　覆盆子 10g
　　　枸杞 10g　　山萸肉 10g　　郁金 10g　　蒲公英 30g
　　　柴胡 10g　　赤白芍各 10g　　仙灵脾 10g　　巴戟天 10g
　　　紫石英 18g　　麻仁 20g　　大麦芽 10g

十剂

1999 年 12 月来电话，称已孕，经妊娠试验、B 超确诊为有孕，已两月余。一月初因妊娠反应前来就诊一次。

按： 该妇不孕属肝郁肾虚，肝郁者其精神抑郁，肝气不疏，郁郁寡欢，故乳房胀痛；肾亏者，有腰酸，小便频数；舌淡有齿痕乃血虚也。故以柴胡、炒白芍、炒白术为主的逍遥散疏肝健脾解郁，配以大麦芽、郁金、蒲公英、香附等以加强疏肝理气作用，再以五子补肾丸加紫石英、丹参、巴戟天以补肾阳、活血。同时用语言安慰，嘱其勿紧张，慢慢调治，心平气顺，自会有孕。

16. 面部色素沉着伴乳房小叶增生

程某，女，40 岁，1994 年 10 月 25 日初诊。

面部色素沉着，月经尚准，色深，全身无力，嗜睡。证属肝失调达，营血不足。治拟养血益气，疏肝。

处方：柴胡 10g　　白术 12g　　茯苓 15g　　当归 12g
　　　生地 12g　　黄精 10g　　生黄芪 20g　　生山栀 9g
　　　丹皮 9g　　丹参 20g　　枸杞 15g　　甘菊 10g

黑大豆 30g

七剂

1994 年 10 月 22 日二诊：服药后嗜睡得减，面部色素变淡。自述尚有乳房小叶增生。脉弦细，苔稍红。

处方：柴胡 10g　　白术 10g　　茯苓 15g　　当归 10g
　　　　生地 15g　　丹皮 10g　　黄精 15g　　太子参 20g
　　　　蒲公英 10g　　炒白芍 10g　　生黄芪 20g　　生山栀 10g
　　　　丹参 20g　　枸杞 15g　　甘菊 10g　　黑大豆 30g
　　　　王不留行 8g

1994 年 10 月 29 日三诊：前药得效。原方丹栀逍遥散去黄精、枸杞、生黄芪、甘菊、黑大豆，加川芎、炮山甲。

四诊：1994 年 11 月 5 日。

处方：柴胡 10g　　丹皮 10g　　金银花 15g　　白术 10g
　　　　炒白芍 10g　　当归 10g　　川芎 9g　　生牡蛎 10g
　　　　浙贝母 6g　　橘络核各 6g　　八月札 10g　　丹参 20g
　　　　枸杞 12g　　生地 15g　　大麦芽 15g　　白蒺藜 10g

七剂

1994 年 11 月 12 日五诊：服药后嗜睡已愈，乳房小叶增生自感已消失，面部雀斑明显减少，面色白润。

处方：柴胡 10g　　炒丹皮 9g　　山栀 10g　　当归 12g
　　　　八月札 10g　　青皮 6g　　枸杞 12g　　生地 12g
　　　　生白术 10g　　炒白芍 10g　　橘络核各 6g　　川芎 6g
　　　　生牡蛎 20g　　浙贝母 10g　　丹参 20g　　大麦芽 15g
　　　　白蒺藜 12g　　蒲公英 12g

七剂

按：上例为面部色素沉着伴乳房小叶增生，乃肝血不足，肝胆气滞。嗜睡与气血不足有关。故以丹栀逍遥散以疏肝养血，枸杞、甘菊、黑大豆以平肝养血；黄精、黄芪益气以治嗜睡。药症相符故初诊即得效。以后处方则以平肝理气、活血化痰以治小叶增生为主。方中有大麦芽、白蒺藜乃治小叶增生用。该例经 1～2 个月后，述停药后因工作忙累，面部色素有增，嘱其服逍遥丸。

17. 慢性盆腔炎伴阴户肿痛

蒋某，女，27 岁，已婚。

浙江中医临床名家·虞孝贞

素有慢性盆腔炎，左侧少腹酸胀痛，背掣不舒。右侧少腹及脐下小腹时有压痛，低热37.4℃～37.5℃，带下色稍黄，左侧阴户红肿痛不痒，涂消炎药后红退，肿不消，大便溏薄。苔黄腻，有时两旁稍黑，脉弦数。曾经服中药两个月未见显效。虞老诊为脾虚，湿热下注，冲任失司。治拟健脾清热，调冲任。

取穴：关元、子宫、脾俞、夹脊、阴陵泉平补平泻，腹部加艾条灸，留针15分钟。

处方：柴胡8g　　　　车前子10g　　　苍白术各10g　　茯苓12g
　　　　炒白芍10g　　　荆芥炭10g　　　焦六曲12g　　　臭椿皮12g
　　　　黄柏10g　　　　金银花15g　　　红藤15g　　　　萹蓄15g
　　　　川萆薢15g　　　乌药9g　　　　当归10g　　　　川楝子10g

五剂

二诊：少腹胀痛，带下均瘥，阴户尚有肿痛，胃脘不舒。

取穴：脾俞、肾俞（补）、子宫、横骨、中脘、足三里、三阴交平补平泻。腹部加艾条灸。

三诊：月经已行，经量一般，阴户肿痛减，腰酸，左侧少腹尚隐痛，胃脘得舒略隐痛，苔黑转正常。

取穴：肾俞、子宫、足三里、蠡沟（艾条灸）。

处方：柴胡9g　　　　炒白芍10g　　　荆芥炭10g　　　生薏苡仁20g
　　　　苍白术各10g　　茯苓15g　　　　焦六曲12g　　　臭椿皮12g
　　　　炒二芽各12g　　黄柏10g　　　　香附9g　　　　延胡索10g
　　　　太子参20g

五剂

该患者有带下，阴户肿痛，经针药兼施后病情减轻，后因工作忙未续治。

18. 更年期综合征

张某，女，52岁，1990年10月22日初诊。

曾患肺结核，第二肋骨结核切除。今于50岁时月经已绝，进入更年期。今检查血常规数值偏低，瘦弱，疲倦，难寐，咽干，易感冒，烘热汗出阵阵发作，全身筋脉不舒，纳差，便溏。目睛伴有白内障及飞蚊症。脉沉细，舌胖色暗，苔薄腻。病属更年期综合征，证属脾肾两虚。先从健脾和胃、佐以益肾着手。

取穴：大椎、脾俞、肾俞、中脘、足三里、三阴交、天枢，加艾条灸。

1990年10月25日二诊：针后胃纳转好，便不溏，伴左肩痛。颈椎有退行性骨质增生，苔已净。

取穴：同上，加左肩髃、曲池、外关。

三诊：胃纳转香，尚有消化不良，易外感，畏冷难寐。

取穴：大椎（烧山火手法），余穴同上。

1990 年 11 月 3 日四诊：难寐加风池。

1990 年 11 月 5 日五诊：睡眠好转，针同上。

1990 年 11 月 7 日六诊：烘热汗出好转。

取穴：大椎（烧山火手法）、风池、肝俞、脾俞、肾俞、足三里、三阴交、中脘、天枢、气海（温针）。

1990 年 11 月 9 日七诊：同上。

1990 年 11 月 12 日八诊：烘热已减，大便正常。

取穴：同上，肾俞改为命门，去天枢。

1990 年 11 月 14 日九诊：诸症好转，但胃口不甚好，仍有消化不良。

取穴：天枢、气海、中脘、脾俞、肾俞、足三里、三阴交、风池。

1990 年 11 月 16 日十诊：烘热已愈，为巩固治疗，内服中药。

处方：太子参 20g　　炒白术 12g　　茯苓 15g　　炙甘草 6g

　　　焦六曲 12g　　砂仁拌熟地 15g　黑大豆 30g　　秦艽 12g

　　　炒白芍 9g　　炒山楂 10g　　木香 6g　　炒怀山药 15g

　　　红枣 20g　　制狗脊 12g

七剂

按：更年期综合征中医诊为绝经前后诸症，妇女在七七任脉虚，太冲脉衰少，天癸竭。该时期经常出现诸多症状，临床见如烦躁易怒，精神疲惫，烘热汗出，头晕目眩，心悸失眠，口干咽燥，纳谷不香，五心烦热，耳鸣健忘，血压偏高，腰背酸痛，皮肤瘙痒，甚至精神失常等许多症状。这些症状往往多少不定，且轻重不一地出现。有的迁延数月，有的甚至数年之久。烘热汗出症状较为常见。可用针灸加用中药治疗效果更好。针灸取穴以补肝脾肾三脏，大椎、关元以调任督；足三里、三阴交以调气血，其余随症加减。中药方以四物四君加重镇收敛药，如牡蛎、龙骨、石决明以及糯稻根、黑大豆、五味子、潼蒺藜补肝肾之气，效果甚好。

19. 针刺流产

【案 1】 陶某，女，30 岁，1981 年 3 月初诊。

停经 40 天，尿妊娠试验阳性，要求针刺流产。

浙江中医临床名家·虞孝贞

取穴：秩边、次髎均电针，疏密波 15 分钟；关元、合谷、三阴交间歇动留针 30 分钟。

处方：全当归 15g　　川芎 9g　　　丹参 30g　　益母草 30g

　　　刘寄奴 20g　　川牛膝 15g　　桃仁 10g　　红花 6g

　　　赤芍 10g　　　玄明粉（冲）12g　枳壳 10g　　制香附 10g

三剂

嘱连续针灸，每日早晚各一次。于第 9 日成功排出一胚胎，出血量正常。

1983 年 5 月该妇又怀孕 90 余天，想用前法引产。虞老用针灸及中药均同上次，但没有成功，故嘱其去医院做人流。

按： 同一患者同样针灸与中药治疗，第一次成功，第二次失败，原因何在？虞老认为卵子与精子结合后着床于子宫，部位不同，牢固度不同，可能着床牢固者针灸推送不动而不能下。

【**案 2**】　孙某，女，33 岁。

曾育一女已 3 岁，月经一向正常，近则逾期一周，尿妊娠试验阳性，要求针刺流产。

取穴：合谷、三阴交、次髎、中极，泻法，留针 15 分钟，一日两次。

处方：全当归 15g　　川芎 9g　　　丹参 30g　　益母草 30g

　　　刘寄奴 20g　　川牛膝 15g　　桃仁 10g　　红花 6g

　　　赤芍 10g　　　玄明粉（冲）12g　枳壳 10g　　川朴 10g

　　　茺蔚子 10g

三剂

当服第 3 剂药后，当天晚上见红，次日血量较多，伴血块及胚胎，第 3 日量减。针后腹有下坠感，服药后有腹痛感，并无腹泻。

按： 1981 年我与同事林秀春到红会医院针灸科做早妊针刺流产的科研，妊娠妇女由该院妇产科介绍，共做了 23 例，针法和中药同上，每日一次，连做五日，针后当天患者反应有腹胀痛坠的感觉，但睡一夜后，次日又无任何感觉，患者针后有子宫收缩的反应，但无一例引产成功。究其原因，恐怕是每日一次针灸还不够，需要一日两次，以增加刺激量。

第三节　妙手单穴效桴鼓

单穴治病，屡见不鲜。辨证得当，取穴精准，施以手法，每见奇效，正

106

所谓"一针中的，病者应手而起，诚医家所先。"虞老临床取穴独特，手法灵活多变，乃娴于针法者。

1. 神门穴止鼻衄

神门穴是手少阴心经的腧穴，位于腕掌侧横纹尺侧端，尺侧腕屈肌腱的桡侧凹陷处。该穴具有补心益气、安神降火之功。其主治以心痛、心烦、惊悸、怔忡、健忘、失眠、痴呆、癫狂痫、头晕等心与神志病证为主。虞老早年治疗一例午时发作的鼻衄也曾选用神门穴而收效。虞老查阅古籍，《诸病源候论·时气衄血候》中记载："时气衄血者，五脏热结所致，心主血，热邪中于手少阴经，客于足阳明之络，故衄血也。"而此例患者鼻血每在中午发作，午时在五行属火，当属心经实证。根据"实则泻其子"原则，神门是心经的输（原）穴，五输穴中属土，故取神门。此法属子午流注针法中的子母补泻取穴法，实证时，在气血流注至病经的时辰，取病经的子穴进行针灸（泻法）；虚证时，在气血流过病经的时辰，取病经母穴进行针灸（补法）；虚实不著的病证或补泻时辰已过，取病经的本穴或原穴进行针灸。

2. 太阳穴为主点刺放血治疗急性结膜炎

太阳穴属经外奇穴，在颞部，当眉梢与目外眦之间，向后约一横指凹陷处，主治头痛、偏头痛、口眼歪斜、目赤肿痛、目翳、视物不清等眼科疾患。虞老临床善用太阳穴治疗结膜炎（即俗称"红眼病"或"火眼"），本病是由细菌感染引起的一种传染性眼疾，在乡野之地，卫生条件差，易罹患此病，因缺医少药，患者常无法得到有效治疗而相互传染。中医称本病为"天行赤眼"，因肺胃积热及肝胆火盛，猝感时气疫毒而致。

虞老在太阳穴及攒竹穴点刺放血，再加球后穴平补平泻，疼痛甚者加泻合谷穴，一般2～3次即愈。曾有学生下乡实习时，碰到一急性结膜炎患者求诊，眼睛红肿疼痛、多眵，学生按虞老之法治疗，次日已大有好转，治疗3～4次后眼疾治愈，一时间在民众中宣传开来，乡里各种患眼病的人们纷至沓来。太阳穴刺血可使局部瘀滞的气血得以疏通宣泄，经脉孔窍恢复濡养及清明。球后穴是新穴，是以往我校西学中班的学员夏贤闽医师所创，夏医师是西医眼科医生，来我院学习后，把他平时治疗眼疾的常用方法——球后注射药水，改为单纯球后穴针刺，取得了相同效果，于是广为宣传，继而载入讲义，列为奇穴之一。

3. 肩部挑刺法治疗多发性麦粒肿

麦粒肿又称针眼、睑腺炎，是睫毛毛囊附近的皮脂腺或睑板腺的急性化脓性炎症，往往对抗生素不敏感，用药无效，因此常反复发作，患者痛苦不堪。虞老据前人经验，在肩髃和大椎连线的中点，或见不高出皮肤的褐色斑，以此为阿是穴，用三棱针把皮层下纤维组织挑断，完毕后贴上创可贴，防止感染，常能一次有效，不再复发。为了加强效果，还可先用毫针在麦粒肿表面点刺，不出血，起到促进局部血液循环之意，再在患侧耳尖放血 2～3 滴。最后，肩部挑刺如前法。曾有本校 77 届 1 班李姓女生，患麦粒肿两月余，反复发作。某日，其右眼睑麦粒肿又复发。予以右眼上睑局部点刺，右耳尖放血数滴，右肩部挑刺，一次而愈。

4. 关元穴治疗牙痛

关元穴位于脐下 3 寸，腹部正中线上，是足少阴肾经、足太阴脾经、足厥阴肝经和任脉之会，又是小肠募穴。关元之名，周楣声在《针灸穴名释义》云："关指关藏、关闭、机关，元指元气。意为下焦元阴元阳关藏出入之所。"关元位处下腹，为男子藏精、女子蓄血之地，是人身之要关，真气之所存，元阴元阳交关之所。关元穴常被用来培元固本、补益下焦，鲜少用于牙痛的治疗。虞老曾用其治疗因结扎手术引起的牙痛，此女因结扎手术引起牙痛，经药物及针刺合谷、颊车、下关等穴治疗无效，虞老辨证分析后加用关元穴而疼痛即止。虞老此后在《经络病理现象在针灸治验举隅》一文中详细论述了选取关元穴的机理。从经络言，结扎手术于全身健康一般无太大关系，但有可能伤及经络——奇经之冲任脉。女子胞为冲、任、督三脉之起点，一源而三歧。《素问举痛论》："冲脉起关元，随腹而上"；而冲任脉与齿又有密切联系，《难经·二十七难》云："冲脉者起于气冲，手足阳明之经，夹脐而上行……"《素问·骨空论》："任脉者，起于中极之下，以上毛际，循腹里，上关元，至咽喉，上颐循面入目"，说明冲任脉与阳经及面部有关。《灵枢·经脉》论述手阳明经循行入下齿，足阳明经循行于上齿，由于冲脉受损波及阳明，阳明胃火上逆，故成齿痛，又见口中火气欲喷，烦躁不寐，口苦苔微黄可知；又齿为骨之余，肾主骨，八脉隶于肾。当奇经之冲任受损，肾虚阳明胃火上逆，于理可以出现齿痛之疾；由于冲脉与阳明相贯，故出现上痛而下不痛，下痛而上不痛现象。今针关元穴得效，正是调理冲任之意。又按关元穴在《类经图翼》中补充为任脉、足三阴、阳明之会，则其治冲任受损之齿痛自然有理有效。

5. 太阳透下关治疗牙痛

凡牙痛不论是龋齿或神经性痛，如果服用止痛药或者针合谷等穴无效，换用太阳透下关往往显效。刘某因患牙痛剧烈，邻居多为西医，予以西药治疗无效，后针刺合谷亦无效，邀虞老诊治。虞老见他痛得汗出如珠，即用太阳透下关之法，配合行针。须臾，但见他逐渐平静，继而酣然入睡，痛已止。次日嘱其去医院口腔科就诊，诊断为牙髓炎，予以齿科常规治疗。又有邻居（70岁老奶奶），其子为医院药剂科药剂师，家中备有止痛药。一晚因患剧烈牙痛，其子给服止痛药无效，邀虞老针刺治疗，虞老用同法治疗而愈。施针时从太阳穴斜刺，透过颧骨弓达下关穴，采用轻刺激手法（不可用强刺激），持续小角度捻转，间歇动留针，配合使用合谷穴泻法，留针30分钟。

6. 大椎穴为主治疗荨麻疹

荨麻疹即风疹，是一种常见的过敏性疾病，因其遇风易发而言，发作时呈多个团块状突起，皮肤奇痒，常为风邪挟湿所致。皮损为大小不等、形状不一的水肿斑块，边界清；皮损时起时落，剧烈瘙痒，发无定处，退不留痕。本病急性者短期发作，给予适当的治疗，多可痊愈；慢性者常3个月以上不间断反复发作，经久难愈。

王某，女，21岁，荨麻疹反复发作已有3年，经服中西药未愈，虞老为其针刺大椎，配以血海、曲池而一次即愈。亦有患者王某，男，22岁，荨麻疹反复发作数月，虞老仍以此法治之，1次隐，3次愈。针入大椎1.5寸左右，行捻转泻法，使针感下传到第6～7胸椎处为佳，约1～2分钟。起针后再针血海、曲池，用平针法，留针30分钟。

"久病治血"。慢性荨麻疹属于久病在络，易形成瘀滞，大椎是督脉与手足三阳经交会之穴，对于阳经及督脉病变所致的营卫失和、气血瘀滞，可以通过施治大椎治疗。手足三阳的阳热之气由此汇入本穴并与督脉的阳气上行头颈，穴内的阳气充足满盛如椎般坚实，故名大椎。手阳明大肠经与肺经相为表里经，曲池为大肠经合穴，是治疗隐疹经验效穴，施治曲池收祛风止痒之效；血海属足太阴脾经，具统血之用，是血分病常用穴，选用血海符合"治风先治血，血行风自灭"的理论，有养血祛风之效。

7. 中脘穴止咳

中脘穴为胃募穴、八会穴之腑会，有化痰消滞、强健脾胃之功。虞老之老友秦某，曾患感冒咳嗽，服中西药近一个月而咳嗽未止，故来诊。望其舌苔厚腻，咳声嘶哑不扬，咳而不爽，虞老认为是痰湿阻肺，于以针天突、丰隆、尺泽等穴无效，后再加针中脘穴。其诉即感气往下行，喉间舒服不欲咳矣。以后连针3次，均以中脘穴为主，缠绵月余之顽咳终于治愈。针灸前辈黄学龙医师治疗哮喘有五炷灸之法，所谓五炷灸，即选五个穴位做艾炷灸治疗，其中一穴即为中脘，因其有宽中下气作用，故能止咳。

8. 风池穴止呃逆

顽固性呃逆多是久病或术后的患者，此类患者均由于正气亏虚、气机不利、胃失和降、胃气上逆而引起的呃逆。现代医学认为，中风或术后的呃逆均由于颅内压增高，影响脑神经或脑干病变部位神经受损，从而刺激膈神经导致顽固性呃逆。曾有原浙江省卫生厅老厅长席某，60岁，素有肝硬化史，后发展为腹水，住望江山肝病疗养院，近数月来呃逆不止，经中西药治疗无效。因其为慢性病，元气衰败故出现呃逆，乃危候之象（《景岳全书》），邀虞老试用针灸诊治。往视席某，面色灰黄，腹部膨隆，呃声不扬，频频而作。予以针内关、足三里、中脘等穴，静留片刻，仍不止。试针风池穴，孰料，一针下去，呃逆即止。取双侧风池穴，用捻转补法，留针观察半小时而未发，遂告辞，后询问未再发作。

一个月后，患者转至浙江省中医院治疗，再次出现呃逆，因为前一次的经验，遂请针灸科会诊，却无效，故再来邀虞老会诊，取风池穴为主，配合其他穴，但无效。后过10天余，患者辞世。

风池穴为止呃逆经验用穴，此症乃太阳少阳并病也。取风池、攒竹，意从《伤寒论》两经合治法。风池为足少阳胆经穴，为少阳三焦经、阳维、阳四脉之会，能疏解少阳经气；攒竹属足太阳膀胱经穴，疏太阳风邪，并有降逆止呃之特效。二穴配合加强了祛风降逆之功。现代医学认为，强针刺风池穴可降低迷走神经兴奋性使呃逆停止。

9. 鼓乳穴止呃逆

曾有一位患者，呃逆一周，呃声响亮，频频不止，经虞老先针内关、足三里、中脘穴无效，乃针双侧耳后鼓乳穴，约深及1寸2分，用平针法，留针20分钟，呃逆止。然两日后的午后呃逆再发，单取鼓乳穴，留针20分钟。共针3次而愈。

呃逆有虚实之分，本例呃逆声响，属实证。鼓乳穴位于耳后凹陷中，即耳迷根穴。刺法：针尖与外耳道平行，深刺约1.2寸，不可刺穿耳道。该穴是温州医学院陈同丰教授所创，穴下近迷走神经，迷走神经支配膈肌，呃逆实为膈肌痉挛，故针之有效。陈老师针该穴深达2寸。但需注意安全，曾有一位医生没有掌握角度和方向，引起鼓膜及外耳道穿孔，继发感染。

10. 以夹脊穴为主治疗脾胃阳虚型呃逆

脾胃阳虚型呃逆，呃声低弱无力，面色苍白，手足不温，食少困倦。虞老遇到这类呃逆多选夹脊穴，疗效显著。曾有一位 70 多岁老人患呃逆已有十数日不止，邀其会诊。见患者卧床呻吟，呃逆声低，频频而作，形体消瘦，素有胃病，但否认有癌症。精神状态欠佳，纳差不欲食，大便干结，舌苔厚腻，脉细涩，检查无其他阳性体征，考虑为脾胃阳虚型呃逆。取膈俞（T7 夹脊）、脾俞（T11 夹脊）、肝俞（T9 夹脊），行捻转补法，留针加针旁艾条温灸，约 20 分钟后起针。再取中脘、足三里穴温针灸。3 次后呃逆止，可自主进食米汤。

又有一位农民，女，30 岁，患呃逆数天未止。先在卫生院给予注射阿托品无效，后经介绍来虞老处诊治。虞老先取双侧合谷穴，呃逆即止，但走到大门口又发作，随即回来，针双侧内关穴，呃逆又止。然而，走到校门口，再次发作，又回来，予以皮内针在膈俞、脾俞穴，用胶布固定，嘱其若发作再回。三天后，患者复诊，述自上次皮内针治疗后一直未发。

11. 阳陵泉穴制胃酸

阳陵泉又名筋会、阳陵、阳之陵泉；是足少阳之脉所入为合的上合穴，为八会穴之筋会。虞老曾用阳陵泉治疗胃酸过多，颇有奇效。20 世纪 70 年代，虞老在浙江省妇保医院进行针刺对妇女子宫收缩的研究，院内一例足月临产妇女，年 27 岁，初产，宫缩已作，因腹痛一日一夜，未进饮食，自感胃中作酸，食入即吐。当时宫口已开达 3cm，然此时呈宫缩无力，人感疲倦，医嘱做好剖宫产准备，妇惧。虞老为之针阳陵泉一穴，针入即感胃部已无作酸，留针 20 分钟后，给予蛋糕、开水等，不再呕吐，此后呈正常宫缩，2 小时后正常分娩，母子俱安。

阳陵泉是足少阳合穴，与足厥阴经相表里，肝木犯土，故见泛酸。《灵枢·邪气脏腑病形》曰："胆病者，善太息，口苦，呕宿汁，心下澹澹，恐人将捕之，嗌中吤吤然，数唾，候在足少阳之本末，亦视其脉之陷下者灸之，其寒热者取阳陵泉。"虞老在临床见泛酸者取阳陵泉，胃酸不足者取足三里。

12. 灸足三里穴治疗急性脘腹痛

足三里是足阳明胃经经穴，位于小腿外侧，犊鼻下 3 寸，犊鼻与解溪连线上，主治胃肠病证，下肢痿痹，神志病，外科疾患，虚劳诸证。《灵枢》云："邪在脾胃，则病肌肉痛，阳气有余，阴气不足，则热中善饥；阳气不足，阴气有余，则寒中肠鸣腹痛。阴阳俱有余，若俱不足，则有寒有热。皆调于足三里。"虞老对此有深刻体会。20 世纪 70 年代，某日上午，虞老正准备上课，在吃完早饭后感到腹部不舒，按压则疼痛难忍，心里很急，因手边无药，而此时距上课还有 20 分钟。虞老取两根艾条点燃后灸双侧足三里，灸到 5 分钟后，自感脘腹胀痛逐渐缓解，灸到 10 分钟后，疼痛完全消失，能去上课了。虞老早年曾做钡餐检查示有胃下垂，这次脘腹胀痛发作，考虑为饮食后气机不调，不通则痛。虞老在自灸足三里时，好像胃脘有上升感，而胀痛感逐渐在消失。虞老通过切身体验，越发感觉针灸疗效之实，经络穴位之客观存在，不可不信。马雨荪老先生曾做一试验，在 X 线透视下，给一名胃下垂患者针刺双侧足三里，显示胃蠕动增加，胃体上升。以后在相关杂志也见数例类似实验报道。

13. 止痢穴治疗腹痛腹泻

止痢穴与地机接近，在阴陵泉及三阴交连线的中点，凡是腹痛泄泻的患者，在此处可找到明显的压痛点即是，临床应用便捷有效。20 世纪 80 年代，虞老邻居因晚饭有螺蛳为菜，当晚 10 时左右，腹痛泄泻频剧，因晚上校医不在，前来请虞老诊治。虞老本欲针中脘、天枢等穴，患者惧怕腹部针，于是改足三里及止痢穴，在止痢穴处按压发现明显压痛后，遂进针，两穴用泻法留针，同时用艾条分别灸脐、天枢、下脘和气海。20 分钟后，病已霍然而愈，次日即可上班。

14. 大椎穴配合间使穴治疗疟疾

大椎穴位于人体的颈部下端，第七颈椎棘突下凹陷处。为手足三阳经及督脉之会，是手足三阳经的阳气及督脉的阳气汇合而成。针刺大椎穴可振奋阳气，祛邪截疟。

某年，虞老下乡巡回医疗，一位农民来诊，40 岁左右，患间日疟，经常发作，发而不止，未服药。望诊：面色㿠白，形容消瘦，大小便尚可，舌淡苔薄，乃疟久气血亏虚，虞老以针灸截疟法。取穴大椎，使运气手法，针感下传至肩胛下角以下，留针 5 分钟。起针后再针双侧间使，行平补平泻法，留针 20 分钟。隔日复诊，疟疾本当发而未发，再行上述针法 3 次而疟止。

虞老认为对发作有定时的间日疟，单用针刺确有截疟之功，但针刺的时间需要在发作前 1 ～ 2 小时。即《素问·刺疟》谓"食顷"，意指吃一餐饭的时间，大约 1 小时左右。近代报道，针刺治疟，并非杀死疟原虫，而是刺激大椎穴以扶正祛邪之意。另外，经研究，针刺后病愈，化验示疟原虫亦消失。

15. 太阳穴点刺出血治疗顽固性偏头痛

太阳穴属经外奇穴，虞老多次用其治疗顽固性偏头痛。张从正说："夫头痛不止，乃三阳之受病也。三阳者各分部知，头与项痛者，是足太阳膀胱之经也；攒竹痛，俗呼为眉棱痛者是也；额角上痛，俗呼为偏头痛者，是少阳经也；如痛久已，则令人丧目。"中医认为久病入络、久病成瘀是偏头痛的发病机理，以致络脉气血瘀阻，不通则痛，《黄帝内经》云"血实者决之""宛陈则除之"，故太阳穴刺血可使局部瘀滞的气血得以疏通宣泄，使恶血邪气尽出，气血运行正常，沉疴痼疾立起，通则不痛。

虞老邻居罗先生之兄患右侧偏头痛，已将近十年，时轻时重，睡眠差，曾服中西药均不见效。脉细数，苔薄，乃属血虚肝火上炎。虞老按其右太阳穴附近有一筋结，瘀血结聚，不通而痛，故用三棱针在局部刺血，约4～5滴，再针合谷、神门、风池，留针20分钟。按此法治疗，隔日1次，共10次，偏头痛宿疾从此而愈。

16. 内关穴治疗癔症性音喑

音喑即音哑不能讲话，近代有的属神经官能症，又称癔症，此症往往因情绪不快引起，起病突然，检查无器质性病。中医无癔症之病名，《黄帝内经》中有"喑"、"暴喑"、"无音"，后世医家又有"音喑"、"失音"、"不能言"、"声哑"等。中医辨证有寒、热、虚、实（包括血瘀、癥瘕结聚），各有特征。如果暴喑，只因情绪不快引起，即属于癔症性，针刺效果为佳。选取双侧内关穴，用泻法，但针感不宜使手指产生发麻，而使针感向上臂传导，且不应太强烈，以患者耐受为佳，持续或间歇动留针，30分钟至1个小时，隔日一次，一般3～5次可愈。配穴可用天突或上廉泉。

曾有毛某，女，54岁。1966年始发癔症性音喑以针灸治愈，1972年又发作而治愈。内关穴为手厥阴心包经络穴，八脉交会穴之一，与阴维脉经气交通，《医宗金鉴》记载："公孙冲脉胃心胸，内关阴维下总同"，内关穴与阴维脉相通，刺内关可协调诸阴经之经气。

17. 中冲穴治疗气厥

中冲穴作为手厥阴心包经之井穴，有清心安神、清心包之郁热、开窍醒志之功。1956年虞老在宁波百丈中医师联合诊所工作时曾以中冲穴治疗一气厥患者。当日有患者家属邀请虞老出诊，谓一患者濒死。抵其家门，见一中年妇女两目上窜而红，两手紧握，脉弦数。闻知因与丈夫发生口角所致，此乃气厥。既以毫针刺一侧中冲穴，病妇"啊"的一声，转而苏醒，再拟七气汤3剂治疗。气厥是心包经气逆乱，中冲穴是手厥阴心包经井穴，故取之而得效速。

浙江中医临床名家·虞孝贞

18. 补合谷泻三阴交治疗月经延期

月经延期常因情志不畅、异地水土不服或饮食生冷所致。补合谷是补阳明经气，使气行则血行，但具体手法只需平补平泻，不宜太轻或太重。泻三阴交是泻三阴经之血。虞老曾在妇产科医院做临床观察，针刺该二穴时，用子宫收缩描记仪做记录，发现确有加强子宫收缩的作用，因此能够促使经血下行。虞老以此治疗月经后期颇有心得。

曾经萧山人民医院有一名肖姓针灸医师，来我院针灸进修班学习，寒假回校后，月经延期 10 天未引，心里着急，来虞老处针灸，虞老以补合谷泻三阴交针之，留针 20 分钟。另外配合四物汤加丹参、刘寄奴、制香附、枳壳、玄明粉（冲）等。针灸一次，中药一剂之后，她于当晚月经即行。

19. 重灸关元穴治疗产后或人流后子宫收缩痛

关元穴为小肠经募穴，足三阴、任脉之会，为先天之气海，是养生吐纳吸气凝神的地方。古人称为人身元阴元阳交关之处，具有培元固本、补益下焦之功，常用此穴调补一身元气。虞老 20 世纪 70 年代下乡巡回医疗时，某户一产妇诉小腹痛，见为阵发性收缩痛，乃为子宫收缩痛，中医称儿枕痛。因该妇惧针，用两支艾条合并以加强热力，重灸关元穴，大约 25 分钟左右疼痛即止。再给患者一支艾条，嘱其痛时再灸。第三天复诊，病已痊愈。后虞老儿媳行药物人流后出现小腹痛，阵发性，较剧烈，亦灸关元穴而痛止。儿枕痛，在西医称为产后子宫复旧不全，因为大腹便便的孕妇自婴儿产下后，撑大的子宫自然会慢慢缩小到原状，所以每收缩一次，要痛一阵。中药治疗可用生化汤加减。

20. 刺下关穴治疗颞下颌关节紊乱

颞下颌关节紊乱在颞下颌关节疾病中最为常见，一般表现为颞下颌关节区及咀嚼肌肌痛、下颌运动异常及功能障碍、关节弹响、破碎音及杂音等三类症状，中医典籍中多以"口欠"、"颊痛"、"颌痛"、"牙关脱臼"为名，由正气不足，加之风寒邪气相互交错缠绵，导致气血运行不畅，经脉阻滞，肌肉、关节、筋膜失养，不通则痛。下关穴是足太阳经与足阳明经交会穴，同时又是足阳明经筋所结之处，以及手三阳经和足少阳经的经筋所过处，解剖位置当下颌骨髁状突前方，是治疗颞下颌关节疾患的经典用穴，《备急千金要方》曰："下关、大迎、翳风，主口失欠"。此病选择针灸效果甚佳，病程短者只需取下关穴，用温针灸法，1～2 壮，病程长、病情重者还可配以合谷穴、听会穴。

21. 中渚、后溪、人中穴治疗落枕

落枕是因睡眠姿势不当，颈部肌肉扭伤致颈部气血失和，筋脉拘急而出现颈项强痛，活动受限的一种病症。针灸治疗落枕具有简、便、效、廉的优势。虞老对这种临床常见病有着独到的治疗经验，临床使用往往1～2次获愈。虞老认为中渚属少阳经，善治落枕以颈部侧面痛甚者；后溪属太阳经，治疗以项部痛甚者为佳；人中属督脉经，治疗以项背部脊椎痛甚者为佳。

虞老本人还亲身尝试，有一次虞老落枕，颈项痛甚，不能转侧，只得自针同侧后溪穴，同时局部热敷，约半小时后痛势大减，颈项转动自如。以后在数例患者治疗中同样取效。另有一患者落枕后出现颈项疼痛，不能前后俯仰，但可左右转颈，并有胸闷不适，苔薄白脉浮紧，虞老按其痛点在项后第6～7颈椎及1～2胸椎间，乃风寒之邪袭于督脉经络，所谓"寒则急（经筋拘急），急则痛"。当取人中穴，针尖向鼻中隔方向刺入约五分深，患者喊痛，即起针，患者顿觉疼痛缓解，胸闷亦减轻。再取项后第一胸椎夹脊穴，轻刺加温针灸，而获痊愈，患者连声道谢。虞老认为落枕凡急性者可见速效，而慢性的颈椎病患者则不取，且人中常致剧痛，患者不能接受，效果亦不理想，可选其他远道穴，切忌局部刺激，反而加重疼挛。

22. 绝骨、丘墟巨刺法治疗踝关节扭伤

巨刺法作为《黄帝内经》中提出的一种古老的针刺疗法，历史悠久。首见于《灵枢·官针》曰："凡刺有九，以应九变……八曰巨刺，巨刺者，左取右，右取左……"，是一种"左病刺右，右病刺左"的交错相刺的针法。后世张介宾的《类经》对其进一步阐述，曰："巨刺者，左取右，右取左，邪客于经而有移易者，以巨刺治之"。虞老临床使用巨刺法，选择绝骨、丘墟两穴配合治疗踝关节扭伤颇有奇效。丘墟穴归属于足少阳胆经，为胆经的原穴，《针灸甲乙经》记载丘墟可治疗"足腕不收"。绝骨穴又名悬钟，属足少阳胆经，为八会穴之髓会。《针灸甲乙经》中记载："在足外踝上三寸动者脉中，足三阳络，按之阳明脉绝乃取之。"

1976年，曾有一工人因工作不慎致左足踝关节扭伤，行走时疼痛，要求针灸治疗。虞老检查发现踝关节无肿胀，只丘墟穴有压痛。遂取健侧绝骨穴巨刺法为主，配丘墟穴，持续动留针，同时嘱其尽量活动患侧踝关节，约15分钟后起针，行走不觉疼痛。

虞老认为巨刺法治疗踝关节扭伤，必须令患者活动关节，此所谓运动针

法，历代研究认为，巨刺法能使患肢发放肌电，从而疏通经络、活血化瘀。如果扭伤发生肿胀，可能有血管破裂、韧带撕裂的情况，巨刺法非宜。初诊应 X 线检查排除骨折，转伤科药物外敷加固定。

第四节　针灸急症起沉疴

《黄帝内经》中谈及针灸，多数是治疗急症重病。在急症初期，邪正相争，往往邪偏盛而正未衰，此时救治的关键在于快速截断。针灸最擅攻逐邪气，顿挫病势，并可预防变证。虞老学验俱丰，匠心独运，治法巧妙，应针取效。以下医案充分证明了针灸治疗危急重症的切实疗效。

1. 心绞痛、心动过速

【案 1】　1973 年，去上海的列车上一女旅客心绞痛发作，服药物复方丹参片、速效救心丸等未效，列车长邀虞老应诊，见其额部汗出，面色苍白，两手按胸，痛苦貌，脉紧、偶代，舌微暗。因其是坐位，乃针双侧内关穴，平补平泻法，留针 40 分钟后疼痛消失，面色转润。

【案 2】　某女在医院心血管科门诊时，突然心动过速，每分钟达220 次，医生急邀虞老会诊。望其面色苍白，肢冷，亡汗，胸闷，舌暗。针左内关，快速行针，约 3 分钟后，心率已减至 120 次 / 分钟，再针右内关，同样针法，过 5 分钟后，心率已转至 72 次 / 分钟的正常范围，面色转红，诸症消失。

2. 胆结石急性发作

秦某，女，70 岁，住老浙大路。1993 年 5 月 7 日初诊。

素有慢性胆囊炎、胆结石，时常有右上侧腹满之感，但较轻微。一日食用豌豆糯米饭后，即感觉上腹胀满不舒，疼痛拒按，伴发热，体温39.5℃，昏昏欲睡，渐神志不清，似不识人，邀虞老出诊。往视俯卧在床，唤之不应，喊胁痛。虞老一边嘱其家属叫急救车，一边针刺曲池、大椎穴，以泻法退热。针胆囊穴止痛，点刺十宣穴以开窍醒神。针后神志已清，疼痛缓解。待救护车来，患者病情缓解，体温 38.5℃，患者可自行躺上担架，送院治疗。

按：本例高热昏不识人，以曲池、大椎泻热，配合十宣刺血，既能清神，又能退热。胆囊穴乃治疗胆囊炎奇穴。不论急慢性胆囊炎，该穴均有压痛，针之能缓解胆囊括约肌，消炎止痛。

3. 吐泻（急性肠胃炎）

李某，女，40岁，1968年6月初诊。

饮食不洁，伤及脾胃，升降失常，清浊不分而发病。晚饭后即感脘腹胀满不舒，当夜十二时腹部急痛，上吐下泻，因车送医院不便来叩门邀诊，往视，患者双手按腹蜷卧，时吐时泻，泄泻清稀，四肢不温，身重体倦，面色苍白，舌苔白腻，脉濡紧。急与温中散寒，疏调肠胃气机。

取穴：天枢、下脘、气海、足三里、内关。

操作：天枢、下脘、气海俱用三寸长针，刺入二寸左右，足三里刺入寸半，俱用捻转泻法，内关用运气法，使针感上传，并以艾条两支，分别在脐中和腹部诸穴温灸，共留针艾灸达50分钟，吐泻腹痛止，病霍然而愈，次日已能起床。

按：腹部穴位的针刺深浅，要根据病情轻重缓急，辨证施治，方能中的。虞老体会，腹部穴一般调理轻症，只要浅刺多捻，补法不留针，针感以舒适为宜。如遇胃肠急性吐泻，则宜深刺、重刺，方可奏效。《黄帝内经》云："病深针浅，病气不泻，病浅针深，疾必为败。"是指急性病证，针刺宜稍深，才能推动气机而愈病。

4. 痿痹（急性脊髓炎？）

邵某，男，33岁，商人，1990年3月20日初诊。

素嗜烟酒，商务繁忙，生活无规律。前日起双下肢疼痛，活动障碍，行走不便，小便黄赤，舌苔黄腻，脉弦。拟清利湿热，疏经活络。

取穴：腰5夹脊穴、腰阳关、环跳、风市、阳陵泉、绝骨。

操作：腰部穴位温针灸，留针20分钟。

处方：

苍术 20g	茯苓 20g	黄柏 10g	绵茵陈 15g
泽泻 12g	赤芍 10g	伸筋草 12g	川牛膝 15g
宣木瓜 12g	威灵仙 12g	生薏苡仁 30g	黄芩 10g
细辛 2g	生地 12g	葛根 9g	

三剂

1990年3月22日二诊：针药兼施，下肢疼痛明显好转，已能行走。续上方治疗。

1990年3月28日三诊：双下肢疼痛消失，行走如常，基本痊愈。

按：患者因为症状好转，不愿去医院检查，是否为脊髓炎尚难断定。从其症状及舌脉象判断，是为湿热下注，发为痿痹。拟清利湿热，疏经活络。

药症相符，故获显效。

5. 腰肌急性扭伤

【案1】 王某，男，44岁，工人。1974年5月6日初诊。

因搬重物损伤腰肌，以腰两侧疼痛为甚，不能直立行走，家属搀扶来就诊。查腰椎处无压痛，腰部肌肉板紧感，按之疼痛。

取穴：肾俞、大肠俞平补平泻法，间歇动留针15分钟，阳陵泉泻法。起针后在腰阳关、大肠俞处拔罐，取罐后，敷肉桂粉，用伤湿止痛膏贴敷，痛渐止。

按： 对于各种外伤引起的腰肌损伤和疼痛，虞老常用丁桂散（丁香、肉桂各等份，研末），用伤湿止痛膏敷贴之。如能在损伤处加艾条灸，以助药力，温通止痛效果更好。

【案2】 李某，男，32岁，1973年4月5日初诊。

因劳作，突然发生腰部剧痛，不能俯仰，行动困难，由家属搀扶前来治疗。检查腰阳关、大肠俞处压痛明显。

取穴：手针腰痛穴，间歇动留针，在捻转时嘱患者做腰部活动，约15分钟后，腰痛霍然消失，自行走路回家。

按： 急性腰扭伤，虞老临床治愈多例，取腰痛穴效果满意。适用于年轻力壮者的腰肌损伤，而非脊柱退变或错位者。该穴针感极强，对于体弱患者易引起晕针，故需谨慎。

6. 梨状肌劳损（急性发作）

戴某，男，29岁，工人。1985年7月3日初诊。

近日劳累后受寒，右臀部连及下肢疼痛难忍，汗流满面，转侧困难，表情痛苦，苔白腻，脉弦数。伤科曾诊断为梨状肌劳损，服药无效，遂来针灸科求治。

针刺：环中、隐白、秩边、阳陵泉、足三里、绝骨，均取右侧穴。

电针：环中与阳陵泉，秩边与绝骨，用连续密波，30分钟，痛即止。

按： 梨状肌是臀部最深层肌肉，其体表投影为髂前上棘至尾骨尖做一直线，取连线上距髂后上棘2cm处为一标点，此点到股骨大转子的连线即为梨状肌的体表投影。环中穴，经外奇穴，出自《中国针灸学》。位于臀部，环跳与腰俞连线的中点。主治坐骨神经痛、腰腿痛、腰股膝部痛或组织炎、臀部痛等，易劳损。

7. 急性结膜炎

某学生下乡实习时，碰到一急性结膜炎患者求诊，眼睛红肿疼痛、多眵，学生按虞老之法治疗。

取穴：用太阳穴及攒竹穴点刺放血，再加球后穴平补平泻。

次日复诊，已大有好转。如上法，治疗几次后，眼疾治愈。

按： 急性结膜炎常是传染导致，尤以青少年在泳池游泳时不注意卫生多见，进而可在家庭中传播开来。虞老用太阳穴及攒竹穴点刺放血，再加球后穴平补平泻，疼痛甚者加泻合谷穴，一般 2～3 次即愈。

浙江中医临床名家 · 虞孝贞

第五章

学术成就

第一节　女科诸疾从血治

虞老从医近六十年，家传其父虞佐唐之中医妇科，并师从针灸大师陆瘦燕等名家。虞老在针药治疗妇科病疾有独特见解，对妇科疾病多"从血论治"，现将虞老治疗女科疾病经验与同道分享。

1. 调气破血治肌瘤

子宫肌瘤中医概属于癥瘕之类，张景岳认为："瘀血留滞作症，唯妇人有之，其证或由经期，或由产后，内伤生冷，或外受风寒，或患怒伤肝，气逆而血留，或忧思伤脾，气虚而血滞，或积劳积弱，气弱而不行。"所以总因经行产后余血未净而一有逆则留滞，日积而渐成症，治法大多以破血消积、温中行气为主。然虞老在临床治疗，对新病久病，根据体质强弱，处理有所不同。如病初起时，正气尚旺，病邪尚浅，可用攻法。日久正气虚弱，宜攻补兼施，或先补后攻，攻后再扶正等法。

在用攻法治疗时，虞老认为不可峻攻，正如《女科经纶》言："善治癥瘕者，调其气而破其血，消其食而豁其痰，衰其大半而止，不可猛攻以伤元气，宁扶脾胃正气待其自化……"临证时，虞老用攻法治疗子宫肌瘤常用乌金丸之类较为平和之药。乌金丸药味组成：香附、木香、乳香、没药、官桂、五灵脂、桃仁、延胡索、乌药、蓬莪术、全当归、益母草、蚕茧等。以上诸药疏气软坚，去瘀活血，攻而不峻，故收化癥之功。

2. 益气养血治漏红

先兆流产，中医称之为"漏红"，《金匮要略》有"胞阻"，《巢氏病源》有"漏胞"等病名，大多因气虚血少所致，亦有因气郁食滞、风冷跌扑损伤而成，临床上除了食滞风冷损伤等有因可查外，其属气虚血少等皆由逐渐而成。虞老在治疗漏红时根据四诊辨证分型治疗，如血少而气不行，用胶艾汤治血虚；若气虚则用补中益气汤或归脾汤治之。接诊时还应随时变化而增减用药，夏令每挟暑湿，冬令常兼寒邪，是应化裁。

虞老在治疗先兆流产时，多用归身炭而不用当归炭，因当归一药在《本草从新》记载为血中气药，有动血之弊，改用归身炭则能引血归经而止血益血。张山雷也认为："当归温和流动之品，活血益血，其气最雄，走而不守，苟其阴不涵阳而为失血，则辛温助动，实为大禁。"近代上海中医学院主编《中草药学讲义》的当归按语云："行则有余，守则不足，故如属崩漏经多，使用时必须谨慎。"因此，虞老提醒妊娠漏红期间当归慎用。

3. 祛瘀活血治发热

虞老认为产后发热其因甚多，如外感风寒所致外感发热，饮食停滞以致食积发热，去血过多而见血虚发热等，临床多见因恶露停滞所致积瘀化热，此类产后发热虞老多用活血祛瘀之法。

此类产后瘀热临床辨证要点是产后恶露不多而有腹痛，发热能持续达到一二十天，治疗时若不明其因，一味地清热而不逐瘀，热必不退。虞老曾记录其父虞佐唐治产后瘀热医案，其父询患妇恶露稀少，少腹疼痛拒按，诊其脉搏细数，舌质紫暗，辨为瘀血阻滞而热。此类发热虞老用活血祛瘀之法，多用生化汤加减。特别值得注意的是，临证中虞老治疗产后瘀热必用泽兰，他认为泽兰乃退瘀热之效药，其味苦温而走血分，消癥瘕、破瘀血、退热，加入生化汤中，为治产后血瘀腹痛发热之要药。

4. 益气摄血治崩漏

崩漏是指妇女不规则的阴道出血，量多势急为崩，量少淋漓不尽势缓为漏，两者在疾病演变过程中，常可相互转化。出血过多，名曰血崩。若不急治，每有生命之忧。本病以虚证为多见，必用大升大举之品。关于产后虚证血崩，临床治疗常用别直参、归身炭、升麻炭、荆芥炭、血余炭、茯苓、炙甘草等。舌苔微白，气虚加白术、黄芪；舌苔光绛乃血虚加熟地炭；热者加十灰丸；四肢厥冷脉微加附子、炮姜回阳救逆。升麻须至三四钱能有显效，当归必用归身，取其益血之功效好；荆芥炭入肺经，又入脾经，因脾气虚用参芪之外加入本药更能收功。

虞老对于崩漏的针灸治疗多有心得，她认为主要分血热、血瘀、脾虚、肾虚四类。血热证见出血过多，色深红，面赤口干，烦躁少寐，舌质红，苔黄或少苔，脉数；血瘀证见经血淋漓不断或突然下血量多，夹有瘀块，小腹疼痛拒按，舌质暗红或舌尖边有瘀点，脉沉涩或弦细；脾虚证见暴崩下血或淋漓不尽，色淡质薄，面色苍白或浮虚，身体倦怠，食少腹胀，便溏，舌胖或有齿印，苔薄白，脉细弱无力；肾虚证见出血量多或淋漓不断，色淡红，头晕耳鸣神倦，腰膝酸软，舌质暗红，苔薄或少苔，脉细数或虚弱无力。

根据症状缓急，按"急则治标，缓则治本"的原则对暴崩下血如注的急宜补气固摄以止血，以免阴竭阳脱；久漏不止当以补气、益肾、清热、活血祛瘀等法。针灸以关元、气海、三阴交、隐白为主穴，其中血热加太溪、行间；血瘀加中极、血海或次髎；脾虚加足三里、脾俞；肾虚加肾俞、太溪。操作：血崩者宜先急救止血，取隐白穴用麦粒灸5～7壮，有虚脱症状者，艾条悬灸百会穴，或刺印堂。如产后血崩，亦可在脐中用隔盐姜灸，可促进子宫收缩，有止血作用。腹部穴一般宜中弱刺激，留针20～30分钟，在留针期间，每隔5～10分钟轻轻行针一次，然后缓缓出针。血崩宜每天针1～2次，漏下应每天或隔天针一次，3～5天为1个疗程。针灸治崩漏比药物快，但取穴和操作手法甚为重要，需视病之虚实，取适当穴位和操作。崩者大多气血已亏，不耐针刺，故手法一般宜轻，要久留针，频频轻捻，并随时观察患者神态。

5. 痛经诸证治气血

痛经是妇科常见疾病，经前及经期痛大多属实，往往由气滞、血瘀、风冷等所致，如《医宗金鉴》云："经前痛为气血凝滞，若因气滞血者，则多胀满，因血滞气则多疼痛。"经后腹痛，大多属虚，《医宗金鉴》所谓："经后腹痛或去血过多，乃血虚也。"

虞老治疗痛经常以四物汤为主方，随症加减。经前及经期痛，痛甚于胀者，多属血凝而瘀，用四物汤加桃仁、炒丹皮、炒五灵脂、炒延胡索、益母草等，虞老常言药用炒者取其焦香而不碍胃；胀多于痛者多属气滞，用四物汤加木香、乌药、香附、砂仁、大腹皮、槟榔等药；酸痛者用四物加炒金铃子、炒延胡索等；属寒者加淡吴萸、上官桂、广艾叶、炮姜、淡附块等；属热者加黄芩、黄连、川柏、丹皮、山栀等；腹痛喜按多属虚寒，用四物汤加小茴香、台乌药、淡吴萸、肉桂等。虞老特别提醒，腹痛拒按应分左右，若在右者用四物汤加败酱草（防有肠痈）等，若在左者用丹皮、赤芍、川楝子、乌药、桃仁等理肝经之气血为主。

经后腹痛，大多属于虚证，虚寒者用四物汤加淡吴萸、炮姜、上官桂等；气血两虚者用八珍汤加乌药、艾叶、香附等。虞老认为气血两虚无力推陈，常挟气滞，故需加香附、乌药等理气之药。腹痛常兼腰骶部酸痛多为奇经虚证，用四物加鹿角霜、杜仲、乌药、炒黑小茴香等。虞老提醒，还有一种痛经，往往见于产后、小产后或刮宫后，损伤冲任督脉，其症状是腹痛喜按，腰酸背痛，形寒无力，经行如崩，或者经行稀少，用通补奇经丸（见《温病条辨》），药用鹿角霜、当归、紫石英、龟板、肉苁蓉、炒黑小茴香（炒黑入肾）、鹿角胶、补骨脂、杜仲、枸杞子、党参等。

6. 经络论治显神效

虞老认为针灸适宜治疗的妇科病证较多，如月经不调、不孕、功能性子宫出血（崩漏）、闭经、痛经、滞产、引产（早妊流产）、妊娠恶阻、产后腹痛、产后胞衣不下、先兆子痫、产后乳汁分泌不足、产后尿潴留、子宫下垂、带下、更年期月经紊乱、急性乳腺炎等。

女子胞属奇恒之腑，然而五脏安和则经血自调。五脏之中尤以肾、肝、脾、心为重。

肾：主藏精，系胞，主肾。《黄帝内经》："肾以系胞，肾气足则天癸行。"

肾经络：足少阴之正，当十四椎，出属带脉，以固胞。肾气虚则子宫发育不良，月经失调，胎气不固。

肝：主藏血，性喜疏泄，肝郁气滞则经候不调，痛经，肝血不足，则经量少，延期经闭（血枯经闭），经行乳房胀痛，乳汁不足。

肝经络：经生殖器，经胁肋，经乳头，故肝气郁可致经行乳房胀痛，肝水不足，肝旺血热则妄行而见月经提前，经量过多则崩漏。

脾胃：脾统血，主运化水湿。脾胃气虚则统之无权而见月经过多，崩漏提前。脾胃虚，生化乏源，可见血枯经闭，延期量少。

脾经络：上行经乳房，故肝胃气滞，见乳房胀痛或乳病。

心：主血，与子宫亦有一定直属联系："胞脉属于心而络于胞中"。心气的盛衰，心血的旺盛，直接影响胞宫的作用；心气虚则月经延期量少，胎元不固，血枯经闭，不孕。

奇经中的冲、任、督三脉，同起于胞而上行：冲脉至胸中而散；任脉行于前，贯心，络脑；督脉行于后，贯心，络脑。

冲、任脉：均起胞中，冲脉出气街，并足少阴而上，下灌三阴，济诸经。

《素问·上古天真论》："二七而天癸至，任脉通，太冲脉盛，月事以时下，故有子……七七任脉虚，太冲脉衰少，天癸竭，地道不通，故形坏而无子。"

故冲任气虚，冲任受损而失调，可引起月经不调，冲任受房劳之损或房事不洁而引起崩漏、带下、经乱、不孕等。

督脉：起胞中，上夹脊入脑，一支脉上贯脊络肾；另一支脉自腹直上贯脐，抵心。

故督脉受损，可引起腰骶酸痛，如刮宫后腰骶痛；相反经常腰骶酸痛者不易受孕。

带脉：当第二腰椎横出围腰一周。作用为提系直行经脉的冲、任、督，以及其他直行经脉。

带脉病则可出现带下，子宫下垂，小产。

治疗原则及常用腧穴如下。

调气血：气海、足三里、中脘、合谷、血海、三阴交、膈俞（肝俞）。

益肝肾：肝俞、肾俞、太冲、血海。

疏肝理气：太冲、行间、期门、中脘。

和脾胃：脾俞、胃俞、足三里、中脘、建里。

清湿热：阴陵泉、地机。

治奇经：关元、中极、大赫、十七椎、命门、维道。

基本主穴：关元、三阴交、肾俞、足三里。

随证加减：如上述。

操作：虚补实泻，腹部穴多加艾条灸以温通气血，和调经脉。腹部穴行运气手法，一般留针 15 分钟，痛经留针 30 ～ 45 分钟。

注意事项：调经一般在经前一周，可一日或隔日一次，经行不针，平时每周两次，连续三个月为一个疗程。痛经在经前一周针，直到经行痛止。

第二节　蠲除急症创六法

中医药是中国人民奉献给人类健康乃至世界文明的至宝。中医药学凝聚着深邃的哲学智慧和几千年的中华民族实践经验，不仅是中华文明的瑰宝，也是中国劳动人民智慧的集中体现。

中医药在治疗急症、重症等方面历史悠久，而作为中医药的重要组成部分，针灸有其独特的理论体系、丰富的临床技术和甚为显著的治疗效果，针灸治疗急危重症，古代文献早有记载，如《史记·扁鹊仓公列传》："其后扁鹊过虢，虢太子死……扁鹊乃使弟子子阳砺针砥石，以取外三阳五会。有间，太子苏"；《黄帝内经》中有专门的篇章论述厥病、热病、内脏急症等，如《灵枢·厥病》有对于厥头痛、厥心痛等急性病的辨证、辨经治疗；《灵枢·热病》记载："热病挟脐急痛，胸胁满，取之涌泉与阴陵泉，取以第四针，针嗌里。"至汉代，张仲景之《伤寒杂病论》中亦有记载针灸治疗急症："阳明病，下血谵语者，此为热入血室也……刺期门。"与"下利手足厥冷、无脉者灸之。"《针灸甲乙经·血溢发衄》曰："尸厥死不知人，脉动如故，隐白及大敦主之"，对各类鼻出血有不同的取穴之法。我国最早的一本急症临床专著——晋代葛洪所著《肘后备急方》中，救急针灸医方有 109 条，而其中应用灸法救急的就达近 100 条，其中用灸治卒中、恶死、昏迷、霍乱吐泻、癫狂、痈疽、犬伤等数十种。宋代《备急灸法》中记载了包括肠痈、突发心痛、昏厥、自缢、急喉痹、难产等 22 种急症的灸法治疗。明代吴又可的《瘟疫论》明确指出急症急攻，数日之法一日行。而杨继洲在《针灸大成·卷九》中曾记载一针灸医案："武选王会泉公亚夫人，患危异之疾，半月不饮食，目闭不开久矣。六脉似有如无，此疾非针不苏。……不得已，即针内关二穴，目即开，而即能食米饮，徐以乳汁调理而愈。"至清代，赵学敏在《串雅外编》中收集了大量民间防治急症经验，专列一"起死门"，其中记载了诸多急救之法，如："急痧将死，将口撑开，看其舌处有黑筋三股，男左女右刺出紫血一滴即愈"。总之，从历代文献记载，说明针灸治疗急症，范围甚广，疗效明确。正如杨继洲在《针灸大成·卷二》对《标幽赋》所注解："拯救之法，妙用者针。劫病之功，莫捷于针灸……又语云：一针、二灸、三服药。则针灸为妙用可知。"由此可知，在治疗某些急症时，针灸的应用可带来迅速而显著的效果。

虞老从事针灸之医教研工作 40 余载，其理论功底深厚，临证经验丰富，针药医术高超，在中医急症领域有颇多经验。现将其治疗中医急症的学术思想及临床经验总结于兹，以飨同道。

1. 醒神开窍法

适应证：主要用于高热等病变，或邪实郁闭的昏厥，或中风神志昏迷等。

厥证属中医内科中的急症之一，临床上以突然发生一时性的神志异常为证候特征。厥之轻者在昏倒不知人事后可于短时间内苏醒，醒后感到头昏乏力，倦怠口干，并无其他明显后遗症。厥之重者可一厥不醒，半日远至一日乃致死亡。本病的特点有急骤性、突发性和一时性。急骤发病，突然昏倒，移时苏醒。往往在发病前有明显的诱发因素，如情绪紧张、恐惧、惊吓、疼痛等，发作前有头晕、恶心、面色苍白、出汗等先期症状。

《黄帝内经》论厥甚多，含义、范围亦较现代广泛，其以暴死为厥，以四末逆冷为厥，以气血逆乱病机为厥，亦有以病情严重为厥。概括起来可分为两类表现：一种是指突然昏倒，不知人事，如《素问·大奇论》曰："暴厥者，不知与人言"；另一种是指肢体和手足逆冷，如《素问·厥论》曰："寒厥之为寒热也，必从五指而上于膝"。《景岳全书·厥逆》总结明代以前对厥证的认识，提出以虚实论治厥证，切中临床。此后医家对厥证的理论不断充实、完善和系统化，提出了气、血、痰、食、暑、尸、酒、蛔等厥，并以此作为辨证的重要依据。

厥证病因多为体质因素、情志因素及暴感外邪等，其病机主要是气机突然逆乱，升降乖戾，气血阴阳不相顺接。正如《景岳全书·厥逆》所说："厥者尽也，逆者乱也，即气血败乱之谓也。"在临床中厥证可以分为实证和虚证。多数情况下，厥证为脱证的前兆，厥证与脱证均是临床中危急病症之一，需要采取紧急救治机制。作为一种危及生命的急危重症，厥证若救治及时，措施得当，则正气来复，逐渐苏醒，反之则延误治机，重则一厥不复。虽然厥证有虚实之分，但其共同之处都是起病急，突然昏倒，不省人事，手足厥冷。故治疗当醒脑开窍。

选穴：十二井穴（或十宣）、人中、涌泉、百会、内关等以针刺，有热者手指穴刺血。

按：虞老认为，若有中风神志昏迷者，在不使患者身体移动的情况下，可先刺十二井穴，有开窍作用，正如《乾坤生意》中所说："初中风跌倒，卒暴昏沉，痰涎壅滞，不省人事。牙关紧闭，汤水不下，急以三棱针刺手十二井穴，当去恶血。又治一切暴死恶候，不省人事，及绞肠痧，乃起死回生妙诀。"取十二井穴，从阳引阴，此称"大接经法"，有接续十二经之功，是首载于《卫生宝鉴》专治中风偏枯之法。近现代医学亦认为手指末梢是动静脉之吻合处，针刺十二井穴或十宣穴搅动指尖的动静脉吻合部的血流，对全身血流，尤其对脑内循环有很大好处，故对脑病休克昏迷中风等有效。另外，在《肘后备急方·治卒发癫狂病方第十七》中记载针刺井穴治疗癫狂之病："治卒狂言鬼语方。针其足大趾爪甲下入少许，即止"，指出针刺脾经与肝经的井穴——隐白与大敦，可治疗神昏谵语、癫狂、惊风等症。井穴取穴简便，均在四肢末端，手脚指甲旁边，便于操作，尤宜于急救之用。水沟穴，又称人中，水沟穴位于"天地"之间的"人"部，上为"阳脉之海"的督脉，下为"阴脉之海"的任脉，具有交通阴阳、醒神开窍、回阳救逆之功效，自古即为醒脑开窍的要穴，可用于治疗各种神志昏迷患者。人中穴治疗晕厥自古有之，《肘后备急方》记载针刺人中以治疗晕厥。在《救卒死尸厥方第二》中记载到："爪刺人中良久，又针人中至齿，立起"，指出针刺人中，并且针尖到达牙齿，能够治疗晕厥，效果立竿见影。而针刺人中治疗急性晕厥的方法亦沿用至今。《肘后备急方》中治疗"救卒客忤死"、"治卒得鬼击方"等类似于现今中风一类的急症，多采用"灸人中三十壮"、"或灸人中下一壮"的疗法，现代研究证明，人中穴下分布有三叉神经和面神经，通过刺激两种神经可以起到促进呼吸，升高血压的作用。

虞老曾于1989年医治一名中风昏迷患者，即刺十二井穴而醒，此后按常规选穴，半月而手足活动。又治一患急性胆囊炎老妇，高热昏迷，先刺合谷、曲池不效，针十宣穴而醒，隔半小时后，温度由39.5℃降至38.5℃，再送医院。又一例妇女年30岁，因夫妻吵架后昏厥，当时口紧闭，目赤上窜，两拳紧握，此乃气厥，虞老以三棱针刺双指中冲，即刻患者醒来。

2. 回阳救逆法

适应证：多指正气暴脱之亡阴、亡阳或阴阳离决之候，临床较多见的有大出血及心衰、肾衰等，其症可见休克、四肢厥逆、大汗出、血压下降等。

选穴：神阙、关元、百会、内关、素髎等为主穴，人中、中冲、涌泉等为辅穴。

按：艾灸通过艾火的特殊刺激方式可激活机体的自身调节，且有着整体快速起效的特点，因此与针刺相比，有其独特优势。《扁鹊心书》就记载："真气虚则人病，真气脱则人死，保命之法，艾灸第一……若四肢厥冷，六脉微细者，其阳欲绝也，急灸关元三百壮。"《伤寒论》也曾提到用艾灸治疗四肢厥逆等急症，即："下利，手足厥冷，无脉者灸之。不温，若脉不还，及微喘者死。多灸气海，关元。"《灵枢·寒热病》中记载了艾灸关元穴治疗大出血及中风寒："身有所伤，血出多及中风寒……取其小腹脐下三结交"。《景岳全书·杂症》："凡用灸法，必其元阳暴脱及营卫气血不调，欲收速效，惟艾火为良"，说明大炷艾灸可治阴阳即将决离之危急证候。虞老就曾用大艾炷隔姜灸神阙穴治疗产后大出血之神志昏迷、面色苍白、四肢厥冷，再服独参汤而血崩止。虞老认为因气虚或产后因子宫收缩不良（即复归不全），不能使子宫正常收缩起到压迫血管止血作用者，灸神阙穴有良效。近代研究素髎穴，对失血性休克者针刺该穴可使呼吸加深、心跳加快，垂体后叶功能加强，血压上升。有人观察针刺素髎、足三里、肾俞，灸关元等均能使肾上

浙江中医临床名家·虞孝贞

腺功能加强，糖皮质类固醇增多。

3.清热解毒法

适应证：外感温邪、湿热等引起的高热，或传染病、疮疖痈肿等。

选穴：大椎、曲池、合谷、委中、曲泽、十宣等。

从中医辨证来看，外感高热以卒感六淫邪毒、疫疠之气为外因，以卫气虚弱、卫外失固为内因，正邪交争为主要病机，其病机特点为外感邪毒内侵，正邪交争，阴阳失衡，导致急危重症，如昏迷、痉、闭、脱等，形成邪实或正虚邪实的复杂证候。

针灸运用在外科疾病中的历史悠久，最早可追溯到公元前的《五十二病方》，其中提到用灸法治疗疣、痈之症；至《黄帝内经》时，明确记载九针中的铍针、锋针等治痛肿时切排、放血解毒，即《灵枢·九针》所述："四曰锋针，取法于絮针，其身，锋其末，长一寸六分，主痈热出血。五曰铍针，取法于剑锋，广二分半，长四寸，主大痈脓，两热争者也。"说明诸多外科病证可采用放血疗法以清热解毒。至明代，薛己在所著《外科发挥》中善用砭灸法治疗疮疡疖肿等外科病，其不仅继承前人实践经验，更有其独特的见解，例如，对虚证持慎重态度，在其《疬疡机要》中，薛己认为因兼心虚者不能砭刺，待进补药后，元气渐复才可行砭刺；且薛己重视针灸与药物的配合使用，例如治疗咽喉肿痛，又兼发热便秘者，其主张解表攻里同施，刺患处或刺少商穴的同时合用清膈利咽散，以达到清热解毒、解除危急的目的；又认为灸能补阳促脓。汪机在《外科理例》医案中有 167 例针灸治疗，其中有先用砭法出血治疗者，亦有用隔蒜灸以拔毒清火者。夏春农《疫喉浅论》治疗喉病实证治疗手段有三法：少商针刺放血；风府、背俞、曲池、间使等刮穴；药物探吐。清代徐灵胎云："治喉蛾者，若欲速效，必用外治（针刺）之法，因其通神入妙，何必内治，此外治之最在也。"

按：虞老认为外感引起的红肿热痛之症，宜在上述所列穴位中选取合适者采用放血之法，能迅速起效，清热解毒而退热止痛；如其临床治疗数例急性扁桃体炎而咽喉疼痛、高热，均以三棱针刺少商出血数滴，再用筷子把三棱针接长，浅刺扁桃体 5～6 针使出血吐之，用淡盐汤漱口后喷以锡类散，合谷泻法留针，收效甚捷。又如急性乳腺炎初期，乳房红肿胀痛，乳汁不畅，身发高热，虞老认为先刺少泽出血，然后取合谷、曲池、大椎等穴，采用泻法并留针，再在背部与乳房患侧相对应处三棱针散刺 10 多针，然后拔罐出血，迅速退热消炎止痛。另外，再在乳房患部用熨法可使乳汁畅通。又治头部多发性疮疖，若抗生素不效，可在委中刺血，曲池、大椎、风池均行提插捻转泻法，间歇留针30分钟，往往3～5次可治愈。

4. 息风解痉法

适应证：肝火蒸腾，痰浊阻络，气郁闭遏或高热引动肝风，出现抽搐。

选穴：四关（合谷、太冲）、曲池、阳陵泉、人中、印堂、百会，伴高热者刺大椎、风池、风府。

《素问·至真要大论》曰："诸风掉眩，皆属于肝""诸暴强直，皆属于风"。因此，对于肝风内动所致的抽搐，可运用针灸以柔肝息风止痉。肝为风木之脏，体阴而用阳，其性刚烈，肝气易于亢逆，肝阳易升动，阳亢则伤阴，内外因素干及肝脏，均可致肝风。吴鞠通在《温病条辨》中言："以久病致痉而论，其强直背反瘛疭之状，皆肝风内动为之也。"而小儿尤易出现急慢惊风等抽搐。小儿虽充满生机、发育迅速，但幼儿之脏腑，成而未全，全而未壮，赖先天元阴元阳之气生发、后天水谷精微之气充养，因而其脏腑娇嫩，形气未充，可因心肝火盛、痰浊、高热而生风，发为惊风，虞老认为对此抽搐之急症，宜行息风止痉之法，针灸可取四关、曲池、阳陵泉、人中、印堂、百会等穴，如伴高热则刺大椎、风池、风府等穴，同时结合中药治疗，收效迅速。正如《玉龙歌》中所说："孩子慢惊何可治，印堂刺入艾还加。"在针刺手法上，虞老一般采用平补平泻之法，亦可遵杨继洲之"急惊泻，慢惊补"之训。虞老治疗此症甚多，但多不拘于一法，或针，或灸，或汤剂，或取其二三而用之，最要紧的是辨证之准确。正如《古今医鉴》曰："慢惊慢脾逆恶之候，急惊搐搦暴烈之证，大抵急惊易疗，而慢惊难痊，至于慢脾危笃之疾，虽神工妙手，莫易治焉。医者宜分急、慢、脾风三证，要察虚实冷热四候，慎勿混于一途而治。故曰：虚则补之，实则泻之，冷者温之，热者凉之，是为活法。又曰：化而裁之存乎变，神而明之存乎人，此之谓也。"

虞老临床曾治一患乙脑致高热呕吐的3岁男孩，其住传染病医院一个月，因病势脱险而出院，但却遗留四肢不时抽搐，哑不能言，项强，不能端坐。虞老观其舌红糜烂，乃热毒未尽之象，此乃肝风未平之故，故以清热解毒、平肝息风为治则，佐以开窍。针刺其风府、风池、百会、大椎、肩髃、曲池、合谷、腰阳关、环跳、阳陵泉、绝骨、太冲等穴，诸穴平补平泻，不留针。同时予中药口服，如地龙、鳖甲、金银花、连翘、玄参、天花粉、知母、麦冬、生地、芦根、甘草等，每日一剂，经一个月调治而愈。又一例小孩，2岁，因久痢引起慢惊风，该例晨起昏睡不起，时时抽搐，已达3个小时，面色苍白，头项四肢呈间歇性抽搐，无发热，指纹清淡，苔薄白，证系久痢伤脾损及正气，脾虚则肝木必强，肝风内动，筋急而成慢惊风，急则治标，先于定惊苏厥。

处方：印堂平补平泻，捻转 1 分钟起针，继用麦粒灸 7 壮灸气海，灸毕 20 分钟后，搐止目张，神志清醒而索食。

5. 利尿通淋法

适应证：肾虚、下焦湿热、膀胱气化失司之尿闭、尿淋。或因产后、术后之小便癃闭。

选穴：中极或关元，阴陵泉、三阴交、神阙、秩边等。

针法：关元沿皮透中极（不可直刺），用捻转法，中等刺激，使针感下传，留针时旁用艾条温灸 20 分钟，配穴：阴陵泉、足三里、三阴交。如针关元不便，可针秩边，用三寸长针，针尖微偏内上方，使针感前达小腹或尿道。

利尿通淋法一般用于尿闭、尿淋，即现代医学所指尿潴留。尿潴留可分为三类：其一，反射性尿潴留，指盆腔、直肠、会阴等部位，由于炎症、创伤或手术（如产后、术后）时的疼痛刺激引起膀胱括约肌痉挛所形成的尿潴留；其二，神经支配性尿潴留，如脑血管意外等所致。上述二种均属非阻塞性尿潴留；其三，阻塞性尿潴留，系指下部尿路及其外周组织，由于炎症、肿瘤等机械性阻塞所致。如膀胱结石、肿瘤、前列腺肥大等。虞老认为非阻塞性尿潴留是针灸适应证，尤以反射性者为佳。多数起针后立即或半小时至一小时后排尿，通常 1 ～ 2 次即愈。产后、术后效果均很显著。亦治疗中风后、年老临终前心肾衰竭、截瘫伴发尿潴留等，有的亦一次见效，有的需待数次才见效。

东汉·张仲景在《金匮要略·妇人妊娠病脉证并治第二十》中记载："妇人伤胎，怀身腹满，不得小便，从腰以下重，如有水气状，怀身七月，太阴当养不养，此心气实，当刺泻劳宫及关元，小便微利则愈。"早在仲景时就已提出针刺劳宫、关元穴可以治疗便闭；孙思邈在《备急千金要方·卷三十》中指出秩边可治癃闭："秩边胞肓主癃闭，大小便难。湿热蕴郁，阻滞下焦，膀胱气化失司所致证候"；《圣济总录·针灸门》在关元穴用灸法治疗转胞便闭："关元穴，灸一七壮，主转胞不得小便。"《普济方·针灸》则根据便闭不同类型分别采用不同穴位配伍治疗："穴中封、行间治腹胀小便血癃。穴中极、承扶治小便不利癃。穴长强、小肠俞治癃闭下重。关元、涌泉治淋癃。穴关元、阴陵泉治癃闭阴痿。"中极和关元两穴多用于治疗下焦之证。其中，中极为膀胱经募穴、足三阴与任脉之会，取中极可疏理下焦膀胱气机，助气化以通利水道。而关元为小肠募穴，善于振奋元气，可助膀胱气化、通利小便。阴陵泉是脾经的合穴，五行属水，应于肾，因此有健脾化湿、通利三焦之功效，如《百症赋》云："能开通水道"，大凡是涉及内脏水湿之疾，取之有消源导流利水之妙；三阴交系足太阴脾经、足厥阴肝经、足少阴肾经三经之交会穴，故取此穴可三经并调。《普济方》云："主小便不利。"针灸以调肺、肾、膀胱及三焦之气来清热利水通淋。诸穴合用，共奏利尿通淋之功。

虞老曾治疗一例剖宫产手术后十三天不小便者，其在医院中曾经导尿及服利尿药，后因尿路感染无法导尿，以秩边配阴陵泉、足三里，连针三天而愈。又一80岁老妇因久病心肾功能衰竭，小便潴留，患者为之所苦，虞老用前法针灸半小时后，小便即通。

6. 泻痢导滞法

适应证：肠腑积滞，湿热内阻，痢下赤白或急性吐泻。

选穴：神阙、天枢、下脘、气海、委中、止痢穴，有吐者加内关。

腹痛泄泻者往往于止痢穴（阴陵泉及三阴交连线的中点）有明显压痛，该穴近脾经郄穴地机，郄穴善治急性病痛，有惧怕腹部针刺者，可取此穴采用针刺或艾灸的方法治疗，亦可收效。关于腹部穴的针刺深浅要根据病情轻重缓急辨证施治，方能中病。虞老认为，一般调理轻证，只要浅刺多捻，补法不留，以捻转法针感舒适为佳。如遇胃肠急性吐泻，则宜深刺（2～2.5寸）、重刺方可奏效。《灵枢·邪气脏腑病形》云："刺急者，深内而久可留。"《灵枢·胀论》："针不陷肓，则气不行。"说明急性病症针可稍深，才能推动气机而愈病。通过实践，经旨可宗。

虞老曾医治一位30岁女性，其晚饭后即感脘腹胀满不舒，当夜十时脘腹急痛，上吐下泻，见患者双手按腹蜷卧，四肢不温，面色苍白，泄泻物清稀秽臭，舌苔白腻，脉濡紧，可知其因饮食不洁，伤及肠胃，升降失司，清浊不分而发病，于是以温中散寒为则，取腹部穴，即脐四边的下脘、天枢、气海，配足三里、止痢穴、内关。同时在脐腹部穴用艾条温灸，50分钟后患者病症缓解。

此外，虞老治疗急症时尚有宣肺定喘法、行气止痛法、祛瘀止血法等。

第三节　是动所生分虚实

"是动病"和"所生病"是两个非常重要的概念，对理解内经针灸非常重要，是经络辨证的基础。经络证见《灵枢·经脉》的每一条经的"是动所生病"

浙江中医临床名家·虞孝贞

部分。例如：肺手太阴之经……是动则病肺胀满膨膨而喘咳，缺盆中痛，甚则交两手而瞀，此为臂厥。是主肺所生病者，咳上气，喘喝，烦心，胸满，臑臂内前廉痛厥，掌中热。气盛有余，则肩背痛，风寒汗出中风，小便数而欠。气虚则肩背痛、寒，少气不足以息，溺色变。

张志聪注：是动病乃经脉发病，殃及脏腑——病因于外；所生病乃脏腑有病，延及经脉——病因于内。即认为是动病的主要症状表现为经脉病，而所生病的主要症状表现是脏腑病。

当然，经脉病和脏腑病不能截然划分，十二经脉的"是动所生病"很难划成脏腑病与经络病。总的理解是：经脉病可影响脏腑，脏腑病亦可影响经络。我们根据经络所过证候所现的原则，根据经络循行的内外线就可以理解。如以肺经为例，咳喘、气逆、吐痰、口渴、胸痛或痰中带血、潮热、气短自汗等，可称所生病，即内脏病；肩背痛、寒，臑臂内前廉痛，掌中热，缺盆中痛可称是动病，即本经病。但两者随着病情的进展可互相影响，只不过是不同病情阶段，两者相对独立。

虞老将这两个概念与针灸临床结合，分清虚实，直截了当地将虚实、病证、治疗、取穴展现给读者，具有重要的临床应用价值。

虞老认为是动病与所生病总的原则是"经络所遇，病候所在"。

经络病主要指肢体经脉病，不外该条经脉所过处的痿痹之疾，而在循行至头面五官处则主要包括头痛、项强、齿痛、咽痛、鼻衄、鼻鼽、目黄或赤痛、耳聋、耳鸣等症。脏腑病主要包括本脏腑病，即根据脏腑生理、病程所呈现的症状。累及他脏病，即表现出脏腑络属和内行线所联系的脏腑病证。

十二经脉所见经络、脏腑病证及治疗取穴归纳如下：

1. 肺与大肠

（1）肺　肺居胸中，开窍于鼻，司呼吸，主一身之气，为清肃之脏，外合于皮毛。根于肾，脾所养，络大肠。

脏腑病（虚证）：证见咳嗽、咽干、痰中带血、潮热、盗汗等肺阴虚证。可取手太阴、足少阴经穴，该证因肾虚及肺，故取太溪、太渊等。亦可见气短、自汗等肺气虚证，可取手太阴、阳明、任脉经穴，如阴陵泉、足三里、气海等。针用补法。

脏腑病（实证）：因肺气失宣所致，见寒热、皮肤痛、鼻塞、咳喘、气逆、吐痰、鼻煽、胸痛、口干等症。取手太阴、阳明经穴：尺泽、鱼际、少商、合谷、迎香、曲池、列缺等。针用泻法。

经络病常因风寒湿所伤，证见肺经循行部位酸痛拘急、痿软、麻木不仁、肩臂痛，可取本经及附近腧穴，如尺泽、列缺、中府、云门等。亦可见因热邪上冲所致鼻渊、鼻衄、喉痹、缺盆中痛等，取手太阴、阳明经穴，如鱼际、少商、合谷等。

（2）大肠 传导之腑，职司传导糟粕，与肺、脾、胃关系密切。

脏腑病（虚证）：证见久泻、久痢、脱肛，取足阳明、足太阳背俞穴，如大肠俞、肺俞、上巨虚。针用补法。

脏腑病（实证）：证见腹痛、泄泻、肠鸣，或大便秘结、里急后重等，取手阳明、足阳明经穴，如曲池、足三里、天枢、上巨虚。针用泻法。

经络病多系风寒湿痹阻，证见沿经脉循行部位发生酸、痛、麻，多取局部或上肢穴：肩髃、臂臑、曲池、合谷。亦可因大肠之火循经上冲，见齿痛、龈肿、颊肿、口臭，脉滑数，舌红苔黄，可取手阳明之合谷、曲池穴等。

2. 脾与胃

脾胃对饮食有受纳、腐熟、消化吸收、转输的功能，其中又有脾主运化，胃司受纳，脾以上升为顺，胃以下行为顺的区别。故其病变都是这些功能的失调，因此在治疗时健脾者必和胃，常需两者兼顾。脾又有统血作用，如脾虚统摄无权，可见女子崩漏。另脾与肾有密切关系。

（1）脾 脏腑病（虚证）：证见面色萎黄、懒言少气、肢倦乏力，久则阳气不振，可见腹满、便溏、四肢欠温、足跗浮肿，舌淡苔白。多取本脏俞穴、募穴与足太阴、足阳明经穴，如大横、天枢、足三里、阴陵泉。针用补法或灸。

脏腑病（实证）：多系湿滞交阻，证见大腹胀满，或有压痛；或系湿热蕴结，证见肤黄尿赤，中焦痞满。治宜取足太阴、阳明经穴为主，如太白、公孙、阴陵泉、内庭、陷谷、水道等，针用泻法。

经络病多因风寒湿痹，多证见股内侧引髀及两胁痛，膝内侧痛，四肢痿痹不仁（脾经经络病主四肢）。中风、半身不遂、舌强不语亦同属脾经经络病（脾经循行上膈挟咽连舌本，散舌下），取脾经穴血海、阴陵泉、三阴交以外，再加足阳明经穴如髀关、伏兔、足三里等。

（2）胃 脏腑病（虚证）：多证见胸脘微痞，不思纳谷，有时嗳气，乏力，唇舌淡红，脉右关软弱。可取本腑背俞穴、募穴及足阳明经之足三里为主，采用补法多灸。

脏腑病（实证）：系胃热则消谷善饥，口渴引饮，若食滞，则脘腹胀闷，甚则疼痛拒按，舌红苔黄。取足阳明经荥穴内庭，足少阴经太溪用补法，仅针不灸，足太阴经之阴陵泉、三阴交以和胃健脾利湿，可配合中脘，呕吐配手厥阴经之内关。

经络病，多系火热或风寒湿热所伤，可见恶寒、恶人与火（阳明热盛烦躁之象）、易惊、谵妄（胃经经别贯心，故胃有热则生谵妄）、潮热、狂疟、温淫（阳明热胜则狂，风胜则疟，温淫，为发高热之温病）、唇疹、口㖞、目不合、面筋拘急、面痛、失枕（即落枕）、齿痛颊肿（胃气上逆）、口噤不开、鼻渊、鼻衄（经脉起自鼻旁）、缺盆中痛、乳肿痛（胃经循行所过之处）、半身不遂（《黄帝内经》有治痿独取阳明之说）、髀股前廉痛、膝膑肿痛、胫外侧及足背痛、足缓不能任地（均为经脉循行所过之痹痛）。治疗时随症取穴：热甚取手阳明曲池、合谷和督脉大椎穴；挟痰见狂加丰隆；面部病症取手阳明之合谷，足阳明之颊车、地仓、四白；口噤取足阳明之下关、颊车；鼻渊、鼻衄取迎香、合谷；乳痛取足少阳肩井、手阳明合谷；下肢经络病取髀关、伏兔、犊鼻、足三里等。

3. 心与小肠

心居胸中，经脉下络小肠并相表里，与肝、脾、肾、肺等脏有密切关系。心主血脉，主神明，开窍于舌。

（1）心　脏腑病（虚证）：多因气血不足所致，证见面色不华，怔忡不宁，失眠健忘，形寒肢冷，脉沉结代等。亦可见痴呆寡言、善悲，或神昏妄言，可取手少阴之神门、通里，手厥阴之内关，针用补法。

脏腑病（实证）：多因痰火扰心所致，证见惊狂不寐，喜笑不休，可取手少阴、厥阴、太阳经为主，如少冲、少府、大陵、后溪等，兼取手阳明之合谷。

经络病，证见胸痛，上肢内侧后廉痛，手小指不用。治疗取极泉、少海、神门等局部穴。

（2）小肠　小肠上接幽门，下接阑门（盲肠）与大肠相通，与心表里，功能泌别清浊。小肠经少见虚证。

脏腑病（寒证）：大多由饮食伤中，证见肠鸣泄泻，小便短少，腹痛喜按，脉迟苔白。治疗取俞募穴、下合穴为主，即关元、天枢、足三里，针灸并用。

脏腑病（热证）：多因心火下移所致，证见小便热赤，或涩痛，心烦口渴或口舌生疮，小便带血，脉数，舌尖赤等。治疗取手少阴、手太阳之通里、少府、前谷、后溪等，针用泻法。

经络病，证见目赤（心脉上系目，心火上炎所致），咽痛颔肿（心火内炎则心液耗，故咽痛），耳鸣耳聋（经脉入耳），头项强痛，臂痛不举，痛引肩胛，上肢外侧后缘痛，上肢痿痹等。目赤取少冲或少泽，近取太阳、攒竹（放血）、球后等；咽痛颔肿取足少阴肾经之太溪；耳鸣耳聋取手太阳经之听宫，远取手少阳之外关；上肢经脉病，局部循经取穴，如肩贞、后溪。

4. 肾与膀胱

（1）肾　肾位于腰部，主水，藏精，主骨生髓，为先天之本，开窍于耳及二阴（前阴、后阴），与膀胱互为表里，与肝、心、肺、脑等密切相关。肾病多虚。

脏腑病（阳虚）：证见阳痿早泄，溲多遗尿，腰膝酸楚，头昏耳鸣，面㿠畏寒，脉弱舌淡。治疗取背俞、任脉、督脉腧穴，如气海、关元、命门、腰阳关等，针补多灸。

脏腑病（阴虚）：证见形体瘦弱，盗汗潮热，心悸，失眠，头昏耳鸣，多梦遗精，口干，腰腿酸软，或见咳嗽痰血，脉多细数，舌红少苔。治疗取背俞、足少阴肾经之太溪、照海，兼取足厥阴之太冲、行间，手太阴之尺泽、太渊，单针不灸。

经络病，证见腰腿酸软，胕肿，足跟痛，下肢内侧痛等。治疗取肾俞、太溪、照海，配以然谷、三阴交等穴。

（2）膀胱　膀胱位于下腹部，司小便，为津液之腑，与肾互为表里，病理变化多为肾的气化功能失调导致膀胱的启闭失常或湿热蕴结。

脏腑病（虚寒）：证见小便频数，或遗尿，脉弱苔滑。治疗取俞募穴，如任脉之气海、关元等，针用补法加灸。

脏腑病（湿热）：证见小便短涩不利，色黄赤，甚或癃闭或兼砂石，茎中热痛，少腹急胀。治疗取本腑俞募穴及任脉之气海，足三阴经之阴陵泉、三阴交、行间等。

经络病，多因风寒外邪所伤，证见鼻塞头痛、项强、目胀痛、发热恶寒，可取天柱、大椎、合谷。甚则可出现抽搐，角弓反张，癫狂等，取四关、大椎、风府等。抑或风寒湿痹证，多以局部取穴，如髀枢痛取足少阳经之环跳；腰痛取肾俞；一般取秩边、殷门、委中、承山。

5. 心包与三焦

（1）心包　心包是心之外围，具有保护心的作用，故曰代心受邪，其症状多与心同。经脉历络三焦。

脏腑病，证见及其治疗与心相同，心血管病治疗取内关、间使、郄门等；神志病取间使、大陵、神门、中冲等。

135

经络病，证见心胸痛引腋下，心烦，腋肿，上肢不遂，痿痹，手颤动，臑臂内侧痛，手掌发热。治疗取内关、曲泽等，手颤动可加手三里。

（2）三焦　三焦是上、中、下焦的总称，职司一身之气化，人体内脏功能活动，诸如气血津液的运行布化，水谷的消化吸收，水分的代谢都赖以气化作用而维持正常的活动，所以是概括了上、中、下三焦所属脏器的整个气化作用。三焦与肺、脾、肾、膀胱等脏腑密切相关。

脏腑病（虚证）：多因肾气不足而导致三焦气化不行，证见肌肤肿胀，腹中胀满，气逆肤冷，或遗尿，小便失禁，脉沉细弱，苔白滑。治疗取俞募穴及三焦下合穴委阳，兼取任脉水分、关元、气海等以温肾阳。针补并灸。

脏腑病（实证）：多由湿热蕴结于里，水湿潴留体内，证见身热，气逆肌肤肿胀，小便不通，脉滑数，舌红苔黄。治疗取俞募穴及下合穴，用泻法，单针不灸。

经络病，头痛、眩晕、耳聋、耳鸣、耳后痛、胸胁痛，或见肩臂外侧痛，无力不举。治疗取本经穴中渚、外关、支沟等，痹证取肩髎、天井、外关、中渚等。

6. 肝与胆

（1）肝　肝居于胁，为风木之脏，内属相火。肝藏血，主筋，主疏泄，性喜条达，开窍于目，与胆互为表里，与肾之关系最为密切，多实证。

脏腑病（实证）：因气滞血瘀致使精神抑郁，胸胁胀满，嗳气口苦，善太息，喉中梗阻，治疗可取本经经穴，如期门、太冲、背俞穴、任脉之中脘、足阳明之足三里、手厥阴之内关。或因肝阳上亢致使头晕目眩，面、目赤，头痛，耳鸣，心烦易怒，脉弦，苔黄舌红，取本经穴为主，如太冲、行间，配胆经风池、侠溪。抑或肝风内动，可见面热，神昏，谵语，抽搐，甚则角弓反张等症，取本经大敦、太冲、督脉之百会、水沟；治神昏配十二井穴。

脏腑病（虚证）：证见目无所见，耳不聪，善悲，夜盲，少寐多梦。治疗取肝俞、肾俞、足少阴之太溪、照海。

经络病，证见疝痛，睾丸偏坠，少腹胀痛，治疗取太冲、大敦，任脉之关元、中极，足太阴之阴陵泉。或见下肢痹痛麻木，取本经局部穴，如阴廉、曲泉、中封、太冲等。

（2）胆　胆为中精之腑，贮藏胆汁。

脏腑病（实证）：可见胆火亢盛，证见头痛、眩晕、目赤、口苦、耳聋、耳鸣、胁痛、呕吐苦水，脉弦，黄疸，高热往来。取本经之丘墟、侠溪及足厥阴肝经之行间、太冲；手少阳之外关、支沟，针泻不灸。

脏腑病（虚证）：证见胆怯，易惊善恐，或夜寐不安，视力模糊，夜盲，脉细弱，苔白滑。治疗取背俞穴，如肝俞、胆俞、肾俞；手少阴之神门，针补或灸。

经络病，多属火邪上冲，可见耳鸣、耳聋、耳后及目锐眦痛、眩晕，治疗取手少阳外关、支沟、中渚；足少阳经脉循行路线上的陵下穴。或见下肢外侧痿痹，取本经环跳、阳陵泉、绝骨。

第四节　五行八卦决生死

1. 生长毁灭质量互变的五行生成规律

五行的生成规律，是指十天干所代表的五行属性，因为十天干各自分配着五行，如甲乙属木，丙丁属火，戊己属土，庚辛属金，壬癸属水。其中又分为阴阳，如甲丙戊庚壬属阳，乙丁己辛癸属阴，所以十天干所属的五行，每两个天干的属性相同，而有阴阳的区别，如甲木属阳，乙木属阴，丙火属阳，丁火属阴等，根据阳尽则阴生，阴尽则阳生，阴阳互为消长转变的规律，把十个天干所属的五行，分配在十二个地支所属的方位，五行及所代表的时令季节等方面。每一个天干的五行都有从生到死的生长毁灭的过程，阳生就是阴死，阳死就是阴生，例如甲木生于亥死于午，乙木生于午死于亥，丙火生于寅死年西，丁火生于西死于寅，戊土生于寅死于西，己土生于西死于寅，庚金生于巳死于子，辛金生于子死于巳，壬水生于申死于卯，癸水生于卯死于申。像这样的阳生阴死，阴生阳死，它和十二地支的配合，是结合了自然现象，各有其一定物质基础来作为根据的。举例来说，如丙火生于寅死于西，丁火生于西死于寅，只要明白火的阴阳和刚柔的属性，结合自然现象，就很容易理解，因为丙是阳火，可比拟为太阳的光热，丁是阴火，可比拟为灯火或星光之类，黎明寅时是日出的时候，太阳的光热从此逐渐增强，到中午之后，逐渐减弱，夕阳西下，到傍晚西时，是日入的时间，寅是东方，西是西方，从寅时到西时，是太阳的光热从生长到毁灭的过程。所以说，丙火生于寅死于西。当大地已黑暗的时候，天空会出现星光，也是灯火明亮的时候，直到第二天黎明寅时，太阳重新出来了，此时已无星光，灯火也已熄灭而无需要，也就是从西时到寅时，是星光和灯火由生长到毁灭的过程。所以说，丁火生于西死于寅。这主要就是说明了阳生阴死，阴生阳死的阴阳互为消长的道理。

浙江中医临床名家·虞孝贞

图 5-1 十二地支方位
示意图

其他每一个天干的五行阴阳生死，也都可以联系到自然现象和时令季节等方面分别来加以说明，这里暂从略。

十天干五行的阴阳生死，和十二地支的配合方面，不但是联系到自然现象各有其物质基础作为根据，而且在配合方面也是有着完整的系统，有条不紊。要说明这一点，我们可以先把十二地支的方位，排列如图（图 5-1），就比较易于掌握其中的规律了。

从十二地支的方位，每一方的第一字，亥寅巳申，都是阳干的生处，每一方的当中一字，如子卯午酉，都是阳干的死地。相反的，这些子卯午酉，属于阳干的死地，也就是阴干的生处，亥寅巳申等阳干的生处，也就是阴干的死地，其中不论是阳干或阴干，从生到死，排列的顺序都是很整齐的，也就是说，从每一个天干的生处顺序数到第四第五个地支都是这一个天干的五行当旺之处，天干和地支的五行必是相同的，数到第八个地支也必是这一个天干的死地，这可以说是固定不变的。不过，阳干是从左向右顺数，阴干是从右向左逆数，阴阳的循环往复，绝无差错。

具体地说，根据天干所排列的先后顺序，例如阳干甲木生于亥，从亥字自左向右顺数，亥子丑寅卯辰巳午，这里的第四第五个字是寅卯，第八个字是午，寅卯属木，是春木当旺之地，和天干甲木的属性相同，午是甲木的死地。相反的，阴干乙木生于午，从午字自右向左逆数，午巳辰卯寅丑子亥，这里的第四第五个字是卯寅，第八个字是亥。卯寅属木，是春木当旺之地，也和天干乙木的属性相同，亥是乙木的死地。又如阳干丙火生于寅，顺数到第四第五个是巳午二字，第八个是酉字，巳午是夏火当旺之时，和天干丙火的属性相同，酉是丙火的死地。阴干的丁火生于酉，从酉字逆数到第四第五个字是午巳，第八个是寅字，午巳属火，和天干丁火的属性相同，寅是丁火的死地。其他如阳干的戊土生于寅，旺于属火的巳午，死于酉，阴干的丁火生于酉，也旺于属火的午巳，死于寅。阳干的庚金生于巳，旺于属金的申酉，死于子，阴干的辛金生于子，也旺于属金的酉申，死于巳，阳干的壬水生于申，旺于属水的亥子，死于卯，阴干的癸水生于卯，也旺于属水的子亥，死于申，都可以按照顺数或者逆数的次序去计算，也都是一致的。

由此可见，十天干所属的五行，由初生到壮，由壮而渐衰至死，阳生阴

138

死，阴生阳死，其质量的互变，虽是错综复杂，但有着一个统一的规律。子午流注的按时取穴，以十天干配合着十二经，从阳经到阴经，从阴经到阳经，就是根据阴阳五行生死的规律，在这个基础上结合五行生克制化等关系，来运用在治疗方面，所以子午流注的开穴时间虽是错综复杂，但始终是有着一个完整的统一性。

2. 一掌经的推算法

一掌经是用一只手的指掌，以一种简单的方法来计算复杂的问题，因它能把繁难变为容易，所以也称为易掌经。子午流注在分别六十六穴的五行属性，按时开穴以及计算时日等方面，都是比较复杂而不容易记忆，在没有熟练之前，运用上就难免有一定的困难，但都可以通过一掌经的简便方法，变为易学易用，而可以得心应手，很快地计算出来。不过这种所谓一掌经，在医籍上并无记载，大都是根据一个人的经验，熟能生巧，而摸索出了这一种推算的捷径，所以它没有成法，每个人的推算方法也各不相同，现在把虞老多年来研究的心得，先介绍两种推算法如下：

（1）推算六十六穴五行属性的方法，可以用右手练习，以右手的五指，去分别代表着木火土金水的五行，如图（图5-2）：

图 5-2 用五指代表五行

在练习的时候，首先要牢记五个手指所代表的五行，如拇指属木，食指属火，中指属土，无名指属金，小指属水，要练习到不假思索，能立刻说出某一指是属于哪一个五行，然后再按五个手指的顺序，牢记着井荥输经合五个字，也就是说，拇指是井穴，食指是荥穴，中指是输穴，无名指是经穴，小指是合穴，也要做到不假思索，能立即说出某一指是属于哪一个穴，这样经熟练之后，穴位的性质和五行就可以结合在一起而熟记了。

例如，点到中指，就可以知道它是属土的输穴，小指是属水的合穴，然后再把六条阴经的三十个穴位，每一经的五穴，把穴名的第一个字联起来，编成一个口诀，例如肺经的口诀，是少鱼太经尺五个字，也就是少商、鱼际、太渊、经渠、尺泽五个穴名的简称，把这五个字读熟了，口中顺序地默念着，五个手指也就顺序地点过去，例如念到第三个字是太渊穴的太字，手指却正点着第三指的中指，就可以知道太渊穴是属于输土穴。又如念到第五个字是尺泽穴的尺字，手指却正点着第五指的小指，就可以知道尺泽穴是属于合水穴。这样，只要把六条阴经的穴名，编成六句口诀，一边口中念着，一边点着手指，这三十个穴位，就很快地可以说出它所属的五行和井荥输经合的属性了。关于六条阳经，也可以编成六句五字诀，每经的原穴，可不计在内，另行熟记。例如，大肠经的五字诀，是商二三阳曲，也就是商阳、二间、三间、阳溪、曲池五穴的简称，它是按照井荥输经合的顺序排列的，所以第一字就是井穴，第二字就是荥穴，练习熟了，也就可不假思索，立即说出每一穴是属于哪一个腧穴，不过要计算每一穴所属的五行时，应该把每句口诀第一个字，从属金的第四指数起，第二字是点在属水的小指上，第三字点在属木的拇指上，第四字是属火的食指，第五字是属土的中指，因为第四指的五行属金，照这样的顺序计算，也就是金水木火土，可见第一个井穴的五行是属于金，接着是荥穴属水，输穴属木等，这样就可以把各阳经的三十个穴位、五行属性，很快地推算出来，每条阳经有一个原穴，它所属的五行，是和输穴相同的，所以可不计在内。

图 5-3　左手四指分配十二地支

（2）推算子午流注逐日开穴的时间，可以用左手四个指头，分配着十二个地支，作为推算的捷径，十二地支的排列如图（图 5-3）：

在练习的时候，不妨在手指上如图一样写着十二个字，用左手的拇指，顺序分别去点着每一个字，同时在口中念着子丑寅卯辰巳午未申酉戌亥，要熟记到手指点着某处，就随口能说出它是哪一个地支。按地支排列的顺序念熟了，再要练习逆数，也就是从亥字点起，口中念着亥戌酉申未午巳辰卯寅丑子，也要熟记到手指点着某处，能够随口说出它是哪一个地支。这样练习熟了之后，其次就要熟记十个天干的顺序，即甲乙丙丁戊己庚辛壬癸，同时还要熟记每一个天干所属的十二经，也就是甲胆、乙肝、丙小肠、丁心、戊胃、己脾、庚大肠、辛肺、壬膀胱、癸肾，这种十天干所代表的经脉，在子午流注开穴时间上的应用，极为重要，所以必须熟记，要练习到对每一个天干都能够不假思索地立即说出它是何经，如癸字就是肾经等。因为子午流注开穴的时间，不论在哪一个时辰，时辰的天干是什么，必定是这一个天干所代表的经脉开穴，例如戊子、戊寅、戊辰、戊午、戊申、戊戌等时辰开穴，所开的必定都是胃经的穴。又如癸丑、癸卯、癸巳、癸未、癸酉、癸亥等时辰开穴，所开的也必定都是肾经的穴位，其他每一个天干都可以仿此类推。如甲的时辰所开的必定是胆经的穴，乙的时辰所开的必定都是肝经的穴等。了解了这一个基本的原则之后，按时循经取穴，就必然会便利得多了。

在推算开穴时间的时候，还有一个重要的原则必须记住，因为在每一天中，不论是阳经或阴经，必定都是按照井荥输经合的顺序开穴的，明白了这一点，就可以运用手指在指掌上很快地推算出来了。推算的方法，例如甲日是从甲戌时开穴，为胆经的井穴开始之时，只要把拇指点在食指的戌位上，口中念着甲戌，因为甲是胆经，第一个穴位是井穴，就可以知道此时所开的是胆经的井穴足窍阴。开过井穴之后，第二个必是荥穴，因为甲是阳干，承接着也必是阳干开穴，甲以后的阳干是丙，把拇指点在中指的子字上，就是丙子时，丙属于小肠经，可见此时所开的就是小肠经的荥穴前谷。接着所开的是输穴，用拇指点在小指的寅字上，口中念着戊字，戊是胃经，可见戊寅时所开的是胃经的输穴陷谷。继输穴之后即开经穴，用拇指点在小指的辰字，口中念着庚字，庚是大肠经，可见庚辰时所开的是大肠经的经穴阳谷。继经穴之后所开的是合穴，用拇指点在无名指的午字上，口中念着壬字，壬是膀胱经，可见壬午时所开的是膀胱经的合穴委中。照这样的方法去推算，其他乙日丙日丁日等开穴时间，都可以很快地推算出来。乙日是从酉时起算，为肝经始开井穴大敦。接着是丁亥时，开心经的荥穴少府，接着是己丑时，开脾经的输穴太白等。而丙日是从申时起算，为小肠经始开井穴少泽。接着是戊戌时，开胃经的荥穴内庭，再接着是庚子时，开大肠经的输穴三间等。像这样，只要按照子午流注环周图，去对照着仔细体会，就不难豁然贯通的。

另有一种推算法，是推算所有井荥输经合各穴的开穴时间，如推算井穴的时候，口中从天干的癸时念起，拇指从亥字点起，口中念着癸甲乙丙丁等按天干的顺序念下去，拇指点着亥戌酉申未等按地支的逆数倒点过来，把口和手连起来，就是癸亥甲戌乙酉丙申丁未等。这些时辰所开的都是井穴，再把它结合到天干所代表的经脉，可知癸亥时所开的是肾经的井穴，甲戌时所开的是胆经的井穴，余可按此类推。至于荥穴输穴等都可以照这种方法推算出来。不过，荥穴应从乙字顺序念下去，手指是从丑时点起，也就是乙丑丙子丁亥戊戌己酉等，这些时辰所开的都是天干所代表经脉的每一个荥穴。至于输穴应从丁字顺序念下去，手指是从卯时点起，也就是丁卯戊寅己丑庚子辛亥等，这些时辰所开的都是天干所代表经脉的每一个输穴。经穴应从己字顺序念下去，手指是从巳时点起，也就是己巳庚辰辛卯壬寅癸丑等，这些时辰所开的都是天干所代表经脉的经穴。合穴应从辛字顺序念下去，手指是从未时点起，也就是辛未壬午癸巳甲辰乙卯等，这些时辰所开的都是天干所代表经脉的合穴。用这样的方法来推算开穴时间，也就是说，每一个井穴和井穴之间，荥穴、经穴、输穴、合穴同名穴之间的距离，都是每相隔十一个时辰交换一次，是比较容易推算出来的。天干所代表的是哪条经，所开的也就是哪条经的穴位。照这种推算法互为对照，就比较易于了解而进一步地熟练了。

以上仅提出了两种一掌经的推算法，还有其他推算阳历开穴时日等的方法，容以后再去继续介绍。

3. 关于八脉八穴的交会及和八卦的配合问题

灵龟八法以八脉八穴配合着八卦，故名八卦，是古人观察了自然界的现象，按八方的位置，用阴阳这两个相反相成的范畴所归纳出来的简单规律，它可以代表日月、昼夜、寒暑等自然现象的演变。奇经八脉和八卦的配合，每一脉所分配的位置，就是根据八脉的阴阳和八卦所属的阴阳，相互联系起来的。它的分配原则，是以东南西北四方为阳，东南东北西南西北四方为阴。在八脉之中，阳跷阳维督脉带脉为阳，阴跷阴维任脉冲脉为阴，所以把属阳的四脉分配在八卦的四方，属阴的四脉分配在四角，例如正东方的震卦是阳维脉，正西方的兑卦是督脉，正北方的坎卦是阳跷脉，除了这三条阳脉之外，还有一条属阳的带脉，照理应分配在正南方，但因为按八卦的位置，北方坎卦属水在下，南方离卦属火在上，位居最高，在人体的五脏之中，肺脏位居膈上，亦称为水之上源，八脉八穴之中，属于肺经的是列缺穴，列缺穴与任脉相通，此以例外的把属阴的任脉分配在正南方离卦的部位，而把属阳的带脉分配在东南角巽卦的部位。东南是偏于阳的，仍可以和带脉属阳的属性相符合，至于其他属阴的三脉，为阴跷位于西南角的坤卦，冲脉分配在西北角乾卦，阴维脉分配在西北角的艮卦，仍是按照阴脉位在四角的原则分配的。可见，八脉和八卦的结合，主要是根据阴阳的规律米决定的，至于八脉的阴阳，是根据背为阳、腹为阴、外为阳、内为阴的原则来分配的，其中按八脉的分布部位来区别阴阳，也是显而易见的。

八脉配合着八卦分配在四方四角，有一定的部位，由于每一脉各有一个与十二经相通的穴位，这些穴位，也就随着八脉的位置，分配在四方四角，因为八卦的每一方，各有一个数字，把它和每一个穴位配合起来，所以每一个穴位也就各有一个数字。八卦的数字，是根据洛书数而来的，即所谓"戴九履一，左三右七，二四为肩，六八为足，而五居中"。所以在上方离卦任脉相通的列缺穴是九数，下方坎卦阳跷脉相通的申脉穴是一数，左方震卦阳维脉相通的外关穴是三数，右方兑卦督脉相通的太溪穴是七数。左上方两肩，东南角巽卦带脉相通的足临泣穴是四数，西南角坤卦阴跷脉相通的照海穴是二数，左下方的两足，东北角艮卦阴维脉相通的内关穴是八数，西北角乾卦冲脉相通的公孙穴是六数，至于八卦分配在各方的这些数字，有什么意义呢？为什么要这样错综分配着呢？这也是各有其来由的。

八脉相通的八个穴位，都是属于十二经的经穴，在十二经的许多穴位中，为什么要特别提出这八个穴位与八脉相通呢？其中都是有着一定的原因的。分别来说，例如阳跷脉和足太阳膀胱经的申脉穴相通，阴跷脉与足少阴肾经的照海穴相通，主要因为申脉只是阳跷脉的起点，照海穴是阴跷脉的起点，所以选取了这两个穴位，彼此能够互通的原理，是以穴位所在的部位为主，这也是较易理解的。至于阴维脉和阳维脉，分别和手厥阴心包经的内关穴、手少阳三焦经的外关穴相通，就是根据经和脉的性质作用相互配合起来的，因为阴维脉和阳维脉的"维"字，古义是以绦线和麻缕相比喻的意思，也就是将全身不相联系的经脉统统由这两脉去联系起来。凡手足阴经和奇经属阴的阴脉，都是阴维脉来联系，手足阳经和奇经属阳的阳脉，都是由阳维脉来联系，借此发挥经络的整体作用。而在十二经之中，心包络是心的外围，也称为阴血之母，与全身血行有密切的联系，和阴维脉联系着全身阴经及阴脉的性质相同，所以内关穴和阴维脉相通。而三焦的功用为敷布全身的气化，能使来自水谷之精微——气血津液得以周流于肌肤与脏腑之间，也称为阳气之父，它和阳维脉能联系全身的阳经及阳脉的性质相同，所以三焦经的外关穴和阳维脉相通。由于内关和外关都是络穴，联络着心包经和三焦表里的二经，可以发挥疏通气血的作用，所以用这两个穴与阴维脉、阳维脉相通，也就更有深长的意义了。

在八脉之中，另有两条阳脉和手足阳经的两个输穴相通，也就是督脉和手太阳小肠经的输穴后溪相通，带脉和足少阳胆经的输穴足临泣相通，这主要都是根据经脉循行彼此有着密切联系而结合起来的。因为根据《素问·骨空论》的记载："督脉者……与太阳起于目内眦，上额交巅，入络脑，还出别下项，循肩膊内，挟脊抵腰中……"这就是说，督脉的分布，有自上至下的一条，它是与太阳经同起于眼内角，通过额巅项部等处挟脊下行。而后溪是手太阳小肠经的输穴，小肠经的分布，自手至头，有一支线，和足太阳膀胱经相衔接，膀胱经的循行，从脑顶经颈项挟脊下行，由于手足太阳经和督脉的循行有互通的关系，所以后溪穴也就直接与督脉相通。临床上治疗督脉的病变，针刺后溪穴，能使疗效直达患部，也就是这个缘故。至于带脉的分布，环腰横行一周，前当脐，后当十四椎，像束着带子一样，凡全身阴阳各经脉在腰腹连腰背部位的都和它有着联络。特别是足少阳胆经，它的循行自头至足，其中须经过腰腹部的部位，更和带脉有密切的联系。因此，胆经的输穴足临泣，也就直接和带脉成互通的关系了。

在八脉之中，属于阴脉的任脉和冲脉，分别和手太阴肺经的络穴列缺、足太阴脾经的络穴公孙相通，主要也是和经脉的循行部位密切相关，而产生了一种互通的关系。因为任脉的走向，循腹上行至咽喉，上颐循面入目，其中所经过的咽喉属于呼吸系统的重要部分，所以肺经的络穴列缺，通过这种关系，就和任脉有了直接相通的联系。而冲脉的走向，起于少腹之内胞中，循腹上行至胸，由于胸腹是中焦的部位，中焦属于脾胃，脾经的络穴公孙联络着脾胃的表里二经，可以在经脉的分布部位上有彼此的紧密联系，公孙穴也就直接和冲脉有相通的联系了。在八脉八穴之中，共有四个络穴，就是列缺通任脉，公孙通冲脉，内关通阴维脉，外关通阳维脉，因为络穴联络着表里二经，在针刺的过程中，更可发挥疗效，可以在临床上运用这些穴位，它的疗效也就更为显著了。

八脉八穴，每两脉及其相通的两穴，各有交会的关系，即属于阴脉的冲脉及阴维脉，任脉与阴跷脉；属于阳脉的带脉和阳维脉，督脉与阳跷脉，每两脉互为交会，而和各脉直接相通的穴位也随着脉的交会而各有上下交会的关系，即内关与公孙，列缺与照海，外关与足临泣，后溪与申脉，这种一穴在手一穴在足的互为交会关系，也各有其一定的原理，在此不再赘述，如尚存疑问，容续为补充。

4. 关于五行生成数的含义

五行生成数，是将从一到十的十个数字，分别作为五行的生数和成数，来说明五行先后生成的顺序及阴阳盛衰的演变。它的含义极为深奥，简单地说，五行的生数，是水一、火二、木三、金四、土五，代表着孤阳或孤阴，不起变化，在每一个生数上，各加上五数，就是成数，能起着生化作用。所以五行的成数，也就是水六、火七、木八、金九、土十，《素问·六元正纪大论》曾说："太过者，其数成，不及者，其数生。"其意为成数已通过生化作用，气是旺盛的，生数是未经变化的阴气或阳气，不及成数之气的旺盛。由此可见五行生成数，主要是代表了阴阳的盛衰，因为生数和成数都各自分配着阴阳，生数是阳，成数必是阴，生数是阴，成数必是阳，从而可以说明每一个五行，都是由一阴一阳而构成了生成的关系。在数字之中，一三五七九，都是单数，称为奇数，属阳；二四六八十，都是双数，称为偶数，属阴。以天地来分阴阳，天在上为阳，地在下为阴，把天地和十个数字的阴阳结合起来，每个单数都属于天，双数都属于地，所以在五行生成数中，就分别有了天一、地二、天三、地四、天五、地六、天七、地八、天九、地十的名称，明确了这一点，对五行生成数包括一阴一阳的配合关系，也就易于理解了。

五行的成数，是根据每一个五行的生数而来的，也就是把五行的生数加上五，就等于成数，例如水的生数是一，成数是六；火的生数是二，成数是七等。其中的一、七都是单数，属天；二、六都是双数，属地。即所谓天一生水，地六成之，地二生火，天七成之等生成数的由来。但为什么一是水的生数，二是火的生数，其他又有木三，金四，土五的生数呢？要解释这一点，可以从两方面来加以说明：

（1）从五行的形质来说，古人认为每一个五行，各具有不同的形态和性质，其中以水、火的形质最为轻清，也称为造物之初，例如草木的生长，胎卵的孕育，莫不先由于水而后成形，所以把水列为万物之先；在万千的数字之中，一是最先的一个数字，因它是单数，单数属阳，阳为天，相互的结合起来，所以就称为天一生水，把水列为第一数，而作为化生亿万数的根源。阴阳是相对的，天和地相对，属阳的单数一，和属阴的双数二相对，五行的水与火相对，所以有了天一生水，其相对的一面，就是地二生火。这样，一成为水的生数，二就成为火的生数了。五行有天一与地二的阴阳相配合，就会发生生化作用，水能生木，一加二等于三，三是阳数为天，所以接着就是天三生木，以三作为木的生数。有了生长必有相对的毁减。木是被金所克的，木的相对的一面是金，所以天三生木之后，接着就是相对的地四生金，以四作为金的生数。在第四个数字之后，接着应排到第五数，五是单数属阳，而在一三五七九的五个单数之中，五是居于一三和七九的当中，中央属土，所以把土结合了五数，称为天五生土，五就是土的生数，意思也就是五为生数之中，不偏之为中。土的属性是总统乎四方，与木火金水的阴阳生死都有着密切的关联，所以土五的生数，不但在五行的生数之中起到重要的调协作用，而且每一个生数，加上五数之后，都可以变化为成数了。由于阴阳结合而通过了土五的关系，因此就构成了全部五行的生成数，也就是天一生水，地六

浙江中医临床名家 · 虞孝贞

成之，水的生数是一，成数是六。地二生火，天七成之，火的生数是二，成数是七。天三生木，地八成之，木的生数是三，成数是八。地四生金，天九成之，金的生数是四，成数是九。天五生土，地十成之，火的生数是五，成数是十。古人曾提出："五为生数之中，十为成数之极，中者言土之不偏，为总统乎四方，极者言物之归宿，而包藏乎万有"，就是说明了土五与构成五行成数的由来。

（2）从方位的阴阳来说，北方的子位是水旺之地，一年中以十一月称为子月，这一月的冬至，为一阳初生，从此昼渐长夜渐短，即所谓冬至一阳生，在十个数字之中，一是第一个阳数，把北方水旺和子月一阳生的意义结合起来，所以称为天一生水。相反的，南方的午位是火旺之地，一年中五月称为午月，这一月的夏至，为一阴初生，从此夜渐长昼渐短，即此谓夏至一阴生，在十个数字之中，二是第一个阴数，把南方火旺和午月一阴生的意义结合起来，再联系到相对应的天一生水，所以称为地二生火。在五行之中，木旺于东方，东方属阳，三是单数，也属阳，彼此结合起来，所以称为天三生木。相反的，金旺于西方，西方属阴，四是双数，也属于阴，把方位的属性和数字结合起来，并和天三生木的意义做相对的排列，所以称为地四生金。而五行之中的土，旺于中宫，统乎四方，五是一三五七九这五个数字当中的一个数字，把两者联系起来，所以称为天五生土。五行是先有生数，然后有成数，而成数的由来，就是由每一个生数加上五，一阴一阳的配合来的，其中各有着物质基础，也是符合自然界各种现象演变的规律的。

根据历代文献记载，以及古人的许多见解，对于生成数的含义，还可以做出多种阐述，此不再赘述。我们如果把它结合到八脉八穴和八卦的每一个数字的配合方面，可见这些数字的排列，与五行生成数都是密切相关的，现在不妨从这一点再加以说明（图5-4，图5-5）：

图5-4　八卦的方位　　　　　图5-5　八卦的数字

从以上两图来看，八卦数字的排列，与五行生成数是密切相关的，这里

146

虽然把许多数字错综复杂地排列着，但每一个数字，总是生数和成数紧密地相依，例如水的生数是一，成数是六，所以正北方的坎卦是一，西北方的乾卦是六。火的生数是二，成数是七，所以正西方的兑卦是七，西南方的坤卦是二。木的生数是三，成数是八，所以正东方的震卦是三，东北方的艮卦是八。金的生数是四，成数是九，所以正南方的离卦是九，东南方的巽卦是四。五是当中的一个数字，天五生土，所以五数居于中宫。由此可见，八卦中这些数字的排列，都是有条不紊的，而相互地交叉，加减乘除，还可以演变出许多有系统的数字，这里不再阐述，若尚存疑问，容续为补充。

第五节　保健延年用针灸

当今医学对于临床很多疾病，特别是严重威胁人类健康的重大疾病，尚缺乏有效的治愈手段。因此，人们也就越来越重视预防保健。正如《素问·四气调神大论》所说："是故圣人不治已病治未病，不治已乱治未乱，此之谓也。夫病已成而后药之，乱已成而后治之，譬犹渴而穿井，斗而铸锥，不亦晚乎？"这也指出了疾病预防和保健，即"治未病"的重要意义。

《素问·上古天真论》曰："夫上古圣人之教下也，皆谓之虚邪贼风，避之有时，恬淡虚无，真气从之，精神内守，病安从来。是以志闲而少欲，心安而不惧，形劳而不倦，气从以顺，各从其欲，皆得所愿。故美其食，任其服，乐其俗，高下不相慕，其民故曰朴。是以嗜欲不能劳其目，淫邪不能惑其心，愚智贤不肖不惧于物，故合于道。所以能年皆度百岁，而动作不衰者，以其德全不危也。"

中医药是中国古代科学的瑰宝，也是打开中华文明宝库的钥匙。在当代中国，中医与西医相互补充、协调发展，共同担负维护人民健康的任务，已经成为我国医药卫生事业的显著特征和独特优势。传承创新中医药科学，繁荣发展中医药文化，不仅是维护和增进人民健康福祉的需要，也是增强中华民族凝聚力、向心力，提升中华文化国际影响力、竞争力的需要。

针灸作为中医药的重要组成部分，特别是作为一种非药物的医疗保健技术，其安全有效、绿色环保，不仅得到了广大人民群众的肯定和信任，也成为中医药走向世界的先导。针灸不但能治病，还有防病保健和延年益寿的作用。《素问·刺法论》云："故刺法有全神养真之旨，亦法有修真之道，非治疾也，故要修养和神也。"明确指出针刺有保全精神，调养真气，维护机体自然状态的养生作用，并非专为治疗疾病而设。《素问·刺热论》则说明赤色为五脏热病先兆，据赤色所见部位不同，辨所病脏腑，予以针刺，可预防五脏热病发作。《灵枢·逆顺》云："上工刺其未生者也。"把针刺治未病的医者称为上工。《扁鹊心书》云："人于无病时，常灸关元、气海、命门、中脘等穴，虽未得长生，亦可保百余年之寿矣。"汉·张仲景在《金匮要略》言："若人能慎养，不令邪风干忤经络，适中经络，未流传脏腑，即医治之。四肢才觉重滞，即导引、吐纳、针灸、膏摩，勿令九窍闭塞……"其中论述了可用针灸方法来达既病防变的目的。《伤寒论》中则有关于应用针刺调补胃气，防太阳病邪再入阳明经的论述，此为既病防变的具体应用。唐·孙思邈《备急千金要方》还论述到："客忤病急而重，见兆先刺"，早期针刺可阻断病势的发展变化。南宋·王执中在《针灸资生经》中提及："刺泻风门，可令背不痈疽。"清·潘伟如在《卫生要求》中阐述了针刺的保健作用："人之脏腑经络血气肌肉，日有不慎，外邪干之则病。古之人以针灸为本……所以利关节和气血，使速去邪，邪去而正自复，正复而病自愈。"

　　虞老亦十分重视灸法的保健养生作用。灸法不仅可以祛散寒邪、温阳升陷、回阳固脱，还有扶正保元的作用，其功尤胜于针。《扁鹊心书》中将关元、气海俱称为丹田，气海又为生气之海，关元有培补精血的作用；命门为人体真火所在；中脘为水谷之海，灸之可驱散阴寒、温阳起陷、扶正保元，使胃气常存。一个人能胃气常存，阳气充足，精血不亏，自然诸邪不易侵袭而能延年益寿。此外，唐·孙思邈的《备急千金要方》中有预防中风七穴灸的记载，即百会、风池、足三里、大椎、肩井、曲池、间使七穴；《备急千金要方》中还论述到："客忤病急而重，见兆先刺"，指出早期针刺可阻断病势的发展变化。南宋·张杲所撰《医说》有云："若要安，丹田、三里常不干"的说法。《针灸聚英·卷三》云："无病而先针灸曰逆，逆，未至而迎之也。"即无病而灸，以期增强体质，祛病延年。明·张介宾所著《类经图翼·卷八》记载："在神阙行隔盐灸，若灸至三、五百壮，不唯愈疾，亦且延年。"阐述了灸法的保健作用。

　　针灸传到国外以日本为最早（6世纪），故日本应用针灸保健益寿亦有丰富经验。其《云锦随笔》一书中载："德川幕府时代，江户的永代桥建成时，邀请年龄最高的长者名叫万兵卫的踏桥过河，问其长生之术。答曰：每月月初八天连续灸三里穴，始终不渝，仅此而已，我虚岁174岁，妻173岁，子153岁，孙105岁。"由此足三里长寿灸日益为人们所接受，至今日本某些人将针灸足三里当作保健的一项内容。日本光藤云曰："需要针灸治疗的多是从成年期至初老期的人们，使之从慢性的身体痛苦之中及无意识的不安之中得到解脱……从而使生活质量得到改善。"光藤氏又认为：对老年人用灸法，温灸较好，针穴少一些好，其刺激量、次数亦要考虑，自古以来，对足三里、关元的灸治即很重要。又日本学者认为操作手法、穴位方面，宜在大椎、身柱等选择恢复精力的腧穴，进行针刺雀啄术或低频波（连续、疏密波约20分钟）置针术为宜。此外，专著方面如《养生一言草》、《日用灸法》、《养生新语》等书，均有述及养生灸法的内容。从以上所述，日本对保健养生灸，古今均甚重视，从选穴、操作到治疗时间，均有详细叙述。

老年人易患疾病，进行积极防治是保健益寿的重要一环，老年人肾气衰于下，心、肺、肝、脾、肾的功能亦相应减弱，发堕齿槁，形体皆极，故诸证蜂起。针灸的防治作用主要体现在以下三类疾病：

1. 心脑血管病

世界卫生组织（WHO）公布，随着疾病谱的改变，急性心脑血管疾病（主要指中风和心肌梗死）已居人类三大死因之首。其发病率、死亡率、致残率、复发率居高不下，且呈低龄蔓延趋势。有关资料显示，我国60岁以上的老年人70%以上患有心脑血管疾病。40岁以上的人群50%以上患有这类疾病。并向40岁以下的低龄人群蔓延，现是医学界面临的严峻课题，同时也是世界各国政府面临的社会问题。

心血管病以动脉硬化为主，当动脉硬化后，又影响心、脑、肾功能。高血压、高血脂、肥胖等均与动脉硬化密切相关。另外，动脉硬化引起的脑血管意外，轻者偏瘫，重者丧生，均严重威胁老年人的健康和生命。其次是冠心病，当猝发时可引起心绞痛或心肌梗死，是引起死亡的重要因素。因此，探索控制体重、降低血脂、调整血压等的有效方法，是防治动脉硬化，减少冠心病，推迟衰老的重要措施。

《素问·灵兰秘典论》曰："心者，君主之官也，神明出焉。……凡此十二官者，不得相失也。故主明则下安，以此养生则寿，殁世不殆，以为天下则大昌。主不明则十二官危，使道闭塞而不通，形乃大伤，以此养生则殃，以为天下者，其宗大危，戒之戒之。"心为君主之官，为五脏六腑的主宰。心有疾患，脉道闭塞，血液循环受阻，诸疾蜂起，危及生命。脑血管意外在祖国医学属于"眩晕"、"头痛"、"中风"、"偏枯"等范畴；心绞痛或心肌梗死属于"心痛"、"卒心痛"、"真心痛"等范畴。两者均有针灸治疗的记载。如《针灸甲乙经·卷九》对各种心痛有分经辨证治法：对阳厥头痛取人迎穴（人迎穴下近颈动脉窦神经，刺之有降低血压作用，需慎用）。其他如头风、头痛、眩晕、中风、偏枯，无不详为载述。《针灸大成·治症总要》更有灸足三里、绝骨预防中风的记载，其他针灸书籍如《针灸资生经》、《针灸聚英》、《针灸集成》等都载有治疗该类疾病内容。针灸对心血管系统功能具有良性调整作用。

虞老在针灸预防心脑血管疾病方面常用的穴位包括曲池、内关、百会、足三里等。

曲池：为大肠经之合穴。大肠经与肺经相表里，有祛风解表、清热利湿、调和营卫、主泄逆气之功。《马丹阳十二穴》记载："治偏瘫、发热、风疹、时肩痛等证。"现代研究有降压和消炎作用。可用于高血压、中风、偏瘫等的防治。

内关：为心包经之络穴。"一络通两经"，络穴能沟通表里两经，又是八脉交会穴之一，通阴维脉，《难经》记载："阴维为病苦心痛"，可通治心、胸、腹之疾，其主治广泛，既能益气养心安神，又能疏通心脉镇痛；既能理气宽胸散结，又能和胃降逆化浊等，尤以养心安神，理气止痛为主，故虞老临床多取此穴用于冠心病、心绞痛、心律失常、胸闷、胁痛、眩晕、失眠、高血压等病的防治。相关研究显示针刺内关穴有增加心输出量、改善心功能的作用。山东中医药大学实验观察艾灸内关对脑阻抗血流效应的影响，结果显示内关可使脑血管扩张、脑血流量增加，改善脑循环。

百会：在古籍中又有三阳五会、巅上、天满等别称，位于头顶部。《史记正义》记载："五会即百会、胸会、听会、气会、臑会也。"《会元针灸学》又指出本穴为"百脉之所会"。本穴为足三阳经、督脉、足厥阴经的交会之处，为百脉朝会。《类经图翼》曰："百病能治"。督脉循行于脊里，"入络于脑"，与脑和脊髓有密切联系。脑为髓海，与头气街相通，"脑为髓之海，其输上在于盖"，即髓海上输注穴为百会，百会可通调畅达诸阴阳脉络，联络贯通全身经穴，从整体上起到调节脏腑阴阳气血的功能，用之可培本扶正，益气升阳。现代研究亦表明，针灸百会对血压有双向调节作用；另外，针刺癫痫患者的神门、百会等穴，可使癫痫发作患者的脑电波节律紊乱趋向规则，或使病理性电位下降。故虞老临床多取此穴用于昏厥、头痛、眩晕、神经衰弱、中风半身不遂、失眠、健忘、老年性痴呆，以及其他虚弱性病症的防治。

足三里：胃经合穴，为四总穴之一，《黄帝内经》称为三里、下陵，又名下三里、鬼邪,属足阳明胃经,为合穴,胃之下合穴,有健脾和胃、补养气血、通经活络、扶正培元等功效。既可治疗多系统疾病,又有防病保健的作用。《医说》记载:"若要安,三里常不干,患风疾人,宜灸三里者,五脏六腑之沟渠也,常欲宣通,既无风疾。"《通玄指要赋》载:"却五劳之羸瘦"。《黄帝明堂灸经》记载灸足三里和绝骨可预防中风的发生:"凡人未中风时,一两月前,或三五个月前,非时,足胫上忽发酸重顽痹,良久方解,此乃将中风之候也。便须急灸三里穴与绝骨穴,四处各三壮。后用葱、薄荷、桃、柳叶四味煎汤,淋洗灸疮,令驱逐风气于疮口中出也。"《针灸资生经·中风》中记载:"饮食不节,酒色过度,忽中此风,言语謇涩,半身不遂,宜七处齐下火,各三壮,风在左灸右,右灸左,百会、耳前发际、肩井、风市、三里、绝骨、曲池七穴神效。"此外,从足阳明经别循行路线分析:"散之脾,上通于心,上循咽出于口,上颊颐,还系目系",说明足三里还可治疗心、目疾。浙江中医药大学针灸研究室研究针刺治疗心律失常,取内关穴与足三里配对,通过超声心动图观察,其功效优于单取内关穴,可知足三里对心律有一定的调整作用。因此足三里穴可用于冠心病防治。

2. 呼吸系统疾病

随着年龄的增长,肺、肝、肾功能逐渐下降,因而老年人患呼吸系统疾病的较多。祖国医学认为:"肺主气、司呼吸,为贮痰之器"、"脾主运化水湿,为生痰之源"、"肾主藏精纳气",《类证治裁》说:"肺为气之主,肾为气之根,肺主出气,肾主纳气,阴阳相交,呼吸乃和。"人入老年,肾气自衰,腰酸腿软是肾虚证,肾气衰则不能纳气,肾气虚则水泛成痰,肾气虚则肺气更虚,导致迁延难愈。故调理肺、肝、肾三脏为治疗呼吸系统疾病的准则。老年人最为常见的呼吸系统疾病包括慢性支气管炎、慢性阻塞性肺疾病(COPD)、肺源性心脏病等。老年人因免疫力下降,不但容易罹患感冒,诱发急性支气管炎,还容易感染肺炎。而老年肺炎临床表现常不典型,容易误诊,是引起老年人死亡的一个重要因素。另外,慢性支气管炎迁延日久,极易发展为肺心病、肺气肿,因此积极防治呼吸系统疾病是老年医学研究又一重要课题。

针灸防治呼吸系统疾病,如咳嗽、喘等,早有文献记载,沿用至今,效果良好。《针灸甲乙经》载:"风眩头痛,鼻塞不利、时嚏、清涕时出,风门主之";《备急千金要方》载:"上气、短气、咳逆、胸背痛,灸风门热府百壮"等。现代以针灸和外贴膏药冬病夏治等法,取定喘、大椎、风门、天突、膻中、丰隆等穴以防治感冒和支气管炎等，确有顺气化痰、定喘止咳等效。

虞老在针灸预防呼吸系统疾病方面常用的穴位包括大椎、身柱、风门、膏肓等。

大椎：为督脉穴，也是督脉与手足六阳经交会穴。督脉贯脊上行通于脑，有总督诸阳经的作用，为"阳脉之海"，能振奋阳气，主宰全身；其经别入贯心，故尚有宁心安神的作用。对于哮喘、气管炎、感冒、老年性精神病、老年背部怕冷、体虚乏力、发热不解、贫血、白细胞减少等疾病有很好的防治作用，亦为强壮要穴之一。

身柱：为督脉经穴。身柱有"一身之支柱"的含义，又有理肺气、清肺热、补虚损、宁神志之功。另外，肺部疾病常在此处有压痛点。因此常用于感冒、气管炎、老年性慢性支气管炎、神经衰弱、脑部疾病、脊柱病等疾病防治。

风门：为足太阳膀胱经穴。风门有"风邪出入之门户"的含义，又名"热府"，为热气聚集之意，可泻胸中之热，因此凡风寒、风热之邪均可应用，具有宣通肺气、疏散风邪、调理气机之功。对于风热或风寒感冒、气管炎、鼻病、肺病等有较好的预防作用。

膏肓：为足太阳膀胱经穴。膏，心下之部，生于脾；肓，心下膈上部，生于肾。膏肓指心下膈上之脂膜，内与心膈间脂膜相应，邪正之气可由此出入转输。唐·孙思邈的《备急千金要方》说："膏肓能主治虚羸瘦损、五劳七伤及梦失精、上气咳逆、痰火发狂、健忘、胎前产后等，百病无所不疗。"此穴有宣肺理气补虚之功，为各种慢性虚损性疾病的常用穴，主治肺、心、胸背衰弱性疾患。浙江中医药大学针灸教研室最早的针灸老教师黄学龙曾是生理老师，著有《屠龙之术》一书，认为："膏肓穴下近肺门，肺门前有膈神经，肺前有腋神经、迷走神经，肺后有肺丛神经，因此对全身有调埋作用。"

3. 恶性肿瘤

恶性肿瘤是当前严重影响人类健康、威胁人类生命的主要疾病之一。是威胁老人寿命的一类重要疾病。其与心脑血管疾病和意外事故一起，构成当今世界三大主要死亡原因。因此，世界卫生组织和各国政府卫生部门都把攻克癌症列为一项首要任务。如能对肿瘤进行积极防治，则更能延长寿命。

古代针灸文献虽然少有记载针灸治疗肿瘤的，但有治疗噎膈、反胃、恶疮等与癌肿有关的内容。现代针灸防治恶性肿瘤已有了良好开始，如上海肿瘤医院曾以针灸治疗食管癌，获得良效。对于肿瘤患者，针灸在缓解癌性疼痛、改善放化疗不良反应、提高机体免疫力、提高患者生存质量等方面有一定疗效。现代医学以大量客观指标为依据，通过临床和动物实验结果，已总结出针灸有三大作用，即止痛作用、调节作用和防御免疫作用。其中止痛作用，是指针灸能使机体增加吗啡肽类物质；调节作用则极为广泛，它可使各种内脏器官，通过神经体液等作用，能达到良性的双向调节作用；针刺的防御免疫作用也是多方面的，其中能使网状内皮系统机能活动增强，机体内各种特异性免疫抗体均有增加，调动一切内在积极因素，增进机体防卫抗病能力，故能有消炎、抗癌等作用。若能将针灸与现代医学相结合，不失为肿瘤患者的福音。

总之，中医学作为一门研究人体生命、健康和疾病防治的医学，具有独特的生理观、病理观、疾病防治观，其从整体、系统、功能和运动变化的角度来把握生命的规律、健康的维护和疾病的演变与防治，具有整体思维、辨证施治的鲜明特色；在实践中体现为个性化的辨证论治、求衡性的防治原则、人性化的治疗方法、多样化的干预手段、天然化的用药取向等。针灸临床疗效确切、相对安全、服务方式灵活、费用比较低廉等，并且创新潜力巨大、发展空间广阔。针灸在当代生命科学前沿探索、应对当代面临的以非传染性慢性病等复杂疾病为主的健康挑战、实现医学模式的调整和转变等方面，将发挥不可替代的重要作用。故积极地开展宣传和应用，并进一步研究，实为必要。

第六章

桃李天下

第一节　誉满杏林念后生

　　虞老出生于中医世家，五代业医，从小耳濡目染，早早便立志从医，誓以救百姓疾苦为毕生追求。正是由于虞老矢志不渝的治学态度，又得上海名医陆瘦燕和顾鸢天指导，为虞老打下了坚实的中医基础，在以后的临床和教学工作中，虞老对经典原文总能张口就来。由于其精湛的医术和较高的学术水平，虞老历任浙江省针灸学会常务理事、浙江省针灸学会名誉理事及杭州市针灸学会顾问等学术任职，在当时可谓誉满杏林。

　　在日渐繁忙的诊疗工作之余，虞老深切感受到要振兴中医、振兴针灸就必须有更多的人能够加入到这一行业中，因此在临床工作和生活中，对身边热爱中医的人总是给予无私的帮助或指导。1956年，当虞老得知浙江省卫生厅拟成立浙江中医学院（现浙江中医药大学）时，便义无反顾地参与了为期1年的中医师资训练培训班，并以优异的成绩完成考核，顺利留校任教，从此便与教学结下了不解之缘。先后教授中医妇科学和针灸学，历任浙江中医学院针灸教研室、针灸研究室、门诊部针灸科副主任，针灸推拿系成立后任经络腧穴教研室主任。虞老从事针灸医教研工作达四十余年。

　　虞老从事教学工作四十余年，培养了一批又一批医术精湛、医德高尚的继承人扎根杏林，服务人民。而在教学过程中，对待年轻后辈也往往诲人不倦，以集体备课的形式教会新教工如何准备上课必需的内容，并且无私地奉献出自己教案底稿供晚辈学习。虞老将毕生精力奉献于临床、教学，得到了广大师生的一致赞誉，认为虞老可谓浙江中医学院（现浙江中医药大学）针灸专业教育的开拓者。正如《高镇五教授和虞孝贞教授临证精要》一文中评价所言：

"正是由于高、虞二教授的长期努力和筹划，浙江中医学院自1983年起开始针灸专业的专科教育，并于1986年成立针灸推拿系，开始了针灸专业人才的正规化、规模化培养。"

第二节 倾囊相授视同仁

在教学工作中，除了出色完成教学任务外，虞老勤于思考、善于总结，每能对教学工作提出新的见解和方法，因此学生爱听、愿听虞老讲课，虞老即使在退休后仍然坚持每年修改教案，并给学生授课。如虞老在讲授"各家针灸学说精要"这门课程时，发现当时采用的为全国高等医药院校试用的第一版教材，该教材总论颇为详细，各论内容简略，需要深入细致备课。书中载有历代针灸医家三十一位，虞老担任杨继洲、高武、张仲景、巢元方、孙思邈、葛洪、王执中、汪机、窦默、窦材共十家学说的讲授。虞老直至1992年退休，仍然坚持将每次备课补充的内容精炼并成册，以供后辈青年教师参考，供针灸专业学生更详细地领悟古代针灸医家的生平、著作及学术思想。该教案经修订成册后，虞老在年老体弱多病情况下坚持亲自修改校对，最终将该书献为建校四十周年贺礼，可见其真切的爱系爱院之心意。该书也得到时任浙江中医学院领导的重视，认为该书博采众长，既环绕各家针灸学说教材，又另列大小标题，把每一个针灸名家的生平、著作、学术思想以及存在不足之处分题立目，解释难点，补充新意，参与临床，使读者尤能引人入胜，古为今用，故是一本优秀的古代文献参考书。

虞老严谨的治学态度和平易近人的人格魅力吸引了很多学生与其积极探讨学术问题。在学生毕业后的多年时间中，很多学生遇到临床疑惑的时候，来信向虞老求教。尽管虞老自己的临床、教学任务十分繁重，但只要条件允许，她也会尽量答复这些问题。在回复的一封封书信中，虞老总是以谦和平等、类似看待同仁而不是学生的态度，对这些问题也多是有问必答，从学术的角度探讨自己对这些问题的理解，分享自己的想法。在一些领域的关键方面，虞老已然是毫无保留，可见她对中医药发展做出的重大贡献。虞老大公无私的奉献精神，为中医药尤其是针灸的继承和发展做出了十分重要的贡献。

1. 虞老对小儿麻痹症的临证看法

虞老对患儿采用多针浅刺不留针，即取穴多是根据疾病肌群为主，结合经络，大多是足三阳、足太阴等，但痿证独取阳明，是以阳明经穴多选一些如髀关、伏兔、足三里、解溪等，其他如环跳、风市、阳陵泉、绝骨等的常规取穴，坐立困难加腰脊部穴。在手法方面，虞老提倡要注重轻浅多捻（每穴捻15～30秒），有的则一刺即起，以激发经气，要根据病程、年龄、体质等情况灵活运用。若病程久、病情重才加以电针，但选用的是断续波为主，有的亦用连续慢波，不宜过强。这种手法也对方剑乔教授的临床有很大影响，临床上方剑乔教授用浅针多捻治疗三叉神经痛得到了很好的疗效。除针刺外，虞老十分注重家属在院外的配合。虞老嘱咐家属注意患儿平时走路随时要纠正其姿势，否则为儿童不正常走路习惯所致而非针灸致无效。同时，平时不能过多走路，或勉强过多走路，因为此时脚筋尚无力，过多走路会形成足内翻或足外翻，锻炼要适当，家属平时加强护理，不令伤风感冒或腹泻，营养好些但不能吃坏而引起腹泻，因为一次感冒或腹泻会使好转的病情停顿或倒退。除了以上几点，虞老认为若要加强效果亦可与推拿交替及配合皮肤针沿经轻叩，在三阴三阳自上而下叩刺或重点穴多叩几下。虞老考虑该病病位是在脊髓灰质，而不是在脑，故有时配些上下病肢的相应夹脊穴，较少使用头针。但是，如果乙脑则属脑源性病，就要加头针。由于小儿麻痹后遗症治疗时疗程一般较长，虞老认为必须告知患者耐心配合，这一点至关重要。

2. 虞老对呃逆的临证看法

虞老认为呃逆病有轻重，原因不一，故效果不一。通常一时气机不利，升降失司，胃气上逆，仅针内关一穴，或合谷、足三里等均可止除。虞老在临床中曾遇到非一针能除者病例，则每加其他穴位，如风池穴、膈俞穴、鼓乳穴。虞老曾用鼓乳穴治疗一例呃逆，经他穴治疗均无效。然而，针内关穴后虽呃逆立止，但次日呃逆又作，再单针一穴鼓乳亦止，此后未再发。风池穴也是如此。因此，虞老认为如若治疗术后呃逆不止，若针内关无效，不妨用风池或鼓乳穴。该乳鼓穴即耳迷根穴，称为乳鼓穴者是陈桐丰老师所名，该穴在耳后乳突骨与耳鼓膜之间，故名。因穴下近迷走神经，迷走神经能支配内脏及膈肌，故对呃逆有效，但针刺的方向角度及深度很关键，一般直刺深达一寸半左右，方向稍前。此外，虞老认为治呃逆要注意留针时间宜长。一般留半小时至一小时，或间歇动留针，有的穴位不影响身体活动者甚至可留针达数小时，如耳针、头针均可考虑应用。背部膈俞、脾俞等可用皮内针或揿针法留之。

3. 虞老对术后尿潴留的临证看法

虞老的选穴是中极穴，浅刺膀胱壁（即针入二三分），用雀啄法二三分钟，或用沿皮横刺（向下）先刺透膀胱，补法轻轻捻转使针感下传。1分钟后留针，再用艾条在穴旁温灸20分钟左右，配穴是阴陵泉、三阴交或阴谷穴，行泻法，留针（如果腹部因手术有绷带缠住不可行针，则以下肢穴及骶部的秩边穴为主。秩边穴用三寸长针，针入2.5寸或再深些，使针感向前达阴部或尿道为宜，或小腹部亦好。如果针感向下传，沿坐骨神经传导，则必须调整。总之使针感以向前为宜。再用捻转手法，以保持针感。留针十多分钟，再针下肢各穴），起针后有的立即小便，有的隔20～30分钟后小便，若半小时后不小便则再导尿。

4. 虞老对下颌关节紊乱的临证看法

下颌关节紊乱因病程久，故针灸非一时之效。虞老认为应当做好与患者沟通，疾病好转有个过程，针灸肯定有效，但必须坚持治疗。另一方面，患者要配合热敷和关节活动或外加按摩，自会痊愈。取下关或听会，温针，尤其下关必用，中渚是配穴。如果面部药物、化妆品引起过敏现象，虞老认为亦可用耳穴压籽法治疗，取穴是肺、神门、交感、内分泌、肝、脾等耳穴。要注意嘱咐患者每天必须自己按压3次，每次5～10分钟，每穴均要按压。因不少患者以为王不留行籽是药物，贴上后就万事大吉，是药物起了作用，殊不知其只是起到按压作用，耳穴压籽不加按压可是毫无作用的，这点必须向患者交代清楚。

以下分享虞老与学生讨论的部分案例，以飨读者。

【案1】 金某，女，出生仅28个月，外伤后偏瘫且伴失语，经治疗肌力已从0级到2～3级，这是好的，说明针灸有效。至于言语尚未见好转，不妨加头针言语区及哑门、廉泉及通里等穴，端坐不能则应加腰部穴如肾俞、大肠俞、命门等穴或环跳穴等。外伤伴言语不利确较麻烦，但小孩的恢复机能还是旺盛，应抓紧治疗或配以药物，一般用可保立苏汤加减，注意舌苔。

【案2】 张某，女，54岁，原发性高血压无症状，针灸后反而血压升高，但升高仅10mmHg，这很有可能是测量上的误差或血压计陈旧或测量者没有听仔细。另外，两次测的时间不知是否有上下午不同或患者情绪有无波动，这些均可影响血压。其次在选穴方面要注意辨证，阴虚阳亢者应加育阴穴如内关（对舒张压高者较好），该妇在舒张压高时，虞老认为可加内关、三阴交或太溪、照海等穴，《黄帝内经》认为阴虚而阳盛者先补其阴而后泻其阳，阳虚而阴盛先补其阳，后泻其阴，取穴先后顺序最好注意一下。该例最好先

浙江中医临床名家·虞孝贞

补阴经穴，后泻阳经穴。

【案3】 王某，男，3岁，不明原因右足跛行，面口㖞斜。虞老认为不像软骨病，软骨病不会有面口㖞斜，伴有右足跛行，此跛行是否有跌跤史，小孩家长或许没有注意到。面口㖞斜有两种可能性，一是外感风邪，一是颅脑外伤。3岁小孩刚学走路，易摔跤，不得不注意。不论何因先与针灸治之为要。

第三节　桃李天下传师恩

作为浙江中医药大学针灸推拿系的创始人和见证者，虞老和高镇五先生培养了一批针灸教师。1959年浙江中医学院成立之初，只有中医系，后来成立了针灸教研室，后或引进或留校培养了专职从事针灸教学的师资。像胡芝兰、沈爱学等几位老师都是从医院调到学校任教的，之前针灸接触得不多，留针灸推拿系任教后都会跟从虞老的门诊，或请教教学的方法、经验等。在留校任教的毕业生中，陈华德和方剑乔是跟随虞老门诊时间最长且受益也最多的；边琼霞是虞老唯一培养的研究生，虽然后来没有继续从事针灸专业，但虞老当年严谨治学态度对她的人生影响非常大。后来虞老因为身体原因，没有继续带其他研究生；汪慧敏虽然不是虞老的研究生，但留校任教期间无论在教学还是临床上都得到了虞老诸多教诲，而且对她从事针灸妇科的道路起到了领路人的作用；蒋松鹤在读本科时与虞老结缘，无论在针灸理论和临床的学习上，还是为人处世上都得到了极大的影响，也铸就了他后来的成功；马睿杰从黑龙江省博士毕业后只身来到杭州求职，从此与虞老结下了不解之缘，并有幸参与虞老经验的总结和名医丛书的撰写。

一、方剑乔

（一）医家小传

教授，主任中医师，博士研究生导师。1983年毕业于浙江中医学院中医学专业，获学士学位；1986年毕业于中国中医研究院研究生班；1999年毕业于日本昭和大学医学部，获医学博士学位。2000～2010年任浙江中医药大学第三临床医学院院长、附属第三医院院长；2010年任浙江中医药大学副校长，2015年10月至今，任浙江中医药大学校长。历任中国民主同盟浙江省委会副主委、中国民主同盟第十二届中央委员会常务委员、第十三届全国人民代表大会代表。中国针灸学会副会长、浙江省针灸学会会长、浙江省科学技术协会副主席。享受国务院特殊津贴专家、国家中医药岐黄学者、卫生部有突出贡献中青年专家、全国名老中医药专家工作室专家、全国老中医药专家学术经验继承工作指导老师、浙江省国医名师、浙江省卫生领军人才，曾获全国优秀科技工作者、浙江省教学名师、浙江省师德标兵、浙江省海外留学英才等称号。卫生部国家临床重点专科（针灸科）负责人，国家中医药管理局重点学科（针灸学）负责人，浙江省重点建设高校特色优势学科（中医学）负责人，浙江省高校"重中之重"学科（针灸推拿学）负责人，国家特色专业（针灸推拿学）负责人，浙江省重点科技创新团队（针灸医学）和浙江省高校创新团队（针灸关键技术研究）负责人，浙江省针灸神经病学研究重点实验室负责人。

擅长应用针灸、针药结合治疗三叉神经痛、肩痛、炎风湿关节炎、脑卒中后遗症等疾病。在国内较早提出慢性痛的"瘀虚交错"理念，率先提出针灸临床三维诊治体系，总结电针镇痛参数和穴位选择规律。先后主持国家科技部重大研发项目、国家973计划课题等国家和省部级项目近20项；获省部级科技成果奖励12项，其中一、二等奖各3项；主编教材10余部、出版专著6部，其中《刺法灸法学》入选国家级规划教材；发表论文数百篇，其中SCI论文40余篇。

（二）桃李之教

20世纪70年代末，方剑乔以优异的成绩考进了当时的浙江中医学院中医学专业，在校期间方剑乔对中医表现出浓厚的兴趣。方教授回忆，当时浙江中医学院坐落于老浙大直路，办学条件十分艰苦，但是幸而教学师资储备较为深厚，很多富有临床经验的老师都无私地投入到中医学院的教学当中，其中虞老的大名开始出现在方教授的周围。但因为种种原因，方教授一开始一直未能听得虞老讲课。在大二期间，方教授终得机会能够听得虞老讲课。在课上，虞老的教风严谨生动，学识渊博，在当时任教的教师当中独树一帜，加之虞老拥有清秀慈祥的面容，妇科针灸方面的专长，且在当时被评为"巾帼标兵"，让方教授深深地记住了虞老，并在他心里埋入了中医学的种子。方教授毕业之后，怀着对中医的热爱，对针灸的情怀，留在当时的浙江中医学院针推系任教，开始与虞老一起共事，并能够亲聆虞老教诲数十载，受益匪浅。

留校任教期间，教研室管理非常严格，每位老师都要经历试讲，写教案，练针法。方教授至今还保留着当年的备课笔记，虞老师每页都进行批注和修改，对教案要求精益求精，让青年教师们十分钦佩。教研室还组织试讲，对每位新教师都进行严格训练和指正，授课内容有歧义的进行讨论和集体备课，使大家在一定程度上形成共识，也保证了教学的同质化。虞老还主讲"针灸各家学说"，对经典史籍有非常深入的研究，也对青年教师和学生产生深远的影响。可以说，当年走在中医学院的老校园里，提出"请问哪位老师的课讲得好"这样的问题，虞孝贞的名字应该是如雷贯耳。我们走访了多位当年针推系的老师，大家都公认虞老的课讲得好，不拖沓，没有废话，让人听得酣畅淋漓。方教授留校工作后，在1983年、1986年和1987年跟随虞老门诊长达三年之久，在跟诊期间，虞老要求精力高度集中，并嘱守神对于针灸取效来说是至关重要的。方教授跟诊期间不仅拓宽了针灸临证的视野，也进一步巩固了中医方药知识，针药结合治疗也成为方教授继承虞老临床经验的一大特色。

（三）踵事增华

在虞老的熏陶和方教授的努力下，方教授很快成为了针推系主任，并成为讲授"经络学"的大家，他参加过华东区青年教师竞赛并获一等奖。后来方教授进入领导岗位后，授课时间逐渐减少，但多年来方教授一直坚持给本科生和研究生授课，即使是一堂经络腧穴学的绪论，他也会讲得绘声绘色，课程结束后讲台下一片掌声。他和陈华德一起在针灸推拿系共事三十余年，他们都有留学背景，有良好的医学功底和英语水平，一起修订教学大纲和培养方案，率先在国内开展双语教学，并为了更好地让同学们掌握专业相关英语，自编《针灸英语》和《刺法灸法学》英文版教材，开设"针灸推拿专业英语"课程。方教授十分欣慰，无论是在他的专业课课堂上，还是专业英语的课堂上，总有几个善于提问和对答的同学给他留下深刻印象，而这些同学都成为了十分优秀的学者或医生，真正体现了教书育人事业的成就感和幸福感。

尽管行政工作非常繁忙，方教授始终关心并投入本科教学。先后参与编写多本规划教材，而每本教材都会因他提出的一些合理性建议而使教材质量不断攀升。方教授曾担任主编编写普通高等教育"十五"、"十一五"国家级规划教材《针灸学》，他发现以往教材中对于腧穴的主治全部是用逗号隔开，没有规律，不利于学生记忆，于是强烈建议将教材中治疗的病种按照腧穴主治规律即近治作用、远治作用和特殊作用进行分类，并进行标注，一目了然。以往，经络腧穴的学习没有很好的网络和解剖课件做支撑，要学好腧穴定位就要不断翻看图谱。而学生们一边看书，一边准备图谱又不方便。因此，方教授大胆提出将常用的三个体位的经络腧穴图谱置于教材的后面，方便学生学习查阅，并要求一定使用彩图。方教授说服了教材主编石学敏院士，并跟中国中医药出版社协商教材的价格问题。因为是教材，学生用量很大，如果因为增加彩图而提高价格从而给学生们造成负担，是违背规划教材本意的。出版社也经过反复论证和研究，并非常认可附彩图的重要性，一致同意基本保持与同版教材价格持平的基础上加印彩图。从那一年开始，针灸学和经络腧穴学教材的彩图越来越多，效果逼真，记忆形象，实是当代学生之幸事。方教授还主编过规划教材《刺法灸法学》、《实验针灸学》、浙江省重点教材 *Science of Acupuncutre and Moxibustion*，以及易学助考口袋书《针灸学》等，都获极好的评价。2009 年他主持建设的"刺法灸法学"省级精品课程验收取得优秀，也成为校内外学生经常使用的自主学习的教学平台。

方教授秉承虞老贯通中西的理念，从事临床、教学与科研三十五载，勤读古籍，谙熟针法，学验俱丰，多年来潜心致力于针灸治疗疼痛性疾病的临床与基础研究。临床方面，方教授不仅继承和发扬古代文献的多种治病方法，同时结合现代医学的研究结果，对临床各种痛证治疗独具匠心，都有独特的治疗方法，他的辨证思路灵活多样，处方选穴不拘一格，从事中医针灸临床工作三十余年，善用针灸治疗肩周炎、三叉神经痛、风湿痛、中风后遗痛、带状疱疹后遗痛等各类疼痛性疾患，有较深的造诣和丰富的经验。基础研究方面，方教授研究范围涉及各类痛证，对电针等针灸方法进行优化探索，阐述机制，在国内外各类学术期刊发表文献数十篇，学术成就卓著。现将方教授的一些学术传承经验介绍如下：

1. 电针镇痛，推崇新法

电针是目前临床应用针灸治疗疼痛类疾病的主要疗法之一，是传统针灸的延续和扩展。方教授在三十多年的临床实践过程中，精心研究使用电针提高镇痛效应和扩大治疗疼痛的适应证。经过临床对上千例肩周炎、坐骨神经痛、三叉神经痛、头痛等的治疗，建立电针镇痛的最佳刺激参数为：连续波，高频 100Hz 刺激 10 分钟左右后转为低频 2Hz 刺激 30 分钟，对急性疼痛刺激时间可延长到 60 分钟，强度以局部肌肉有明显收缩为度，但切忌强度过大。鉴于临床上部分患者对针刺刺激有着不同程度的恐惧心理，方教授受到国内外广泛运用的经皮神经电刺激疗法（TENS）的启发，在进行了多重的临床和实验的长期观察与研究后，在国内首创经皮穴位电刺激（TEAS）疗法治疗各类痛证。TEAS作为一种镇痛的治疗手段，因其具有较强的止痛作用且镇痛效应易耐受，可在治疗过程中反复使用。在临床上，TEAS常被应用于治疗各种急、慢性疼痛。有研究发现，TEAS不仅具有与电针相似的镇痛效应，还比电针刺激有着更长的镇痛后效应。由于具有无创伤、可避免感染或疾病的传播、不引起人们的恐惧、易操作、费用较为经济等优点，TEAS在临床应用中更易为患者所接受，临床推广使用日益广泛。然而，同样是经皮的电刺激，传统TENS刺激点是在痛点上，电极的放置方式一般为两侧相对应的位置，而方教授运用TEAS疗法，治疗时常可根据需要在疼痛局部穴位结合远道穴位放置电极行TEAS刺激，其镇痛效果比TENS更佳。与单纯TENS相比，TEAS疗法用于镇痛更容易被针灸医生所接受和掌握。方教授在临床方面始终强调，若要在采用TEAS镇痛时达到最佳的效应，除了要考虑合理配穴之外，尚需要考虑TEAS镇痛的各项刺激参数因素（包括波形、频率、刺激强度与时间等）的影响。经过近20余年的临床研究，发现经皮穴位电刺激不但快速有效地缓解疼痛，同时也能改善局部关节粘连。

典型医案：赵某，男，48岁，工人，2007年1月13日初诊。主诉：右侧肩部疼痛、活动不利3个月余，加重1周。患者于3个月前无明显诱因及外伤渐感右肩关节疼痛，活动正常，未予治疗。随后疼痛加重，尤以夜间为甚，影响睡眠，甚则彻夜难眠，伴右肩活动明显受限，痛苦面容，神疲乏力，饮食及二便尚可；舌质暗，苔白腻，脉弦细紧。西医诊断：肩关节周围炎；中医辨证：肩痹（气滞血瘀型）。治拟行气活血、通络止痛。取患侧穴位：①肩前与肩髎、肩髃与臑俞（隔次交替使用）；②外关与合谷。采用LY202H韩氏穴位暨神经刺激仪，两对电极分别粘贴肩部二穴及合谷、外关二穴，刺激参数为连续波100Hz持续10分钟，后转为2Hz持续30分钟，强度（10±2）mA，隔日治疗。共治疗10次后，基本痊愈。

按：经皮神经电刺激疗法（TENS）作为一种镇痛的治疗手段，具有较强的止痛作用，镇痛效应不易耐受，可反复使用，临床上可用于治疗各种急慢性疼痛。TEAS具有与电针相似的镇痛效应，但比电针有更长的镇痛后效应。传统的TENS刺激点是在痛点上，电极的放置形式一般为两侧相对应的位置，而方教授运用TENS刺激一定穴位——经皮穴位电刺激疗法，治疗时常可根据需要在疼痛局部穴位结合远道穴位放置电极行TEAS刺激，其镇痛效果更佳，也更容易被针灸医生接受和掌握。在临床使用时，方教授强调在采用 TEAS 时为达到最佳效应，既要考虑合理配穴，又需考虑经皮穴位电刺激镇痛的各项刺激参数（包括波形、频率、刺激强度与时间等）的影响，认为其最佳刺激参数为：波形为连续波；频率 100Hz 持续刺激 10 分钟，后转为 2Hz 持续 30 分钟，强度以局部肌肉有明显收缩为度。此外，TEAS 不但能快速有效地缓解肩周炎之疼痛，也能改善局部关节之粘连。

2. 浅刺丛针，面痛得除

浅刺丛针法，又称浅刺多穴法，其法源自于《灵枢·官针》中的毛刺、直刺、半刺、浮刺、扬刺等法，主要适于治疗病邪在表或病位较浅的经络病。《素问·刺要论》曰："病有浮沉，刺有浅深，各至其理，无过其道。"又《灵枢·始终》载曰："脉实者，深刺之，以泄其气；脉虚者，浅刺之，使精气无得出，以养其脉，独出其邪气。"说明浅刺法具有减少精气外泄、保存人体正气、祛除邪气之功效；在浅刺的同时结合丛针（多穴），即在病变部位刺数针，则可加强针灸疏通经络、调理气血的作用。现代研究发现，皮部的神经有两种，一种是交感神经，支配着血管平滑肌、立毛肌的收缩和汗腺的分泌；另一种是感觉神经，形成各种神经末梢，当用毫针浅刺皮肤时，这种刺激可通过感觉末梢中的粗纤维将针刺信号传达至脊髓，这时背角的角质闸门就会关闭组织 Aδ 和 C 纤维等传导伤害性刺激的细纤维的输入，神经纤维从粗纤维开始顺序兴奋产生镇痛的效果。

方教授学贯中西、创新针法，善用电针镇痛、推崇镇痛新法。方教授认为针灸是镇痛的主要手段，其中电针是针灸镇痛的主要疗法。电针镇痛不仅波形重要，刺激频率、刺激强度和时间也十分重要。对惧针痛证患者，方教授建议使用改良的经皮穴位电刺激疗法。对三叉神经痛、疱疹后遗痛等顽固性神经源性痛，力荐浅刺丛针法。方教授在诊治如面痛（三叉神经痛）时常用此法。他认为面痛乃风热之邪侵袭面部经络，病位较浅，然一般患者为老年人或长期患病人群，脏腑皆可虚，故虽局部症状较剧，但辨其病机属本虚标实之证，故采用浅刺丛针法治疗，取其既可宣散患部之邪，又可不伤正气，临床上治各种证型的三叉神经痛效如桴鼓。同时创立在局部采用浅刺丛针法，结合长留针及远道腧穴的电针刺激治疗面痛的方法。然而，三叉神经痛常因局部刺激而疼痛，故针刺时一般忌深刺、强刺，但是控制或者缓解疼痛又需要足够的刺激量，因此这样的动态平衡点方教授谙熟于心。

典型医案：徐某，女，68 岁，2006 年 11 月 14 日初诊。主诉：右侧头面刀割样剧痛 1 个月余。患者于 2 个月前罹患三叉神经带状疱疹，愈后遗留三叉神经痛。诉其右侧头面颧额部至右侧眼眶呈阵发性刀割样剧痛，每次发作数十秒，每日发十多次，无法正常说话及进食，夜间痛醒；右眼难以睁开，视力略有减退，伴口苦咽干，心烦易怒，大便干结，两日一行；舌红，苔薄黄，脉弦数。刻诊：血压 105/75mmHg；血常规正常，头颅 CT 无异常。西医诊断：三叉神经痛；中医辨证：面痛（肝肾亏虚，风热上扰型）。治拟疏风清热、通络止痛，佐以补益肝肾。治疗方法：取局部阿是穴（沿三叉神经分布区多点取穴）、攒竹、太阳、阳白、丝竹空、曲鬓、下关、风池、翳风，配双侧合谷、外关、太冲、太溪。操作：采用 0.25mm×25mm 毫针直刺 2～3 分，静留针；合谷、外关在得气后接 LY202H 韩氏穴位暨神经刺激仪，连续波，频率先 100Hz 刺激 10 分钟，后改为 2Hz 刺激 30 分钟。隔日治疗 1 次，连续治疗 30 次而愈。

按：本例患者乃风热之邪侵袭面部经络，病位较浅，加上患者年近七旬，脏腑皆虚，虽局部症状较剧，但属本虚标实之证，故采用浅刺丛针法治疗，既可宣散患部之邪，又可不伤正气，治疗三叉神经痛效如桴鼓，且屡试屡验。同时，三叉神经痛常因局部刺激而触发疼痛，故针刺时一般忌深刺、强刺；但要控制或缓解疼痛又需足够的刺激量。因此，方教授提倡在局部采用浅刺丛针法，同时结合长时间留针及远道腧穴的电针刺激。

3. 针药并施，骨痹可治

类风湿关节炎是以关节滑膜炎和关节外病变为主要临床表现的一种自身免疫性疾病，即中医所称的骨痹。当前，对类风湿关节炎的病因研究仍是缺乏的，其发病率和致残率较高，是目前威胁人类健康和生活质量的病种之一。方教授指出，目前对于骨痹的诊断尚有不足，临证时不能只拘泥于现有的 1987 年美国风湿病学会提出的标准，此标准对早期不典型的类风湿关节炎患者容易漏诊，而中医针灸对早期的类风湿关节炎治疗却有佳效，故对于临床上出现的四肢关节肿痛病程 1 周，晨僵时间 15 分钟的患者，应作疑似病例及早诊治，方可发挥中医药治疗的优势。同时，在实验室检查方面，不应只偏重于类风湿因子、CRP、血沉等检测结果，应以临床表现为主要依据，必要时可结合现代影像学检查，以便提高其临床诊断率，观察骨关节病情。其次，方教授认为目前西医治疗类风湿关节炎虽见效很快，但存在毒副作用较大、复发率高等不足之处，在临床应用上受到限制，但中医药治疗因具有有效、安全、双向调节等诸多优势，而被广泛用于临床。然而，中医药的临床应用必须正确把握药性、患者体质及病情的发展与转归等因素，精准化治疗，如若不然，则会造成不良后果。方教授所诊治的类风湿关节炎患者以中晚期居多，病程较久，病情反复，辨证多属本虚标实。治疗时如遇到急性发作期应急则治其标，用药方面选用雷公藤、徐长卿、肿节风等作为主药以抗炎消肿止痛、解毒祛邪，因这些药物具有一定的毒性，故一旦病情控制即改用怀牛膝、川续断、桑寄生、茯苓、山药等补益类中药扶正固本，调整机体免疫功能。此外，方教授提出，对年轻女性患者一定要慎重使用雷公藤，对年老和久病患者加用炙鳖甲、鹿角胶等血肉有情之品，以补益肝肾而强筋骨。方教授认为，应服用富含胶原蛋白之中药，以取胶原耐受之功，并促进骨的生长。长期服用激素的患者，如果要撤去激素，应在中药中加入或者加大温肾阳的药物，如附子等。方教授在临床上将针灸与中药两法结合，针对不同证型及不同病程的类风湿关节炎，审证求因、灵活施治，均取得较好的临床疗效，认为针灸与中药结合治疗，可扬长避短、协同增效。大量的临床研究证实，其不仅能有效地镇痛，同时有较好的抗炎作用，能明显改善类风湿关节炎的相关免疫功能。

典型医案：潘某，女，73 岁，退休教师，2006 年 12 月 16 日初诊。主诉：四肢关节晨僵、活动不利 2 年。患者既往有类风湿关节炎病史，近 2 年症状加重，四肢多个关节肿痛，晨起双手有明显僵硬感，活动不利，近半年连续每日服用泼尼松 10mg，但病情仍继续加重。现四肢关节肿胀疼痛，尤以双膝关节为甚，面色萎黄，神疲乏力，腰膝酸软，畏寒肢冷，纳差，寐安；舌质淡红，苔少，脉细数。实验室检查：RF 67.5IU/ml，CRP 75mg/L，ESR 65mm/h。西医诊断：类风湿关节炎；中医辨证：痹证（肝肾亏虚型）。治拟培补肝肾、通络止痛。治疗方法：①针灸治疗：取曲池、手三里、外关、内膝眼、外膝眼、阴陵泉、阳陵泉、三阴交、局部阿是穴。先予平补平泻法，得气后取双膝阿是穴配合温针灸，每次每穴灸 2～3 壮，余穴间歇行针，留针 30 分钟。隔日 1 次，7 次为 1 个疗程，休息 3 天后继下一个疗程；②中药内服：羌活 10g，独活 10g，秦艽 12g，防己 10g，徐长卿 12g，肿节风 12g，雷公藤 10g，桂枝 10g，细辛 4g，制附片 10g，全蝎 4g，炮山甲 10g，乳香 10g，没药 10g，红花 10g，炙甘草 10g。水煎服，每日 1 剂。服 7 剂后，患者双膝关节肿痛大减，双手晨僵感明显好转。继按上法针灸治疗。中药守上方去雷公藤、全蝎，加川牛膝、怀牛膝各 15g，地龙 15g，僵蚕 12g，青风藤 15g，海桐皮 15g，继服 7 剂。再诊时患者已无明显症状，继以上方加减治疗 1 周后，诸症消失，活动自如，各项实验室指标基本正常。

按：类风湿关节炎是一种自身免疫性疾病，临床治疗方法虽多，但疗效欠佳。方教授在辨证论治的基础上，结合现代医学的认识，提出针药并用治疗类风湿关节炎的新思路。首先，中医针灸治疗本病的早期疗效尤佳，对早期不典型者（诸如四肢关节肿痛病程1周，晨僵时间15分钟）尤其要重视，以尽早发挥中医药治疗的优势。同时，要结合实验室和影像学检查，以便正确指导临床治疗与判断预后。其次，中医药治疗时要准确把握药性及患者体质、病情等因素，否则会导致不良后果。发作期选用雷公藤、徐长卿、肿节风等作为主药以抗炎消肿镇痛，解毒祛邪；但这些中药毒性较大，宜中病即止，故一旦病情控制即改用川牛膝、怀牛膝、川续断、桑寄生、茯苓、山药等以扶正固本，调整机体免疫功能。对年老和久病患者用炙鳖甲、鹿角胶等血肉有情之品，以补肝肾而强筋骨，这些富含胶原蛋白的中药，具有胶原耐受之功，并能促进骨的生成。

多年来方教授将针灸与中药结合，针对不同证型及不同病程患者，审证求因，灵活施治，均取得了较好的临床疗效。

4."虚瘀交错"病机理论

方教授在长期从事慢性疼痛诊疗过程中，观察到慢性疼痛的病机往往错综复杂，不能用单一的"不通则痛"或"不荣则痛"来阐释。因此，在传统疼痛病机理论基础上提出慢性疼痛"虚瘀交错"的病机理论。在"不通则痛"和"不荣则痛"病机理论指导下，疼痛按其性质被分为实痛和虚痛。实痛通常痛势剧烈，以胀痛、刺痛、痛且拒按为多见；虚痛多痛势较轻，以隐痛、空痛、绵绵而痛、喜温喜按、时痛时止等为多见。中医临床治疗痛证，视其病机异同而对证下药，然临床所见之痛证并非能轻易区分其实痛和虚痛。

方教授从数十年针灸镇痛临床实践经验中总结出慢性疼痛具有"虚瘀并存"的致病特点，认为临床上不能过度强调"不通则痛"，更应注重慢性疼痛虚实夹杂的复杂状态。一方面，血瘀、气滞、痰凝等实邪引起的血行不畅会导致"不通则痛"，疼痛局部多表现为剧烈、拒按等实象，然实邪瘀滞日久，可伤及整体气血致"因瘀而虚"；另一方面，患者正气不足、气血亏虚致气血运行推动无力的"不荣则痛"，随着病程迁延可引起局部相对瘀滞，"因虚而滞、因滞而瘀"（方教授称之为"因虚致瘀"），继而导致疼痛发生。临床慢性疼痛患者多见本虚标实之象，疼痛多表现为酸痛、胀痛，此时患者整体是虚的，而局部却是瘀（实证）的。

基于数十年临床实践积累，方教授总结出慢性疼痛的"虚瘀交错"病机理论，认为实证疼痛以"瘀（滞）"为主，日久可因瘀致虚；虚证疼痛则多因虚致瘀。究其根本，无论"因瘀致虚"或"因虚致瘀"，疼痛的主要病因是"瘀"和"虚"，而"瘀"是导致疼痛的主要病理因素。方教授指出"不通则痛"和"不荣则痛"疼痛病机理论虽具有较高学术理论价值，但在临床疼痛辨证应用中两者并不是清晰可辨的，临床上更多见的是虚实夹杂、虚实兼见的慢性疼痛患者。"不通则痛"和"不荣则痛"二者在临床上很多时候并非泾渭分明，在一定情况下虚瘀交错，可能是因虚而瘀，也可能是因瘀而虚。单纯将慢性疼痛病机归于"不通则痛"或"不荣则痛"中的某一类，无法满足临床实际需求。因此，方教授提出的慢性疼痛"虚瘀交错"病机理论，在古人疼痛病机认识的基础上，结合临床实际，指导针灸镇痛辨证施治具有重要临床意义。在慢性疼痛"虚瘀交错"病机理论指导下，方教授提出"虚瘀（滞）交错，必先化瘀（滞）；结合补虚，方能止痛"的慢性疼痛治疗原则。"虚瘀（滞）交错，必先化瘀（滞）"，意为临床镇痛时，无论是实邪瘀滞引起的"不通则痛"，还是由于体虚所致气血推动无力而引发局部瘀滞的"不荣则痛"，抑或是虚实夹杂、虚瘀交错，"瘀（滞）"始终是导致疼痛发生的直接原因。因此，临床针灸镇痛的首要目的即是化瘀（滞）。方教授认为痛必泻实，无论虚证疼痛还是实证疼痛，祛瘀滞之法必定体现。《标幽赋》亦载有"疼痛实泻，痒麻虚补"的治疗原则。因此，化瘀通络止痛是临床镇痛最常用的治疗原则，毫针泻法疏通经络、温针灸法温阳化瘀、局部电针行气化瘀等均是方教授临床针灸镇痛时常用的化瘀通滞针法。"结合补虚，方能止痛"是方教授针对慢性疼痛"虚瘀交错"病机提出的具体治疗原则及其临床运用原则。慢性疼痛患者因病程缠绵日久引起因瘀致虚，同时体虚后无力推动气血运行引发因虚致瘀，恶性循环加重疼痛或导致疼痛无法痊愈。面对这种实证和虚证夹杂的临床状况，方教授提出应在化瘀的同时结合补虚，或先泻后补，或先补后泻，发挥长时强效镇痛作用。临床多配合针刺或艾灸气海、关元、足三里等补益要穴，行整体调治，共奏止痛之功。

典型医案：陈某，男，62岁，以左侧肩关节疼痛伴肢体活动不利1年余来院就诊。患者自述一年前突发左侧肢体活动不利，伴言语不利、肢体麻木、疼痛。头颅CT显示右侧丘脑区片状软化灶。经住院治疗后，现意识清楚，无言语不利及吞咽困难，可自行站立，近2个月来左侧肩关节疼痛严重，疼痛呈烧灼样刺痛，无恶寒发热，纳饮可，寐安，面色无华，二便调，舌淡，苔白腻，脉弦细。

方教授诊察后，认为该患者为中风后遗症，中医辨证为气虚血瘀。治法上应以醒神开窍、通络止痛为主，同时根据其主诉和舌脉辨证应注重在化瘀的同时，结合补虚。选穴：顶颞前斜线（健侧）、百会、风池（患侧）、肩髃（患侧）、肩髎（患侧）、侠白（患侧）、曲池（患侧）、手三里（患侧）、合谷（患侧）、后溪（患侧）、八风（患侧）、八邪（患侧）、伏兔（患侧）、血海（患侧）、解溪（患侧）、太冲（患侧）、足三里（患侧）、三阴交（患侧）、气海。操作：患者仰卧位。头皮针常规进针 0.5 寸左右，体针常规针刺。百会-顶颞前斜线、肩髃-肩髎接电针（2Hz）。足三里、气海行捻转补法后予以温针灸，余穴均用泻法。治疗时长 45 分钟，结束后患侧肢体拔罐。治疗隔日 1 次，每周治疗 3 次。治疗 1 周后，患者自觉疼痛减轻，嘱其同时结合康复训练以改善肢体活动障碍。坚持治疗 1 个月后，患者诉肩部疼痛有明显好转，偶有麻木，精神状态改善良多，言语不利亦有好转。

按：该患者有右侧丘脑区片状软化灶病史，经治疗后好转，但疼痛症状未有明显改善，于 2 个月前加重。方教授认为，从中医辨证来看，该患者为瘀血闭阻经脉，经络不通，不通则痛，而病程日久后，气血亏虚，不荣则痛，又加上血瘀和气虚交杂，因瘀致虚，因虚致瘀，不能得到及时有效治疗，形成恶性循环，引起疼痛加重。方教授在治疗时先辨明了引起该患者肩关节痛的病因有虚有实，因此在治疗上选用头皮针和体针相结合的疗法，以头皮针醒脑开窍，结合患侧上肢和下肢部穴位通络化瘀止痛，并采用 2Hz 电针抑制痛感觉传导和调节运动神经元兴奋性，有利于镇痛和改善患者肢体功能。除此以外，方教授根据"虚瘀交错"理论，在虚瘀交错必先化瘀以后，适当结合补虚，加用足三里、气海或关元等强壮要穴，采用温针灸疗法以补益全身气血，兼以温通经脉，共奏长效镇痛之功。

二、陈华德

（一）医家小传

国家二级教授，主任中医师，博士研究生导师，医学博士，浙江省教学名师。现任浙江省针灸学会副会长兼秘书长，中国针灸学会理事，中国针灸学会脑病专业委员会常务理事，浙江省中医药学会脑病专业委员会副主任。历任浙江省卫生厅中医眩晕病重点专科建设项目学科带头人和脑病重点专科研究学术带头人，国家中医药管理局眩晕病重点病种研究协作组成员单位项目负责人，浙江中医药大学国际教育学院院长，浙江省中山医院副院长。

从事针灸临床 36 年，曾受国家中医药管理局委派赴国外讲学和临床带教 3 年，被国外三家中医院校聘为客座教授和临床指导老师。临床擅长用多种中医药和针灸疗法治疗各种眩晕病以及多种脑病和神经内科疾病，如头痛、面瘫、中风偏瘫、脑梗死、脑萎缩、脑外伤后遗症、脑肿瘤及术后调理、帕金森病、老年性痴呆、高血压病、神经衰弱、失眠、焦虑症、耳鸣耳聋、小儿脑瘫、智力低下、多动症、抽动秽语症等。对颈肩腰腿和关节等各类痛证的治疗效果非常显著。

主持完成国家 973 子项目、国家和浙江省自然科学基金、国家和浙江省中医药管理局多项科研课题。获浙江省科技进步二等奖、三等奖和浙江省中医药管理局科技进步一等奖。获国家发明专利 1 项，实用专利 2 项。主编或参编学术著作 18 部，发表百余篇论文。已指导毕业的中外硕博研究生 70 余名。

（二）桃李之教

陈教授从事教学工作 30 余年，在初入教学之门幸得虞老指导。虞老不仅无私贡献教学笔记供后辈参考，更是在具体教学工作中给予细致、耐心的指导，这才使得原本对教学工作十分陌生的年轻人能够快速融入教师这一角色中去。

不仅如此，虞老除了是一位出色的教师外，更是一名医术精湛的临床医生。据陈教授回忆，虞老在临床上喜用特定穴，尤其是秩边穴、太溪穴和风池穴，在痛证中使用颇多。虞老擅长用毫针，非常注重进针和捻转手法，临床收效很快。虞老精于教学，对教案精益求精，每一章节都会反复斟酌，查阅文献并加以批注。针灸推拿系成立之初，虞老和高镇五老师对青年教师培养非常严格，每个人都要经过 2～3 次试讲才能去上课，并对青年教师的教案进行详细的批注，青年教师乃至学生每每见到虞老都是肃然起敬。此外，虞老精于针灸经典著作，临床和教学中均引经据典，每穴每针都有理有据。当年初上门诊，陈老患者不多，虞老便要求他诵读经典，练习针法，空闲的门诊也成了学习演练的场地，每天都过得非常充实。陈教授任浙江中医药大学第三临床医学院、附属第三医院副院长的日子里，仍然坚持把大量时间放在学院里抓教学。他始终遵循着虞老的教诲，教学不敢有一丝马虎。教学搞不好，会毁了一代人。

（三）踵事增华

陈教授从事针灸教学及临床 30 余年，曾任针灸推拿学院（后更名为第三临床医学院）副院长，分管教学工作。他和方教授一起组织教研室老师编写教材并开设课程"针灸推拿手法基础"、"针灸推拿诊疗基础"，使针灸推拿专业的学生提早接触手法练习和针灸推拿常见疾病的诊查方法，形成了早临床 - 早实践 - 反复实践的螺旋上升学习实践体系，打造了针灸推拿专业学生的良好专业技能。陈教授率先在国内院校开办了校内针灸推拿模拟医院（现更名为晨曦针推医院）为本科学生提供校内实践的场地，如今也成为育人体系的重要环节和党员模范基地。2005 年，陈教授参与的"面向 21 世纪中医教学媒体及模式的研究"获浙江省教学成果奖一等奖，排名第四；2008 年，带领针灸学科教学团队获浙江省高等学校教学团队荣誉称号；2009 年，陈教授主持完成的研究成果"针灸推拿专业学生临床实践能力培养模式的创新与实践"获浙江省高等教育教学成果奖二等奖。多年来，他兢兢业业投身教学，建设的"针灸学"双语精品课程成为很多院校开展双语教学的模板。他是浙江中医药大学针灸推拿学院历史上非常重要的人物，更是针灸推拿专业建设的中坚力量。

陈教授不仅教学成果丰厚，临床也颇有建树。他推崇头针，并认为头针针刺后唯有久留才能取得更加满意的临床疗效。基于"虚则补之"、"静以久留"的原则开创百会穴长留针治疗各种神经系统疾病的特色疗法，疗效显著。此外，还擅长应用针刺、放血、穴位注射等方法，对头痛、头晕、失眠以及各种脑部疾病均具有较好疗效。

1. 耳尖放血阳亢自灭

耳尖穴是临床常用耳穴之一，属于经外奇穴。该穴具有广泛的治疗作用，古今诸多医家善用之。耳尖刺血疗法符合我国古代传统医学的"刺络放血"的基本原理，它是根据"血实宜决之"、"苑陈则除之"和"泻热出血"的治疗原则而形成。陈教授经过大量临床实践和动物实验，证实了耳尖放血疗法治疗属于肝阳上亢型疾病的有效性和安全性，包括现代医学的高血压、失眠、头痛、神经衰弱等多种疾病，为该类疾病的临床治疗推出了简单实用、安全有效的中医疗法。

耳尖放血疗法的临床操作要点：①首先用手指按摩耳郭使其充血；②取患者单侧耳轮顶端的耳尖穴；③经严格的碘伏和酒精消毒后，左手固定耳郭，右手持一次性采血针对准施术部位迅速刺入约 2mm，随即出针；④轻轻挤压针孔周围的耳郭，使其自然出血，然后用酒精棉球吸取血滴。临床上刺血治病的出血量，一般根据病情、体质而定，大概每侧穴位放血 5 ~ 10 滴，每滴如黄豆大小。

陈教授曾带领学生做了一项耳尖放血治疗 90 例肝阳上亢型高血压患者的临床疗效观察课题。其中耳尖放血组 30 例，显效率 46.67%，总有效率 80.00%；口服苯磺酸氨氯地平片组 30 例，显效率 33.3%，总有效率 56.67%；耳尖放血结合口服苯磺酸氨氯地平片组 30 例，显效率 66.67%，总有效率 100%。研究结果表明，耳尖放血组、药物组、耳尖放血结合药物组均能降低血压和不同程度地改善肝阳上亢型高血压患者的主要症状。但以耳尖放血结合药物组的治疗效果最好。

2. 百会留针奉血于脑

百会穴长时间留针法是陈教授遵循"虚则补之"、"静以久留"的原则所提出的治疗方法，是将古典医籍的理论方法和现代的头针加以整合改进的一种针法。长留针法在近代针灸治疗眩晕的报道中很少有人提及。古代医籍《素问·调经论》曰："不足则视其虚经，内针其脉中，久留而视。"《类经》亦云："久运之疾，其气必深，针不深则隐伏之病不能及，留不久则固结之邪不得散也。"说明长留针治疗法在古代医籍中已经有所论述。

百会穴为百脉之宗、诸阳之会，诸经脉气血汇聚之处。故百会穴长留针可以持续地升举一身清阳之气，阳气升则可以帅血上奉于脑，使气充血旺，脑神得养。陈教授根据多年临床经验总结出：颈性眩晕乃多因人体上气不足，督脉阳虚，气血不能上荣，经气运行受阻，脑失所养所致。用百会穴长时间留针法治疗该病临床疗效颇佳，并已经过多次动物实验加以证实。此法能够调节椎 - 基底动脉血流速度，改善大脑缺血症状。百会穴长时间留针法是采用 1.5 寸的无菌毫针，顺督脉循行的方向，针尖与头皮呈 30°夹角快速刺入皮下，当针尖抵达帽状腱膜下层时，指下阻力减小，此时使针尖与头皮平行，刺入 35mm 左右，得气后将针柄从距离针根 5mm 处剪断，留针 24 小时。留针期间不影响患者生活起居，此法简便易行、安全有效。长时间留针法能够持久地激发人体的经气，维持有效的刺激量，从而提高疗效。

典型医案：杜某，女，42 岁。2008 年 7 月 25 日就诊。头晕、头胀 3 年余，加重 1 周。患者于 3 年前无明显诱因晨起时突然出现头晕、头胀、视物旋转，伴有颈项部僵硬不适，无耳鸣，无恶心、呕吐，经推拿治疗后好转，但头晕、头胀仍反复发作。近1周来，因劳累后疾病再次发作，头晕、头胀明显，视物模糊，颈部有不适感，双手麻感，转颈及卧位时头晕尤甚，影响睡眠。患者于1周前在某医院做MRI检查提示：颈5～6、颈6～7椎间盘膨出，颈3～4、颈4～5、胸1～2椎间盘轻度突出，诊断为颈椎病。经推拿治疗3次，效果不佳，故来就诊。

就诊时除上述症状外，伴有神疲乏力，面色少华，仍有心悸，大小便自调，夜寐欠安，胃纳欠佳，舌淡苔薄，脉细弱。检查：颈项部肌肉僵硬，颈椎前屈、后仰、侧弯及旋转等活动幅度减小，颈2～7棘突及棘突旁肌肉轻度压痛，两侧肩部斜方肌压痛明显，压颈试验（-），臂丛牵拉试验（-），双侧霍夫曼征（-），双上肢肌力Ⅴ级。TCD检查示：①椎-基底动脉供血不足；②双侧大脑前动脉血流速度加快。血压130/80mmHg。诊断为眩晕（气血不足型），给予百会穴长留针法治疗，留针24小时。

患者隔日复诊时，自述针后头脑顿觉清醒，睡眠亦好。依上法再针3次，自觉头晕症状明显改善，辅以通经活络、养血活血的中药以善其后，半年内未复发。

3. 穴位注射尽显奇功

穴位注射疗法目前已经在临床中得到广泛使用。该疗法是根据所患疾病，按照穴位的治疗作用和药物性能，选用相应的穴位和药物，将药液注入人体穴位内，以充分发挥经穴和药物对疾病的综合治疗作用，从而达到治病目的的一种治疗方法。穴位注射药物，一方面通过针和药物对穴位的刺激，调节脏腑功能，疏通经络气血，平衡机体阴阳，另一方面使药物沿着经络系统直达病所，充分发挥药效，因此达到了经穴与药效协同作用，充分发挥了二者的共同治疗作用，达到治病目的。同时，因穴位注射后，药物在穴内存留时间较长，故可加强和延续穴位的治疗效能。

陈教授临床多年，对穴位注射治疗疾病有较深刻的认识，在临床中应用该疗法时，很注重辨证取穴、辨证用药、辨证施术，从而大大提高临床疗效。如气血亏虚型选足三里、三阴交；肝肾亏虚型加肾俞、太溪。对于虚证要用轻刺激，顺着经络的循行方向，并将药液缓慢轻轻推入；而对实证则要用强刺激，逆着经络的循行方向进针，推药速度快。辨证为血瘀型等实证者，选用复方当归注射液或丹参注射液，对虚证患者多选用黄芪注射液等。

典型医案：王某，男，4岁。1998年9月21日初诊。患儿出生时窒息缺氧约4～5小时，以致脑瘫。运动能力明显落后于同龄儿，右侧上肢和两下肢呈轻中度痉挛，右上肢屈伸不利，两下肢紧张，两腿呈交叉状，不能站立，流涎，发音不清，仅能说"爸"、"妈"两个单字，CT显示大脑轻度发育不全。曾接受中西药物治疗，疗效不显著。经用脑活素注射液穴位注射为主的针刺综合治疗1个疗程后，下肢明显好转，能独自站立。3个疗程后，右上肢活动明显较前灵活，下肢剪刀腿基本纠正，稍搀扶就能行走，能说两三字连起来的简单词句。

4. 头皮针法事半功倍

陈教授善用头皮针，通过刺激头部发际区域特定部位来治疗疾病，尤其是脑功能障碍疾病。《灵枢·卫气》有"气在头者，止之于脑"的论述，头部乃脏腑和经络之气血汇聚之处，施针头部可贯穿顶、额、颞三区，跨越督脉、足太阳、足少阳三条阳经，而三条阳经从头到足，纵贯全身，具有通调一身阳气的功能。陈教授根据这一理论，在体针的基础上结合头皮针治疗，调整全身气血，恢复内脏、躯干、四肢的正常功能，从而达到治愈疾病的目的。中医认为，督脉为"阳脉之海"，具有督领全身阳气、统率诸阳经的作用。因此，陈教授头皮针取穴以督脉之顶中线、顶旁1线（相当于百会及四神聪）、额中线、枕上正中线为主，通过针刺提高全身正气以抵抗邪气，并根据疾病特点配穴：如上、中、下三焦病证分别配额1、2、3线；运动感觉类病证配运动区、感觉区；平衡障碍配平衡区；视觉障碍配视区；眩晕配晕听区等。一般采用双手进针法，左手拇指按压在施针处，右手拇、食、中指持针先以30°角快速刺入到帽状腱膜下，再以15°角平刺入0.5～1.0寸，这样可以减轻疼痛感，如遇到阻碍，稍退出一点调整下方向再次进针。初次被施针者留针30分钟以适应，多次针灸后可建议留针时间长于1小时。在留针期间配合运动，效果更好。

陈教授将头皮针主要用于治疗脑部疾病，如中风出血或脑梗死引起的偏瘫，及小儿脑瘫、小儿脑发育不全、头晕头痛、失眠健忘、震颤麻痹、舞蹈病等。通过长期临床观察，发现头皮针疗效非常显著。

典型医案1： 患者，男，56岁。因高血压未得到及时控制出现中风出血，经抢救治疗后，病情得到控制，但出现右侧肢体活动不利，走路不稳，言语不清，舌红苔少，脉弦。以头皮针刺激其左侧运动区、感觉区、言语区，经治疗3个疗程后症状明显好转。

典型医案2： 患儿，2岁，足月顺产。曾有感冒发热病史，现言语不清，活动欠佳，四肢肌力较差，不能行走。检查示智力较同龄人差，诊断为小儿

浙江中医临床名家·虞孝贞

脑瘫。主要针百会、四神聪、双侧运动感觉区，经1个疗程头皮针治疗后，小儿开始能说出简单的"爸""妈"等字，四肢肌力明显好转，可以在大人的搀扶下走路。陈教授说，小儿处于生长发育阶段，早期治疗可以促使疾病向好的方向转归。

5. 针药合璧相得益彰

历代名医都非常重视"针药并用"这一临床治病方法。孙思邈在《千金方》中就说过："若针而不灸，灸而不针，皆非良医也。针灸而不药，药而不针灸，尤非良医也……知针知药，固是良医。"陈教授在遵循"圣人杂合以治，各得其所宜"的治疗观及"一针二灸三用药"的临证原则上，运用针药结合，提高了临床疗效。陈教授认为在临床选用针药治病，是因人因病而施，绝非千篇一律。选用原则是根据辨证论治的需要、病情的轻重缓急、病灶的部位大小等来决定。凡属全身性疾病和急重病证，大多以针药并用；对某些慢性病的治疗方法，更是多种多样。如癫痫治以针刺和丸药并用；对暴病急症，或神经、精神系统疾患，且身体强壮者，多以针灸为主；若重笃危证，或身体过度衰弱者，则以药物治疗为主。对一般慢性病则多针药并用。

典型医案：患者，女，60岁，2009年4月初诊。患者于2007年3月初无明显诱因出现眩晕伴耳鸣，平素颈椎不适，神疲乏力，面色苍白，寐差。舌淡红，苔薄白，脉细。自述有低血压病史。处方如下：炒黄芪30g，当归15g，生熟地各15g，川芎12g，赤白芍各15g，党参15g，炒白术12g，茯苓12g，山萸肉12g，泽泻12g，地龙12g，蜈蚣2条，片姜黄15g，葛根20g，鸡血藤30g，合欢皮15g，龙齿20g，灵磁石30g，青皮、陈皮、炙甘草各6g。水煎服，每日1剂。

针灸取穴：风池、颈6夹脊、胸3夹脊、肾俞、足三里、三阴交、气海。留针30分钟，隔日针灸1次。

上法随症加减，调治2个月，诸症基本痊愈。

三、边琼霞

（一）医家小传

医学硕士。雅恩教育创始人、总裁。历任世界五百强欧美制药公司高层管理人员。美国人际关系发展干预疗法（RDI）咨询顾问。美国《图片交换沟通系统PECS培训手册》中文译作者。积累了多年儿童言语评估、言语训练、口肌治疗及自闭症儿童治疗经验。拥有 PECS 训练、RDI 家庭咨询辅导的丰富经验。中国首位获得美国 PROMPT 言语治疗技术与运用两项证书。获得美国 Talktools 口肌治疗两项证书。获得美国 PECS 自闭症图片交换沟通两项证书。获得美国 SCERTSMODEL 自闭症情绪行为干预证书。

（二）桃李之教

1985 年考入浙江中医学院，毕业后获针灸医学硕士学位，是虞老唯一的研究生。边琼霞入学期间正值虞老身体状况较差，减少了门诊和教学的工作量。即便如此，边琼霞仍清晰记得虞老在教室里、家里、医院里对她讲解各种针灸手法操作、疾病的辨证论治。当时边琼霞与虞老研究针灸治疗子宫肌瘤，在环城东路中医门诊部及中医学院门诊部收治 40 岁左右的多发性子宫肌瘤患者，均使患者的出血量减少，压迫症状减轻。虞老对患者有着极大的爱心、耐心，治学态度严谨。时至毕业前期，边琼霞在完成毕业论文后在宿舍内阅读课外小说，虞老因论文修改事宜上门时看到，言辞深切，谆谆教诲。毕业后，虞老在身体允许的情况下，非常欢迎学生到家中请教，对毕业的学生也是如此。很多学生就业后在临床施术过程中遇到问题而写信求教，虞老总是及时回复。

（三）踵事增华

边琼霞从学校毕业后，曾在杭州市中医院工作，后机缘巧合至瑞士一家制药公司工作。对于放弃从事中医针灸事业，虞老给予了极大的包容与鼓励。儿童言语障碍康复治疗这一细分领域，在中国一直处于长期空白。权威数据显示，中国儿童言语障碍发生率 2 岁为 17% 左右，3 岁为 4% ～ 7.5%，6 岁为 3% ～ 6%。根据每年出生人口换算，我国每年 2 ～ 6 岁儿童患言语障碍的数量达 200 万～ 300 万。在商业与公益之间，边琼霞摸索出一条道路。

2005 年，那时做过医生，已在跨国药企做管理的边琼霞，放弃高薪，刚辞职，想寻找有意义的人生方向。其逐渐将目光聚焦于特殊儿童，开始思索能为那些医院没有药物治疗、学校不接纳、家长不知如何面对的孩子做些什么。在与精神科、心理科医生朋友大量探讨后，她看到了特殊儿童在医院与学校之间的衔接空白。

2005 年的冬天，在浙江大学城市学院租用的教室里，雅恩迎来首批 11 个孩子的寒假班。每个家长几乎都以求助的心态和口吻，将孩子托付给边琼霞。那时，自闭症这个词还不像如今这样普及。面对这些特殊孩子，边琼霞和同事们时刻都提心吊胆。但令人欣喜的是，利用专业心理学知识，通过心理学家指导，这些特殊孩子逐渐开始变化。到寒假结束，一些孩子回到主流的学校就读。离别时，家长的眼中除了感谢，透露出更大的期待。之后雅恩在偏远小学、市中心均设立了训练中心。回顾跨国药企的管理经验，她决心只聚焦 2～6 岁特殊需求儿童的言语训练，并将这件事做成标准化。

确定这个思路后，边琼霞做了两件事，一是固定课程，二是将老师分组。她了解到，国外仅对基础自闭症的研究就有几百种。2011 年，她接触到图片交换沟通系统（PECS），并专程飞去美国参加创始人的亲授课程。2016 年，雅恩九位老师获得了 PECS 实操者资格认证，成为中国第一批获此认证的专业人士。如今，雅恩教育已经设置开发了言语训练、言语构音、RDI 咨询辅导、PECS 等六大版块课程。正如边琼霞的初衷，语言发展障碍、发育迟缓、孤独症谱系障碍的儿童在雅恩得到了科学的训练，逐渐改变。训练孩子之外，雅恩还开发了面向言语障碍儿童父母的在线课程。家长们能在线学习家庭场景的训练知识，帮助家庭减少一些治疗费用。在偏远地区的家长，能通过互联网，得以接触专业的训练体系。此外，雅恩还免费为特殊儿童提供半天的专业护理、看护，让家长们得到喘息的机会。历经 13 年，从当年的小破屋，到如今的 15 家训练中心，雅恩每年在训的儿童超过 1000 名。

边琼霞说，这项在美国每年花费上千亿美元的康复治疗，在中国还尚属刚刚起步。一些中国的特殊儿童因为没有及时有效的干预，在入学、就业都遭遇巨大的困难，对家庭带来沉重的经济和心理负担。在国内，直到近几年才在北京语言大学、上海中医药大学等少数高校设置相关专业，中国职业大典中至今没有言语障碍治疗师这一职业。一些大专院校陆续开设特殊教育与康复相关专业，但因缺乏实操，很多毕业生压根不知如何面对特殊儿童。到如今，她仍秉承虞老"医者仁心"的理念，坚持不向家长收高额费用，依赖摸索出的标准化模式和数百万美元融资将特殊儿童的康复事业发展下去。

四、汪慧敏

（一）医家小传

教授，医学博士，香港中医学会会长，香港中医中药发展委员会委员，香港中医药管理委员会委员，擅长用针灸、中药方法治疗妇科疾病，对子宫内膜异位症有独到治验，其经验被卫生部摄成医学视听教材《子宫内膜异位症的针灸治疗》，并在浙江中医药大学附属第三医院开设子宫内膜异位症专病门诊，有子宫内膜异位症研究相关各级课题 10 余项，均为课题负责人，发表论文 20 余篇，论文获浙江省优秀自然科技论文奖，出版《子宫内膜异位症的针灸治疗》中英文版、《痛经的针灸治疗》英文版、《针灸治疗疑难杂症现代研究》、《香港执业中医——针灸考试必读》等著作。

（二）桃李之教

汪教授于 1985 年考入浙江中医学院中医学专业五年制本科，毕业后在浙江金华中心医院工作 3 年，1998 年以优异成绩考取母校的中医妇科研究生，但服从学校调剂改读针灸专业刘元亮教授的研究生；当年整个浙江中医学院只招收 9 个研究生，汪教授是唯一一个针灸专业的硕士研究生。学校对研究生培养非常重视，安排资深教授担任各科的老师，虞老担任"刺法灸法学"和部分"针灸各家学说"的教学工作。汪教授至今还记得虞老在教室里对她一个人详细讲解各种针灸手法，并手把手演示手法操作要点，汪教授大学毕业后从事中医内科为主，针灸专业知识相对薄弱，学校良好的师资和一对一的教学使她在第一年基础课里补上针灸本科全部的内容，并圆满完成针灸硕士的学习目标。虞老严谨的治学态度、娴熟高超的针刺手法、刚毅坚强的性格、诲人不倦的风范对汪教授本人树立从事针灸事业的信心起了非常关键的作用。之后十余年汪教授和虞老一直住同一大学宿舍上下楼，汪教授在临床上遇到什么问题，随时去虞老门诊或家里请教，在 1998 年学校整理虞孝贞学术经验手稿时，虞老多次对汪教授讲解手稿中案例的原理，并把全部原稿放心交给汪教授处理，这些资料对汪教授个人以后临床都有很大启发和指导作用。

（三）踵事增华

汪教授在硕士研究生毕业初期，一直找不到自己的临床方向，后来通过查阅大量资料，发现子宫内膜异位症以疼痛为主，和免疫有关，而且中西医治疗均未找到具有确切疗效的疗法，口服中药和单纯针刺对剧烈痛经效果不理想。由此，汪教授创新地提出用药饼灸改善免疫功能、消散包块，从而控制月经前后的剧烈腹痛。当时国内外没有用药饼灸治疗此病的任何相关报道。

　　汪教授在 1996 年开始从事子宫内膜异位症研究，虞老对她个人学术特点形成起到很多指导作用。2004 年汪教授开设针灸治疗子宫内膜异位症的专病门诊。随着患者越来越多，汪教授感觉自己中医妇科用药经验不够，在浙江省首批青年名中医培养期间，又师从全国妇科四大流派之何氏妇科何嘉琳教授。之后又攻读中医内科博士，并成为第四批全国老中医药专家学术经验继承人，逐渐形成她个人独特的学术思想，开创了药饼灸治疗子宫内膜异位症等特色治疗方法，疗效显著且影响深远。

1. 擅用药饼灸独长内异

　　汪教授在临床深刻体会到子宫内膜异位症患者的疾苦，感叹于中西医均未找到对本病具有确切疗效的治疗方法，在临床实践和中医传统理论的基础上自创隔药饼灸治疗子宫内膜异位症，其方法为：将温阳活血的附子、鹿角霜、肉桂等药用粉碎机打粉（过 60 目筛），再以 20% 酒精调制后，用模具压成直径 3cm，厚 0.5cm 的药饼。在药物方面她也不是简单套用前人的外用成方，而是一味一味去验证。比如很多人外用丁香来治疗痛证，但汪教授发现，丁香用于药饼很容易引起皮肤发红、肿胀、过敏；鹿角霜外用能消包块，具有温阳散结作用，对于消散与免疫相关疾病的肿块效果显著。同时，在艾绒处理方面也花了很多心思，通过多方改进，她把艾绒先用 95% 的酒精烧过，无烟以后再把药饼放置于穴位上，这样处理艾绒的方法使诊室基本无烟，避免了因为烟雾大而在一些地方不能推行的弊端。而药饼和艾炷也有严格大小比例，药饼和艾绒的体积比例为 3：2，这个比例可使药饼温度达 42℃，因为如药饼温度超过 45℃，患者皮肤就很容易起泡。在穴位选择上，汪教授喜用关元穴，因关元为任脉补益保健要穴，又为足三阴经交会之处，汪教授根据多年临证经验指出"灸必加关元"，不仅可以提高免疫功能，调整内分泌功能，达到补益作用，而且是全身治疗痛经效果最好的一个穴位，适用于免疫相关的妇科疾病的治疗。从解剖学角度研究，关元穴表皮角质层较薄，子宫和小肠位于其下，靠近盆腔的局部病灶，在关元穴上施灸使辛温芳香之气直入少腹胞中及经脉气血壅滞之处，从而起到治疗的作用。在穴位运用方面也与一般医师不同，汪教授治疗子宫内膜异位症时，每周 3 次，隔天治疗 1 次。第一次选用腹部穴位治疗，再次治疗则选用背部穴位治疗，以后腹部背部穴位交替治疗，而且尤其重视背部穴位的治疗。在腹部一般选用关元、中极；有包块选择子宫、四满；月经不调加归来、水道；上肢用曲池、支沟通腑以减轻盆腔充血；下肢用足三里、地机、丰隆、三阴交；背部选穴用八髎特别是次髎以治疗痛经，消除盆腔炎症充血；此外，用承山、委中消除患者最为痛苦的肛门坠胀感。迄今为止，汪教授已治疗子宫内膜异位症患者近千例。

2. 明辨机理针药并用

子宫内膜异位症如巧克力囊肿大于 5cm，除针灸外需要配合中药治疗。在中药运用上，汪教授认为不能一味破血化瘀，而要根据疾病的病机。子宫内膜异位症以"肾虚肝郁"为本，血瘀为标，痰阻胞宫而致病，故改善盆腔血液循环为治疗本病的关键。补肾疏肝、活血化瘀为治法。用个人经验方即桂莪内异消方（肉桂 10g，莪术 10g，香附 10g，益母草 20g，蒲公英 15g，丹参 30g，桃仁 10g，当归 10g，三棱 10g，皂角刺 10g），水煎服，每日 1 剂，月经来潮期间停用 6 天，共治疗 6 个月。

后来，汪教授到香港工作后，接触到很多内地没有接触到的患者。香港是世界上开展辅助生殖技术（特别是试管婴儿）比较早的地区，大量反复试管婴儿不成功的患者，或者当月胚胎移植的患者主动寻求中医特别是针灸的帮助。以前在浙江中医药大学，很多国外留学生向汪教授请教针灸治疗不孕症，面对这些患者汪教授根据自己的中医针灸妇科功底，马上分清影响试管婴儿的成功无外乎有无影响怀孕的基础疾病，以及子宫内膜容受性、胚胎移植前后、卵巢过度刺激症等预防处理。这些患者很多存在着子宫内膜异位症、多囊卵巢综合征、慢性盆腔炎输卵管积水、卵巢储备不足或卵巢低反应等基础疾病，这些疾病都是汪教授以前治疗得最多也是针灸妇科主要的疾病类型。有子宫内膜异位症的患者移植成功率和活胎率要远低于其他基础疾病患者，所以汪教授根据自己的经验制定一系列治疗方案，很短时间就非常好地开展这方面的临床治疗工作，由于应诊患者众多，她很快积累了很多经验，并经常在国际生殖学术会议上介绍治疗经验，演示针刺操作，其治疗方法对广大针灸医师针灸介入辅助生殖技术的针灸选穴取穴、操作要点有很好的指导参考作用。在影响试管婴儿的基础疾病治疗方面，肥胖型多囊卵巢综合征多选用针刺天枢（双侧）、水分、滑肉门（双侧）、外陵（双侧）；上肢选用支沟、曲池、合谷；下肢选用足三里、三阴交、阳陵泉、太冲；消瘦型多囊卵巢综合征加用太溪、照海、肝俞、肾俞。注意促排卵穴位、通经穴位、降脂穴位的运用，肥胖型可以配合耳穴。慢性盆腔炎可选用腹部天枢、气穴、关元、子宫；背部用八髎、大肠俞、三焦俞及上下肢的曲池、支沟、合谷、地机、足三里、三阴交、太冲穴位；曲池、支沟、地机是盆腔炎的传统用穴；输卵管积水加四满、水道、阴陵泉，要特别注重背部穴位及灸法的运用。卵巢低反应卵泡期用天枢、关元、肾俞、气穴、太溪、照海、三阴交，太冲；排卵期用中极、地机；黄体期用大赫，加命门、肾俞、志室同用灸法，经期用水道、归来，行试管婴儿的患者如卵子数目少多用腹部水道、归来、子宫、卵巢体表投影周围穴位。在子宫内膜容受性方面，如子宫内膜薄用补肾穴位，天枢、关元、气穴、大赫；加命门、肾俞、志室、八髎，针灸同用，注重腹部背部穴位病种运用，子宫内膜厚多用活血化瘀、化痰软坚的穴位如丰隆、阴陵泉、地机、三阴交；背部八髎上述两种都是要穴。试管婴儿取卵前一天酌情选用腹部穴位天枢、气海、气穴、大赫、足三里、三阴交、太冲，外加疏肝安神助眠穴位如百会、神庭、神门、安神；植入胚胎后针灸安神镇静为主，用百会、神庭、神门、安眠、安神穴位，防止子宫收缩、痉挛，并用促进血液循环养血安胎穴位血海、内关、足三里。用最细针，完全无痛的针法，少用手法；尽量不用腹部的穴位；可灸命门；可以连续 3 ～ 5 天，之后也可以针灸；不针合谷、太冲、三阴交、地机等引起子宫收缩的穴位。针灸对卵巢过度刺激综合征预防治疗，针灸辨证选用补肾健脾、利水化痰消瘀的肾俞、脾俞、足三里、太溪、三阴交、水分、水道、阴陵泉、丰隆等。汪教授认为穴位的选择、疗程、方法、手法、时机，都会影响到针灸的最终效果。

五、蒋松鹤

（一）医家小传

主任医师，教授，博士生导师。1992 年曾在中国中医研究院、空军总医院等进修。2004 年在奥地利格拉茨医科大学访问学习，同年获第八届温州市十大杰出青年，入选温州市"551 人才"第一层次，2006 年入选浙江省"151人才工程"。2007 年为美国俄亥俄州立大学物理医学与康复科访问学者。现任温州医科大学中美针灸康复研究所中方所长、智能康复国际（两岸）联盟主任，国家中医药管理局重点专科康复科负责人，浙江省名中医、浙江省高校中青年学科带头人；中国康复医学会远程康复专业委员会常务委员、中国康复技术转化及发展促进会智能康复技术常务委员、中国针灸学会针灸康复专业委员会常务委员，海峡两岸康复医学教育资源中心副主席，浙江省针灸学会针灸康复专业委员会主委、浙江省医学会物理医学与康复分会副主委、浙江省医师协会康复医师分会副会长、浙江省康复医学会常务理事、温州医学会康复分会主委等。主要研究方向为智能强化康复技术及脑与脊髓功能机制的研究，针灸康复的整合优化医学研究。1996 年以来，提出采用"牵引态下针刺"和蛇鳖软膏灸、柔性点穴正骨等手段治疗颈腰椎病。2004 年开始，先后发明胸腰椎撑开支具、智慧型康复直立床的安全反馈控制装置、智能间歇直立床、磁性作业套件等已授权国家专利近 20 项。进行智能强化康复临床研究，提高脊柱脊髓损伤、脑卒中、颈腰椎病等康复疗效和扩展康复范围。现主持国家自然科学基金 2 项，浙江省自然科学基金等多项。主编 *Clinical Research & Application of Acupuncture & Tuina*、《汉英对照针推精要》、《家庭推拿和简易针灸》等；担任教育部十一五规划教材《康复医学》、《针灸学》编委，十二五规划教材《推拿学》副主编；参编《中医教程新编》、《中医学教程》等。发表论文百余篇，其中 SCI 10 余篇，获浙江省自然科学优秀论文二、三等奖共 3 篇。获浙江省科技进步奖、教育厅和原卫生厅及温州市科技成果二、三等奖 6 项。主持"智能康复技术新进展"、"针灸康复交叉学科研究"等国家级继续教育项目。承担"针灸学"、"临床康复学"、"康复评定学"等课程的教学工作。

（二）桃李之教

蒋松鹤于 1986 年就读于浙江中医学院针灸系，大学阶段中医的启蒙到深入均受到虞老的重要点拨。虞老当时在教课过程中表现出来的深厚学术功底对蒋松鹤今后的学医生涯产生了深远的影响，并为蒋松鹤以后坚定不移地走中西医结合道路，不断创新发挥打下了十分重要的基础。在硕士阶段，蒋松鹤便又跟随方剑乔教授进行进一步的学习，受影响也很大，目前蒋松鹤的研究方向也主要是痛证方向。在校学习期间，蒋松鹤经由虞老亲自授课，就此与虞老结缘。在他的印象中，虞老一直是十分敬业的。当时学校还在庆春路，尽管学习条件十分艰苦，但幸运的是有一大批敬业的老师，无疑是学校最大的一笔财富，克服了教学硬件上的困难，让人印象深刻的是虞老授课从未停止过。蒋松鹤回忆道，当时的针灸学教授虞老，主讲的是"针灸医籍选"，对于初学中医理论和针灸的学生来说，课程中过于专业的医学理论让当时的学生手足无措，不知从何下手。然而，在上课过程中，蒋松鹤发现虞老能够将丰富的临床经验融入到艰涩难懂的医学专业文言文之中，使得他们对专业知识的理解从"半梦半醒之间"忽觉茅塞顿开。某一日晚间，蒋松鹤当时班上的一位同学感受风寒，导致严重鼻塞，卧床呼吸困难，舍友根据所学七手八脚地扎满针，取印堂、迎香、鼻通、合谷等穴位，但症状却仍未见丝毫缓解。因老师家住学生宿舍附近，蒋松鹤和其同学前去拜访虞老。虞老知悉后，十分耐心地询问病史，然后果断取刺风池穴，予以捻针 2 分钟左右，同学一声惊呼："鼻子通了"。当时，蒋松鹤方才领悟到"纸上得来终觉浅，绝知此事要躬行"的深刻含义。

在日常学习之余，蒋松鹤还在虞老门诊进行跟诊。在跟诊期间，虞老要求十分严格，在进行针灸治疗的同时，要求医者绝对不能说话，不能分神、分心。虞老认为针灸治病，同样重在治神，要求医者在针刺治疗的过程中要密切掌握和重视患者的精神状态和机体变化，观察患者状态，进而知道精神魂魄之存亡得失，在全面掌握患者上述状态的前提之下，运用与之相适应的针刺手法，才能得到预期的治疗效果。因此，必须守神才能够在治疗疾病的时候取得满意的疗效。同时，蒋松鹤回忆道，虞老治学方面非常虚心，尽管她非常有学术水平，造诣非常高，但是从来不贬低同行。虞老认为，不论是谁，我们都可以从他们的身上学到自己未曾接触到的知识或者道理，一方面是学术，另一方面是做人。

（三）踵事增华

毕业后，蒋松鹤一直活跃在临床一线，在临床或阅读文献的同时会碰到很多难以解决的问题，因而总是要写信请教虞老，虞老便会十分耐心地一一回复。到目前为止，蒋松鹤仍旧保留着大叠虞老的亲笔书信。在回复的一封封书信当中，虞老对提出的困惑均一一详细解答。内容除中西医结合、看部取穴、开展针灸专科病症治疗等重要方向性问题上的谆谆教导外，虞老在学习态度、工作态度、对患者的态度等方面上总是语重心长地反复叮嘱和鼓励，在蒋松鹤毕业后仍旧不断告诉他如何去学习，如何去中西医并重，中西结合，实事求是。比如，在学习态度方面，虞老认为，作为一名临床医生，不管经验有多丰富，在临证的时候总会出现自己未曾遇见或者无法处理的疾病，故而需要在实践过程中不断学习；在工作态度方面，虞老叮嘱门诊治疗期间要求医生聚精会神，认为必须守神才能够取得满意的疗效；在工作方面，虞老认为初入社会，临证经验较为薄弱，在为人处世、人情世故方面较为淡薄，故而要主动关注同行的动向。有机会就要问候自己关注的医师。除了要积极向同事学习，向护士也要表示尊重。同事经验要多于自己，他们看的病例较多，处理疾病的手段较为熟练，有些经验往往是从临床得来的，而书本之中未曾提及的，这也是极为珍贵，可以让自己少走弯路；护士的工作任务虽然有别于医师，但他们接触患者的时间总是多于医生的，有些平时不易察觉的变化，护士总比医生要熟悉。由于中医药的特殊性，不同时间、地点、炮制方法的中药，药性也存在一定的差别，故临床医生也要时不时到药房里看看，熟悉和掌握药性的变化，才能够在遣方用药的时候得心应手。

1998 年前，蒋松鹤与虞老往来书信频繁，内容较多。但是 1998 年之后，由于虞老身体日渐不佳，写书信越发吃力，书信往来就逐渐减少，后面每封信也越发间断，考虑虞老的身体状况，后面就越来越少了。但是，在虞老耐心的解答当中，她表现出不仅仅在急症方面有所建树，对杂症也是有独到的经验。虞老思想是很深邃的，医学相关的知识太多，在虞老的眼里，中西医都是值得深入学习的，在她心中两者在治疗疾病方面各有长处，需要相互学习。蒋松鹤记忆中的虞老总是能够给人以"越是大家，越是虚心"的印象，虞老的渊博知识、虚心的学习态度深刻表明"越是大家，越是会学习"，关注别人的优点，海纳百川，才能够成为大家。这些建树、为人和思想等对蒋松鹤的影响很大，以至于蒋松鹤目前从事的多学科也深受其影响。2000 年，蒋松鹤再度回到母校进一步深造，导师为方剑乔教授——昔日的班主任，带来了全新的知识感悟。尤其是在教学过程中的"针灸实验研究进展，针刺镇痛和免疫"一堂课，讲解从外周传入脊髓水平的化学神经递质到大脑（主要是间脑、边缘系统等），一气呵成，令他感觉豁然开朗。而其进一步与临床的关系，如以痛为俞（脊髓水平的整合）、远道取穴（经过复杂整合，与束旁核、中央中核相关）及对侧取穴（PAG 相关）的差别，对他今日的研究仍有很重要的启发。昔日腧穴学老师陈华德教授，讲授研究生课程"头皮针学派和机理研究"，对国内头皮针六大流派进行了深入的比较研究，令他印象深刻。

2004 年、2007 年蒋松鹤先后在奥地利格拉茨医科大学、美国俄亥俄州立大学康复中心做访问学者。回国后将针灸推拿和康复理疗整合，进行多项多学科协作研究。以智能强化康复研究和多规律穴位刺激反馈调节为研究重点，带领同事一道大力开展新技术及新项目，不断挑战康复疑难病症。2010 年，蒋松鹤再赴武汉大学攻读康复医学博士，系统学习、补充康复医学知识，尤其集中于康复评定、物理疗法和针灸学的融合研究，提出针灸多元反馈规律及康复评定下多元反馈针灸疗法多途径传导治疗疑难杂症。2016 年，蒋松鹤团队和美国杨观虎教授团队牵头组织中美针灸和康复医学交叉学科领域专家，成立温州医科大学中美针灸康复研究所，搭建国际合作平台，进行整合优化医学研究中心建设，同时建立智能康复国际（两岸）联盟。在此基础转化和技术支撑下，带领团队以全面康复、整体康复理念从学科多个临床方向同步发展，病区各亚专科专业组齐全，神经康复、老年病康复、骨与关节康复、内科康复、肿瘤康复、脊髓损伤康复、疼痛康复、重症康复等，与针灸推拿部、物理治疗部（PT）、作业疗法部（OT）、言语诊疗室（ST）、推拿室、辅具室等治疗团队紧密协作，形成团队工作模式。

蒋松鹤回顾，工作以来一直坚持不懈从事临床、基础及中医针灸学等多学科整合研究，与虞老当年的中西医结合、要虚心学习的不倦教诲分不开。在师生通信中，虞老还特别赞赏原温州医学院陈同丰教授在解剖学和针灸学结合领域的成就，推荐蒋松鹤拜师学习。在陈同丰教授的学术思想影响下，蒋松鹤、楼新法两位当年醉心针灸学和解剖学结合学术研究的青年学子携手合作20余年至今，开创"穴位高密集区"、"穴位的解剖学分类"等研究领域，深入探索康复评定下针灸多元反馈规律及多元配穴规律。在此临床基础一体化研究中，基础研究直接从临床要点中汲取线索，并最终有效指导临床，切实提高临床疗效。从古典经络理论的精髓中提炼非模糊性概念的针刺临床规律，试图简化针灸推拿学科复杂的理论体系，易于进一步地证实或证伪。蒋松鹤将中西医结合研究的关键障碍认定为两者间理论体系的不相通，首先表现为术语的不相通，因此提出同时具有古典和现代的基础针刺临床规律，期望能成为沟通中西理论的桥梁，推动中西医融合研究。因此，蒋松鹤勤于与各科进行交叉合作，他与楼新法结合人体解剖和针灸腧穴的规律进行详尽的研究，提出了针灸反馈的规律，包括了对称对应规律、节段支配规律、中枢中轴（优势）规律和远肢优势规律、浅深关联规律、局部反馈规律等，还自研了蛇鳖软膏灸治疗腰椎间盘突出症。

六、马睿杰

（一）医家小传

教授，主任中医师，博士研究生导师，现任浙江中医药大学附属第三医院副院长。浙江省首批医坛新秀，浙江省青年学科带头人，方剑乔名中医工作室继承人。2014年7月～2015年2月受邀到澳大利亚昆士兰大学做访问学者。兼任世界针灸联合会中医手法委员会理事、中国针灸学会腧穴委员会常务委员、中国针灸学会针法灸法委员会常务委员、中国针灸学会经络委员会委员、中国针灸学会学术流派研究与传承专业委员会委员、浙江省针灸学会常务理事、浙江省针灸学会青年理事会副主任委员、刺法灸法专业委员会副主任委员、妇产科专业委员会副主任委员，浙江省中医药学会脑病专业委员会委员等职。已培养的硕士研究生毕业 18 名。

（二）桃李之教

马睿杰毕业于黑龙江中医药大学，一个偶然的机会，在网上发现浙江中医药大学的招聘信息，便把简历投了过去。经过反复考虑，决定来杭州参加面试，经过试讲和临床考核、提问等环节，并与学校人事处熊耀康处长面试之后，就回哈尔滨了，当她第二次来杭州时，已经正式成为浙江中医药大学的老师了。

2006～2007 这两年，针灸科应聘进来的只有陈晓军、张全爱和马睿杰这 3 名博士。刚入院工作不久，便接到了主任交给的任务，希望可以为虞老整理多年的病案和医案，当时还有洪珍梅医师的协助整理。因为博士期间曾很长一段时间跟黑龙江妇科专家王维昌教授抄方，对妇科有着浓厚的兴趣，马睿杰主动承担妇科病症的整理工作，而这部分也是虞老的临证经验核心内容，马睿杰把虞老的医案逐一分类，按经、带、胎、产、杂分类整理，并把部分按语进行补充和修订。第一稿交与虞老手里时，虞老十分欣喜，直接要求书稿由马睿杰全权汇总。于是，与虞老一路走到今天。当时还请连建伟校长为虞老的书稿写了题词，80 岁的虞老神采奕奕，留下了一组珍贵的照片。2008 年，整理的虞孝贞经验集由医院出资编印成册，虞老当时还十分认真地阅读了书稿并一一做了勘误，并把她的经验集送给那一届毕业生作为留念。

2009 年，正值浙江省针灸学会成立三十周年庆典，马睿杰当时在医院科教科做科研秘书兼学会干事一职。她又开始负责学会主持的一项浙江省中医药管理局的科技计划项目，负责搜集整理浙江针灸三十年来的发展素材，并把老一辈针灸名家的经验进行汇总，编辑《浙江中医名家临证录》一书由中国中医药出版社出版，作为浙江省针灸学会成立三十周年庆祝大会的献礼，赠予与会的专家和人员。当年，虞孝贞、高镇五、阮少南、许文波等老专家都亲临会场，见证浙江针灸三十年的发展。然而，针灸学会成立三十周年的合影中并没有马睿杰，由于拍照时虞老突然身体不适，马睿杰推着轮椅把她送上车，仅仅五分钟，拍照就结束了。瞬间的遗憾凝聚了十年的期待，2019 年将迎来浙江省针灸学会成立四十周年。2016 年，马睿杰等人再次把虞老病案中的精华医案重新整理，《虞孝贞针灸集验》正式由人民卫生出版社出版。在虞老书籍的撰写中，马睿杰不断学习和分析虞老的教案和医案，对其后来的教学和临床工作有很多启发，并指引马睿杰继续发展针灸妇科的方向。2018年，马睿杰和浙江省妇保医院曲凡研究员一同发起成立浙江省针灸学会妇产科专业委员会，并成为副主任委员，坚定了她继续发展针灸妇科的信心。

（三）踵事增华

马睿杰来浙江之际即与虞老结下不解之缘，而在浙江工作期间与方剑乔教授、陈华德教授、汪慧敏教授、蒋松鹤主任一直交流学习，汲取了众多经验，领会他们的人格魅力。入浙江中医药大学执教之初，因为院系合一，针灸科的医生都承担学校的教学任务，因马睿杰是属于大学的教学编制，便对教学有了更多的关注和学习。从教研室的教学秘书做起，参与了本科专业认证的全过程，对专业建设和本科教学非常熟知。从事教学、临床十年来，一直以教学工作为根本，积极承担并完成本科及研究生的教学任务，主要承担针推本科生课程刺法灸法学、经络腧穴学、针灸专业英语；康复学、中医学等专业课程针灸学；留学生课程经络腧穴学、针灸治疗学等，受到学生的好评。指导2项本科生科研课题，分别获浙江中医药大学远志杯创业计划一等奖和浙江省挑战杯三等奖。教学工作认真严谨，未出现教学事故，积极参与精品课程的建设和教育教学改革课题的研究。2017年担任科教副院长，经历了本科教学评估和国家规陪基地的检查等工作，她的身影始终跟教学密不可分。

当年入校时，作为一名新教师，她主动到学校跟老师听课学习，为了更好地承接"针灸专业英语"这门课程，还专门晚上跑到教室里去听方剑乔教授的课。当时的学生真是幸福，方教授言语之间中英文流利地切换，并对这门课程的历史、形成和发展娓娓道来。课上了解到这门课程也是方剑乔和陈华德两位老师提议下自编教材并设置为限定选修课，旨在发展学生的专业英语能力，为开拓针灸推拿国际化专业的建设打下基石。书的第一章节中有骨骼等解剖图，他说解剖名词对专业英语学习非常重要。另外，他还讲述了浙江中医药大学英文名的来历，为什么不沿用传统院校的叫法"Traditional Chinese Medicine"，而是用现在的"Zhejiang Chinese Medical University"，因为我们学校除了中医还有中药等专业，medical的含义更为合适。这不仅使学生了解了英语翻译的要点和技巧，也增强了学生对学校的深入了解和热爱。一个学生毕业了一定不会把母校的名字搞错。同样，英文名称也不能随意去嫁接，必须原汁原味。方剑乔教授在日本留学多年，可以讲一口地道的日语和流利的英文，让刚刚从东北来的马睿杰深受震撼。后来，马睿杰成了这门课程的主讲老师，课上课下总会给学生讲起专业英语的历史和校名的正确翻译。可以说，方剑乔教授是马睿杰课堂教学技巧的第一传授人。后来，马睿杰跟随方剑乔教授参与建设浙江省精品课程"刺法灸法学"，参与编写了十二五、十三五全国高等中医药院校教材《刺法灸法学》、《针灸学》英文版以及留学生教材《针灸学》英文版。2012 年，马睿杰首次作为编委参编教材，方剑乔教授是主编，马睿杰为编写秘书。从那时起，马睿杰对教材编写和教学研究有了更新的认识。方剑乔主编把《刺法灸法学》中的概念进行厘定，并对刺法命名进行重新分类。教材中增加了大量实物操作图片，他参与了全程拍摄。参加了教材启动会、统稿会和定稿会，多年负责规划教材的编辑非常感动地跟马睿杰说："方校长是一位非常严谨并重视教学、熟悉教学的好主编。"的确，教材编写过程中，马睿杰也感受到了方剑乔教授的真才实学和治学严谨。方剑乔教授从不随波逐流，也不敷衍应付，只要接手了工作，一定要做而且必须做好。这本教材后来获批教育部重点规划教材。每一次参与方剑乔教授的教学或科研工作都会学习到很多东西，马睿杰也在这样的熏陶下不断成长。

马睿杰与陈华德教授的密切接触是在 2008 年学校本科教学评估期间，陈华德教授时任第三临床医学院副院长，对马睿杰在评估期间的表现非常满意。评估结束后，便申请将马睿杰调入医院科教科工作，担任科研秘书和学会干事。陈华德教授对教学非常投入，多次举行大型学术会议，各项工作考虑得周到细致。在与陈华德教授共事期间，学到了很多管理的方法和经验。2009 年，正值浙江省针灸学会成立三十周年，浙江又承接了中国针灸学会举办的学术年会，年会人数首次突破 600 人，一时间会场附近的宾馆全部住满。马睿杰听从陈华德教授的安排，协助大会成功举办，实现了浙江针灸的一个新的里程碑。后来，无论陈华德教授任国家教育学院院长还是专职任学会秘书长，都十分关心马睿杰的工作并给予指导和帮助。陈华德教授的百会长留针法成为针灸科的特色疗法，百会穴也成了马睿杰给患者扎的较多的穴位。

马睿杰刚刚入科便与汪慧敏教授交往甚多，当时的汪慧敏教授作为浙江最年轻女教授和子宫内膜异位症专家，让人十分敬仰。她一头波浪卷发，自

浙江中医临床名家·虞孝贞

信而时尚，始终很难跟中医沾上边。当时，汪慧敏教授受邀出版一部由人民卫生出版社出版的海外发行的《针灸治疗痛经》的书籍，马睿杰带着汪慧敏教授的研究生一起查阅文献，梳理撰写，汪慧敏教授也给了她很多指导。汪慧敏教授也是非常励志和拼搏的人，她多次赴香港访学讲课，师承王樟连、何嘉林等多位名医，博采众长。她的隔药饼灸治疗子宫内膜异位症门诊一直长盛不衰。多年来，两人一直保持联系，在香港和杭州多次聚会并交流学术心得。如今，马睿杰也带领针灸团队开展针灸妇科的临床方向，对辅助生殖、多囊卵巢综合征、卵巢早衰等有较好的疗效。

大事概览

1924 年 8 月，虞老出生于上海浙江路香粉弄管鲍里六号。

1933 年 9 月，入上海钱江小学，学习文化知识。

1939 年，毕业于上海钱江小学，于同年进入上海苏州中学读初中。

1942 年 7 月，毕业于上海苏州中学初中。

1942 年 9 月，进入上海中华国医专科学校，努力进取，虚心求教于当时的上海名家徐小圃、包天白、章次公、钱今阳、潘澄濂等名医。

1944 年肄业于上海中华国医专科学校，后随父亲学习中医妇科。

1950 ～ 1952 年入上海名医陆瘦燕主办的"新中国针灸学研究社"及针灸函授班研习针灸，历时 2 年。

1953 年在家静养一年，并学习针灸。

1954 年 1 ～ 12 月，与顾鸢天针灸医师等在上海眼科医师姚和清诊所学习针灸一年。

1955 年，在上海浙江路父亲诊所内应诊。

1955 年 12 月，参加宁波百丈中医联合诊所，任医师。

1956 年 9 月～ 1957 年 7 月，在浙江省中医进修学校（现浙江中医药大学），经中医师资训练班培训一年并考核通过后，受聘留校任教。

1957 年 9 月～ 1959 年 7 月，于浙江省中医进修学校执教中医妇科学和针灸学。

1959 年 9 月，于浙江省中医学院（现浙江中医药大学）专任针灸学教职。历任浙江中医学院针灸教研室、针灸研究室、门诊部针灸科副主任。

1960 年起，开始定期下乡巡回医疗。

1973 年，出席浙江省第五次妇女代表大会。

1979 年 11 月，任第一届浙江省针灸学会常务理事。

1985 年，评为浙江中医学院先进工作者，同时评为中国农工民主党中央"实现四化、振兴中华"表彰者，出席北京表彰大会。

1986 年，任第二届浙江省针灸学会常务理事。

1986 年，成立针灸推拿系，任经络腧穴教研室主任，从事针灸医教研工作。

1992 年，评为浙江省工会"巾帼贡献"活动积极分子，并于同年退休，时 68 岁。

1995 年，任第三届浙江省针灸学会名誉理事。

学术传承脉络

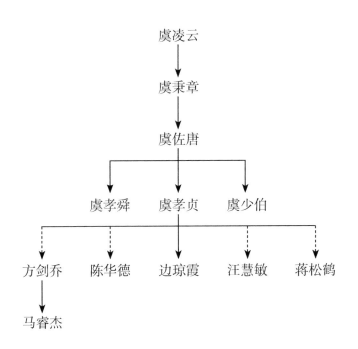

示例：实线箭头代表传承关系，虚线箭头代表学习关系。

虞老照片

连建伟老校长为虞老题字

虞老在 1995 年针灸学会年会上发言

虞老参加研究生论文答辩后合影（摄于 1981 年）

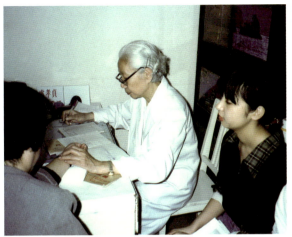

虞老在门诊带教看病

虞老之兄长中医妇科名家虞孝舜
（虞小白）

杭州针灸学会第二届代表大会（摄于1991年）

校领导与老教师们合影

左起第二排：王义、詹起荪、马莲湘、（不明）、蒋文照、宋光济、高镇五、徐晓东、（不明）

左起第一排：葛琳仪、虞孝贞、陆芷青、何任、吴颂康、冯鹤鸣、叶德铭、赵辉贤

浙江中医学院从事中医工作三十周年同志合影

（虞老前排左一，摄于1987年）